交叉性风险穿透监管研究

——基于上海银行业实践探索

韩　沂　等著

中国金融出版社

责任编辑：王雪珂

责任校对：刘　明

责任印制：张也男

图书在版编目（CIP）数据

交叉性风险穿透监管研究/韩沂等著. —北京：中国金融出版社，
2018.12

ISBN 978 - 7 - 5049 - 9944 - 3

Ⅰ.①交…　Ⅱ.①韩…　Ⅲ.①金融风险—研究②金融监管—研究
Ⅳ.①F830.9②F830.2

中国版本图书馆 CIP 数据核字（2019）第 008284 号

交叉性风险穿透监管研究
Jiaochaxing Fengxian Chuantou Jianguan Yanjiu

出版
发行　**中国金融出版社**

社址　北京市丰台区益泽路 2 号
市场开发部　（010）63266347，63805472，63439533（传真）
网 上 书 店　http://www.chinafph.com
　　　　　　　（010）63286832，63365686（传真）
读者服务部　（010）66070833，62568380
邮编　100071
经销　新华书店
印刷　保利达印务有限公司
尺寸　169 毫米×239 毫米
印张　20
字数　266 千
版次　2018 年 12 月第 1 版
印次　2018 年 12 月第 1 次印刷
定价　58.00 元
ISBN 978 - 7 - 5049 - 9944 - 3
如出现印装错误本社负责调换　联系电话（010）63263947

课题组成员

课题负责人： 韩　沂

课题执笔人（按姓氏笔画排序）

马　强	王　菁	王纯怿	王泽睿	王晓玉
田　伟	丛　阳	冯　冠	吉　喆	吉玉萍
吕　婕	朱凯伦	刘敬莹	汤颖男	李　莉
李　倩	李凌云	杨正栋	杨慧杰	吴　媛
吴默然	张海鹏	陈旭峰	范　颖	林　泓
周　瑞	庞　頡	赵名惠	胡海婕	晏　希
徐　杰	郭晓夏	黄浩鹏	董红蕾	韩爱华

责任编辑： 马　强　　王晓玉

序　言
加强金融风险穿透监管是大势所趋

　　防范系统性金融风险是党中央、国务院关于保护国家金融安全的战略部署，集中整治交叉性金融风险是中国银保监会深入贯彻落实国家金融安全战略的科学抓手。习近平总书记指出，"金融安全是国家安全的重要组成部分，准确判断风险隐患是保障金融安全的前提"。习近平总书记从我国经济社会发展全局出发，深刻指出了当前我国防范金融系统性风险和维护国家金融安全工作中存在的突出矛盾和问题，明确清晰地强调了金融工作的指导思想，全盘统筹地安排部署了新形势下维护国家金融安全的重点任务，为金融监管部门切实防范金融风险、有效维护国家金融安全指明了前进方向，提供了根本遵循。

　　为全面贯彻执行以习近平同志为核心的党中央关于保障国家金融安全的战略部署，落实国务院一系列决策，郭树清主席在 2017 年指出，银行业监管部门在防范金融风险、治理银行业市场乱象方面采取了一系列措施，有综合性行动方案，也有专项行动方案；按照问题导向原则，原中国银监会确定同业、理财、表外三个重点领域作为系统性风险治理的突破口，集中精力整治影子银行、交叉金融、房地产泡沫、地方政府债务以及相关的操作性风险。一年多以来，原上海银监局全面落实上级部门关于防风险、强服务、促转型的总体工作部署，积极防控交叉性金融业务风险，深入排查辖内银行业各类风险，密切盯防重点领域风险，认真做好各类专项治理工作，积极推进上海市金融监管部门间的沟通交流，共防违规资金跨行业、跨市场流动，切实把风险防控的责任落到实处。上海银行业持续加大专项治理工作力度，将交叉业务纳入全面风险管理体系，强化主体责任，有效明晰权责边界，内部杠杆率持续降低，资金脱实向虚的势头得到初步遏制。

针对近年来外部风险冲击、宏观经济增速趋缓与金融市场波动中甚嚣尘上的金融新问题与金融新风险，习近平总书记高屋建瓴地指出，"当前的金融风险是经济金融周期性因素、结构性因素和体制性因素叠加共振的必然后果"。总书记深刻揭示了当前金融风险的复杂性和交叉性，阐明了防范与化解系统性金融风险的艰巨性和持续性。学习领会总书记思想，我们认识到防范与化解系统性金融风险首先必须识别系统性金融风险，必须厘清金融业务交叉与交叉性金融风险。我们面对的情况是，金融交叉涉及金融产品跨业务、金融业务跨机构、金融机构跨市场、金融市场跨业态、金融合作跨行业、金融服务跨区域、金融风险跨国界等方方面面的金融市场关系，以及银行业、信托业、证券业、基金业、保险业、期货业等多个金融行业。我们看到的事实是，基于金融业务创新的跨业跨界以及金融工具与交易模型的推陈出新，金融创新的交叉穿透拉长了金融交易链、金融市场链和金融发展链，金融运行结构越来越复杂。

交叉性金融风险是伴随金融交叉创新而产生的，金融产品嵌套与金融业务交叉在加深金融交易结构复杂性和金融投资体系复杂性的同时，加剧了金融风险的衍生、异化。比如，虚假的结构化融资模式，夸张的金融交易结构设计，过度的金融投资链条拉伸和冗繁的金融工具多层嵌套，等等；其形式是过度创新、金融空转，其实质是监管套利、脱离实体经济。交叉性金融风险的复杂性必然隐含区域性风险因素与系统性风险成分，其危害性根源于"野蛮"金融创新的三个严重后果，一是金融产品与金融工具的多层嵌套显著降低了市场透明度，不利于金融公平竞争，严重伤害金融消费者合法权益。二是金融交易模型失灵引发市场波动性加剧，催生大面积金融损失，并加剧金融危机的严重性。三是过度投机套利增大金融泡沫，削弱金融可持续发展基础，破坏宏观经济增长的资源供给体系与社会发展稳定的物质条件。

相比于欧美发达国家，中国金融业和金融监管者在应对交叉性金融风险方面，总体上还是比较不成熟的。一是制度短板和政策短板并存。交叉性风险监管协同体系的顶层设计从无到有，虽然已经初步完成体制改革，但其运作磨合尚需时日。二是监管模式与监管工具又有诸多欠缺。从机构监管为主转向机构监管、功能监管并重，在实践经验积累和操作模式探索上也不能一蹴而就。三是交叉性风险的穿透式监管对金融基础设施建设提出了更高的技术要求，金融透明度体系建设是一项复杂的、困难的金融系统工程。应对交叉性金融风险的穿透式监管在我国正当其时。穿透式监管应有三大目标，一是提升金融透明度，二是预警防范系统性风险，三是确保金融对实体经济的持续供给。穿透式监管最早是美国针对证券投资监管提出的一个要求、一种做法。在我国首次提出是在 2015 年，主要针对互联网金融活动。2017 年，为应对和治理国内金融资管交叉模式加速膨胀和互联网金融生态"野蛮"扩张愈演愈烈所导致的跨市场、跨行业、跨地区金融乱象，穿透式监管要求扩展至整个金融监管领域。2018 年我国《"十三五"现代金融体系规划》高度重视穿透式监管，提出了很具体的监管思路和一系列操作要求。《规划》明确，要加强功能监管，发展穿透式监管新技术；要按照"实质重于形式"原则，实行公平统一的市场准入和监管。《规划》要求，要充分发挥金融基础设施数据监控功能，运用现代信息技术，对复杂金融产品全链条、金融市场资金流动全过程实施穿透式监管；要重在落实全链条投资者适当性监管，完善全链条真实资本、杠杆率和风险计提等监管工具及其使用。由此可见，穿透式监管不是一种独立的监管模式，而是宏观审慎监管的一个辅助工具和微观审慎监管的有效抓手，是一个监管操作新范式，是一种监管评价新方式，是对资本监管、功能监管、行为监管和机构监管的拾遗、补充与整合。

上海的金融禀赋特性和国家战略定位决定了上海金融的风险复杂性和穿透式监管的急迫性。上海金融禀赋特性有"四个最"，分别是全国金融要素市场最全、金融产品创新最多、金融交易平台最集中以及金融对外开放最前沿。这"四个最"决定了风险演变的加速度和冲击波会更强，穿透式监管的压力会更重。一方面，上海金融市场发展的特殊性全面呈现了对金融市场改革的依靠、对金融管理创新的需求、对金融投资工具的重视以及对区域性系统性风险防控能力的考验。另一方面，由于上海的国家战略定位体现在全方位地推进国际金融中心建设、国际航运中心建设、国际经济中心建设和国际贸易中心建设等"四个中心建设"之中，以及全球科技创新中心建设以及中国自贸试验区建设等重大系统性工程之中。在深入推进国内金融市场一体化和全面提升金融对外开放水平的双重目标上，既要面对金融资源国际竞争加剧与区域风险管理更加困难的市场形势，又要适应金融多元化、多层次、多种类的发展要求，从而穿透式监管治理在肩负更高使命的同时也就意味着更大责任、更严要求。上海金融监管者不仅要有务实性的行动，有负责任的思想，更要善于运用科学的监管思想，正确指导日益复杂化和精细化的监管行动。交叉性金融风险的穿透式监管方兴未艾，上海作为全国的改革开放排头兵、创新发展先行者，在创新监管工具、探索监管方式等方面，应迎难而上、允许试错，有条件地先行先试。

我们认为，金融风险穿透式监管应按照刘鹤副总理在中国银保监会揭牌仪式上对金融监管者干部队伍提出的"忠、专、实"要求，统一监管认识，深化监管实践，勇于监管创新。首先，金融风险穿透式监管要树立科学的认识论，明"忠"志。要运用马克思主义的科学思维，学习毛泽东思想的战略眼光，体现习近平新时代中国特色社会主义思想的博大情怀，强化理性认识与科学实践的统一、同一与合一。穿透式监管涉及风险、穿透、杠杆和创新等金融范畴，应理性区分其客观性与问题性。风险是不可消灭的，监管者的责任体现在，及时预警区域性风险与系统性风险，降低银行危机与金融危机发生的概率，减轻其对经济体系的损害程度。

其次，穿透式监管必须坚持有效的方法论，守"专"业。比如，2018年，中国银保监会陆续出台了《商业银行大额风险暴露管理办法》《商业银行流动性管理办法》《关于印发银行业金融机构联合授信管理办法（试行）的通知》《商业银行账簿利率风险管理指引》等规章制度，在细化深化风险穿透式监管、金融去杠杆和提升流动性风险管理水平等方面运用监管工具持续发力，不断弥补监管短板，进一步完善银行业风险穿透监管的顶层设计。根据中国银保监会防范化解重点领域风险工作要求，上海银保监局建立了全面交叉金融业务风险监测机制，反映辖内交叉金融业务整体风险状况，并对具体交叉金融行为实施再监督。原上海银监局在对辖内交叉金融业务风险开展并完成的首次监测中，把监测时间设定为2017年年末至2018年一季度末。监测结果显示，在"资管新规"出台以及强监管态势下，辖内交叉金融业务规模呈现下降状态，交易结构趋于透明，非标债权资产短期化态势明显，但仍需关注信贷类交叉金融业务资产质量状况、投向情况以及新规相关执行情况。鉴于此，上海银保监局建议是，加强成果运用，实现功能监管和机构监管联动；提高监测有效性，形成交叉金融风险监测的长效机制；提升大数据分析能力，探索搭建底层资产的动态数据库，等。

最后，金融风险穿透式监管要树立正确的实践观，求"实"质。业务交叉与风险传染，既有客观性、必然性的一面，又有其危害性的一面。应加强警示、持续监测和认真预防其过度交叉与无序传染。同理，金融杠杆既有合理利用信用增级、有效利用金融资源并提升配置效率的积极的一面，又有无限放大而催生交易泡沫和发展泡沫的一面。创新本来是发展的动力，前提必须是真创新，而非伪创新、假创新。当创新混乱无序，便是过度创新甚至是野蛮创新。创新评价的标准应当是：是否能改善服务、能推动发展、能促进稳定、能化解风险。因此，穿透式监管既要侧重于风险披露与风险识别两个方面，也要兼顾风险管控与金融创新和经济增长的平衡关系。

金融风险穿透式监管要把宏观审慎理念落实到系统性对策研究之中。宏观思考应落实五个抓手。一是抓紧源头监管，把合格的专业机构与合格的专家人员作为金融从业准入的必要条件。通俗地说，做金融的机构必须有牌照，有牌照才能看得见，管得住。二是统筹宏观审慎监管与逆周期思维，实行机构资本监管差别化。三是严格会计监管，强化资产负债约束。纵向管住宏观杠杆、中观杠杆、微观杠杆，横向管住政府杠杆、企业杠杆、家庭杠杆、贸易杠杆和金融杠杆。四是建立坚固的流动性防火墙，严格流动性风险预警监测。五是深化国际监管合作。

本书聚焦银行业交叉风险分析，着力穿透式监管思路研究，是原上海银监局各位同事集体研究成果的结晶。研究的逻辑是，基于微观（业务、产品与机构）看中观（市场、行业与区域），立足中观看宏观（经济、全国与国际）；通过横向分析辨识区域风险，通过国际比较把握监管趋势；把案例分析与监管实践结合起来，把功能监管与行为监管统一起来。文中挂一漏万之处多多，敬请学界与业界批评指正。

韩　沂

2018 年 10 月于上海

目　　录

穿透监管问题研究与风险实例篇

绪论 交叉性金融风险催生 金融"灰犀牛"

一、问题的提出：交叉性金融风险的起源

（一）交叉性金融风险与金融风险穿透监管

研究金融风险穿透，应从定义上了解什么是交叉性金融风险与金融风险穿透监管。本书所研究的交叉性金融风险指由于当前各类跨市场、跨行业、跨区域的交叉性金融业务的产生，导致传统风险不断错综交叉、复杂衍生、升级迭代、变形异化，形成具有系统性、区域性风险特点，危害性更大、破坏力更强、波及范围更广的各类风险统称。

交叉性金融风险的特征可以概括为：含混性，即其扩散的边界没有限制，可以跨市场、跨行业、跨区域；复合性，即形成诱因并非单一，而是多种传统风险经过复杂模式叠合和交叉后形成；游离性，即其表现形式不确定；隐蔽性，交叉性金融风险通常难以发现。因此，交叉性金融风险是催生金融"灰犀牛"的罪魁祸首。

交叉性金融风险的基础仍然是原始的、传统的金融市场固有风险，最典型的包括信用风险、市场风险、流动性风险、操作风险、交易对手风险等。然而交叉性金融风险无论在形式还是在严重性上都有别于单个风险或者初始风险，是风险的错综交叉、复杂衍生、升级换代、变形异化。

1. 交叉性金融风险源于金融市场的痛点。

一是价格"暴涨暴跌"痛点。价格波动性是金融市场的固有特性，对于单一封闭市场，金融市场基础设施不健全，极易出现价格的大幅波动；对于开放度不断提升的发展中市场，金融创新活跃使得交易结构更加复杂，放大了价格的波动性。二是风险传染痛点。由于金融机构之间愈加密切的联系，风险更容易在市场上进行扩散传染，且不同金融市场之间也会互相影响，互相冲突，甚至造成恶性干扰。三是"羊群效应"痛点。当市场约束条件较为宽松时，金融市场上容易出现一边倒或者雷同的金融行为模式，导致对冲机制失灵；当市场上出现风险事件，羊群效应更加明显，争先恐后地抛售会迅速抽干市场流动性，出现"踩踏"事件，导致大范围极端的风险损失。

2. 交叉性金融风险源于监管机制的"短缺与失灵"。

凡有市场，必须监管，金融市场由于其本身的无序和扰乱特性，更容易出现市场机制失灵情况，必须依赖监管"看得见的手"进行调控，防范和化解风险。问题的症结在于，金融监管体制机制在制度层面上总是滞后于金融创新；当存在监管交叉和监管空白，金融机构出于市场需求和竞争策略，必然以大规模金融创新进行监管套利，金融市场的痛点迅速显现、扩散，积累形成特别严重的"灰犀牛"。金融业务交叉主要有四种表现：一是翻墙，例如会计上违规出表，意在弱化或者逃避资本监管。二是嵌套，比如信托、基金、保险等资管计划相互嵌套，各层级交易主体之间权责分配不透明。三是串谋，例如"阴阳合同"等。四是越界，例如地方交易所、互联网交易平台的盛行，不同行业间、市场间、地区间的产品标准差异大，交易信息不公开，监管尺度不统一等。

3. 交叉性金融风险的影响因素。

交叉性金融风险受制于产品形式的结构性、交易模式的衍生性、投资工具的嵌入性和会计制度的规范性等四种作用的约束与影响。诸如 SPC、SPT 等证券化工具以及 ABS、MBS 等证券化业务，远期、互换、期货、期权等衍生交易工具以及 CDS、CDO 等金融产品本身的结构特性，以及金融会计制度与资本监管原则等政策手段，都是交叉性金融风险的影响因素。由于各类交易模型透明度不高，加之高频交易特征，交叉性金融风险变得更加复杂，从而对金融市场带来新的不稳定因素。

总之，交叉性金融风险源于金融加速创新以及监管制度短缺，不当创新是开始，违规交易是形式，金融乱象是表现，脱实向虚是路径，监管缺位是症结，大量金融"黑天鹅"催生并招引了诸多金融"灰犀牛"是结果。

金融风险穿透监管，即目前学界和业界使用的"看穿式监管"概念，指源于国外"looking through"一词。其以"实质重于形式"为核心原则，以"提升市场透明度"为基本理念，对金融市场参与主体、金融产品属性和嵌套层级进行穿透。金融风险穿透监管的本质并非提出额外的监管要求，而是应对当前交叉性金融业务爆发式增长，交叉性金融风险极易催生"灰犀牛"的市场现状，监管部门通过转变过往相对片面、孤立和领地化的监管理念，升级监管方式和监管能力的可称为"监管 2.0"的新监管框架。其目标主要包括：提升金融市场透明度，尽可能消除监管套利，还原资本监管的应有之义；改变金融机构重规模拓展、轻风险管理的粗犷式发展模式，增强金融机构风险管理的敏感度和有效性，防范系统性风险发生；统筹协调微观审慎监管和宏观审慎管理，以微观审慎的有效性提升宏观审慎的准确性和有效性，推动金融"脱虚向实"，回归服务实体经济发展的本质。

（二）交叉性金融风险的危害性：催生灰犀牛

"灰犀牛"比喻大概率且影响巨大的潜在危机。相对于黑天鹅事件的难以预见性和偶发性，灰犀牛事件不是随机突发事件，而是在一系列警示信号和迹象之后出现的大概率事件。2017 年全国金融工作会议在防范金融风险方面提出，金融领域风险点多面广，隐蔽性、突发性、传染性、危害性强，必须格外小心，审慎管理。并要求，既防"黑天鹅"，也防"灰犀牛"，对各类风险苗头既不能掉以轻心，也不能置若罔闻。

国务院副总理刘鹤认为，从金融发展史来看，金融危机并不是人们想象中的小概率事件。一部金融史就是一部危机史。金融危机并非无迹可寻。"历史不会重复自己，但会押着同样的韵脚"，此次危机并不是"这次不一样"。基于过去 800 多年金融历史数据的研究发现，历次金融危机产生的共同标志性特征有：资产价格大幅上升；债务负担加剧；经济增长率波动；经常账户赤字等。

从前述"灰犀牛"定义来看，交叉性金融风险恰恰是引发金融灰犀牛事件的主要原因。

从微观视角看，交叉性金融风险源于金融异化并进一步助推了金融异化。所谓异化，就是扭曲、变形，是本质的改变。金融风险异化根源于金融产品异化、金融工具异化、金融市场异化所导致的金融模式扭曲与金融制度扭曲。在本质上，金融风险异化是与经济风险异化、产业风险异化与市场机制异化相互交织作用、相互影响推动的。金融市场异化的主要外部表现是金融市场空转、互联网金融乱象与地方金融交易场所乱象。金融市场异化带来诸多不良影响，一是金融投资欺诈危害公平交易；二是干扰金融市场稳定秩序并导致市场大幅波动；三是扭曲金融投资者保护制度以及金融消费者保护制度；四是扭曲商品市场交易制度并导致大宗商品融资套利的泛滥。

由于金融交易链更长，金融风险传染性更广，交叉性金融风险的危害性也就更加严厉，风险处置难度更大，危机修复期更长。金融风险穿透导致市场透明度更低，信息供求更加不对称，从而迟滞了危机预警，延误了风险处置。

交叉性金融业务与表外理财业务、同业业务、信托计划、资管计划等相互之间通过产品的交叉链接、多层嵌套，使得市场交易结构很复杂、交易过程不透明、交易链条拉长，放大了交易对手风险和整体金融风险，扰乱了金融市场稳定和经济发展秩序，这使得交叉性金融风险的危害从微观金融领域扩散至宏观经济体系。图1显示了通过多层嵌套加杠杆的放大效应。

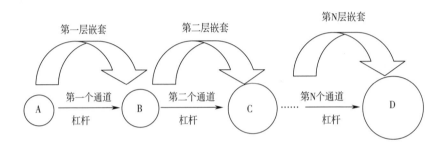

图1　多层嵌套加杠杆的放大效应

从宏观视角看，交叉性金融风险的危害性主要体现在其对杠杆的放大作用，包括资产加杠杆、负债加杠杆、资产负债同时加杠杆等。金融机构由于盲目追求流动性溢价、信用利差和风险溢价，放大了信用杠杆，滥用了信用增级，扭曲了信用宗旨。形式上表现为，金融性脱离了生产性，其交易性忽视了风险性，其套利性扰乱了规制性。交叉性金融风险与金融乱象互为表里，交叉推进、演变和扩张。

一是资产管理规模的过快膨胀。统计上表明，2017年末，银行表外理财余额22.2万亿元，信托受托21.9万亿元，公募基金、私募基金、证券公司资管计划、基金及子公司资管计划、保险资管计划余额分别为11.6万亿元、11.1万亿元、16.8万亿元、13.9万亿元、2.5万亿元万亿元，还不包括互联网企业、各类投资顾问公司等非持牌机构的相关业务。与此对应的是，2016年和2017年非银行金融机构的资本充足率平均水平远远低于商业银行平均水平；中小银行的资本充足率平均水平明显偏低；城商行的非信贷资产占比明显过高；商业银行如果把表外理财全部计提资本，资本充足率水平将会显著下降。

二是金融业泡沫。如图 2 所示，中国社会科学院的研究报告指出，从 2005 年至 2015 年，我国金融业增加值不仅高于巴西、俄罗斯等新兴市场经济国家，而且也高于美国、英国等传统市场经济国家。从表面上看，资管规模爆发式增长，加速了金融增加值的扩大。但是其本质却是，宏观经济增长的金融资源减少了，产业结构创新的资本资源减少了，金融服务质效提升的动力资源减少了。

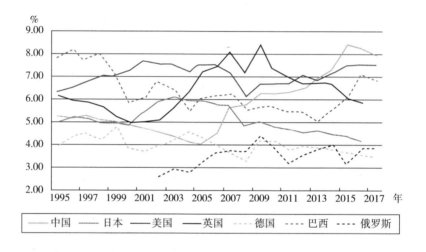

资料来源：Wind 资讯。

图 2　1995—2017 年金融业增加值占 GDP 比重的国际比较

三是非金融业风险穿透向金融业传染。近年来，一些中小金融机构和新兴金融机构在股权管理中存在假注资、循环增资、代持、违规关联等违规行为，在加杠杆之路上越走越远。这些机构的股权结构既混乱而且也不透明。不仅使得金融机构的各类风险不断积聚、隐形抬升，而且因其滥用股东控制权而为违规经营大开方便之门。

四是经济金融化导致宏观杠杆率上升过快。根据中国人民银行《2018 年一季度货币政策执行报告》，2017 年之前我国宏观杠杆率上升较快，2012—2016 年年均提高 13.5 个百分点，2016 年企业杠杆率为159%（2012—2016 年年均增长 8.3 个百分点），政府部门杠杆率为

36.2%（2012—2016 年年均则增长 1.1 个百分点），居民家庭杠杆率为 55.1%。

与美国比较各部门杠杆率，可以发现，美国各部门杠杆率分布较为均衡，而我国呈现企业部门、金融部门杠杆率明显高于居民部门、中央和地方政府部门，杠杆率的不均衡分布导致风险的不均衡分布，从而增加经济的不稳定性。

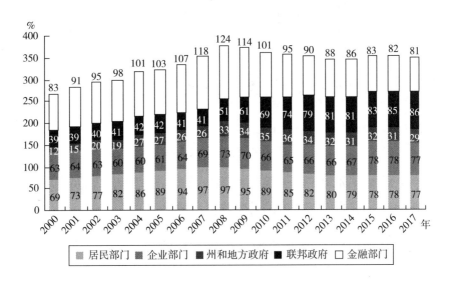

资料来源：Wind 资讯，天风证券研究报告。

图 3　美国各部门杠杆率

基于交叉性金融风险的微观和宏观分析，本书认为，不仅金融业务与产品相互交叉，金融杠杆与经济杠杆也是相互交叉的。交叉性金融风险暴露了虚拟经济对于实体经济的侵占，以及金融泡沫对于经济增长的偷袭。特别是同业放肆、资管嵌套和投资异化等，吞食了发展要素，吹大了金融泡沫，损害了经济增长。金融资产管理追求做大交易规模、盲目拉高账面利润增速，拉大了宏观金融增长与宏观经济增长之间的速度差异，影响其结构均衡。其中隐含的是，资产管理歪风侵蚀了抵抗系统性风险与国际金融风险冲击的资本资源，减少了直接用于生产性

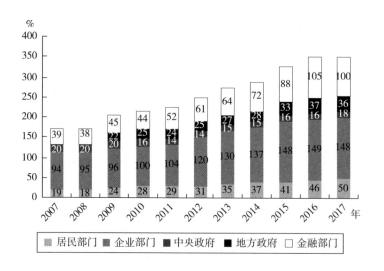

资料来源：Wind 资讯，天风证券研究报告。

图 4　中国各部门杠杆率

投资的金融要素资源。由交叉性金融风险催生并隐藏于复杂交易链条的"灰犀牛"应当引起高度的警惕与紧急的防范。

二、金融风险穿透监管的认识论与实践论

（一）交叉性金融风险与穿透监管的认识论

监管者对交叉性金融风险与穿透监管问题的认识，要运用马克思主义的科学思维，学习毛泽东思想的战略眼光，体现习近平新时代中国特色社会主义思想的博大情怀，强化理性认识与科学实践的统一、同一与合一。很明显，风险的存在和发生是不以监管者的意志为转移的。风险是常态，交叉性金融风险也是常态。旧的风险被化解后和消失后，潜在的风险和新的风险总是不可避免的、迟早会发生的。交叉性金融风险并不可怕，可怕的是轻敌思想和漠然态度。监管者必须坚信，交叉性金融风险是能够实现穿透式监管并做到有效防范和化解的。

识别与应对交叉性金融风险，监管者应坚持客观原则、问题原则与管控原则。辩证法告诉我们，交叉性金融风险穿透决定了金融监管的区

域性与系统性风险管理意识，交叉性金融风险的客观存在是与监管治理的能力与水平此消彼长的。矛盾论警示我们，没有风险，就不需要风险管理；由于风险衍生叠加了风险隐患，看透风险才能管控风险；低下的金融透明度表明市场秩序紊乱中潜伏着金融危机因素，必须实行全面穿透监管。恩格斯说过，问题总是与解决问题的手段同时存在。同理，交叉性金融风险总是与化解的办法同时存在的。问题不在于风险形式变化多端，不在于交叉愈演愈烈，而在于尽早发现风险异化、创新扭曲和违规套利，尽早采取预警防范措施，全力避免风险严重恶化、加速蔓延。为此，要主动管理金融风险，要有效监管交叉性金融风险，要强化交叉性金融风险管理与风险穿透监管的合规意识与审慎思维。

交叉性金融风险的危害性源于金融业的公共性与外部性。其区域性、系统性总是与经济周期性密不可分、相互作用的。无论对于顺周期还是逆周期，交叉性金融风险的加速作用与金融中介的加速作用总是受制于乘数作用与杠杆作用的双重影响，对金融市场运行的稳定性和经济体系运行的稳定性或者产生过度刺激（导致交易膨胀和经济过热），或者产生反向阻碍（导致市场萎缩和经济停滞）。为此，一当做市商的弹性发生失灵、交易商的韧性出现断裂，流动性恐慌陷阱（乘数消失）与霍布斯选择陷阱（机构倒闭）同时出现，交叉性金融风险就会加速蔓延。

（二）交叉性金融风险穿透监管的法理分析

穿透监管有一个原则，三条主线和五个特性。一个原则是，实质重于形式。三条主线是：一要看透，从底层看穿风险；二要治本，从源头管控风险；三要预期，从全局警示风险。三条主线的共同点是从源头到底层得进行穿透监管，也就是找准风险穿透的内因即内控失灵和公司治理弱化，通过有的放矢严查风险性、逐层逐级落实合规性以及齐抓共管维护体系性以强化监管治理。五个特性包括透明度，合规性，创新性，协同性和国际性（开放性）。

从监管法理分析的角度看，实质性监管不同于形式性监管，前者强调注重监管的有效性与可持续性，后者常常淡化监管边界意识。很明显，宏观审慎要求与依法合规要求是实质性监管的鲜明特点。也就是说，风险穿透监管必须具备有针对性的、公开透明的、可操作可评价的一系列制度规范，制度缺失就意味着监管缺失，制度短板就是监管短板。制度短板始终是影响监管治理权威性的"钝处"和妨碍监管治理有效性的硬骨头，包括制度缺失或政策法规"宽松软缺"亦然。穿透监管权威性有赖于健全的政策法规及其完善的制度机制，穿透监管治理的关键是基于发现监管漏洞而及时弥补制度短板。所谓穿透首先是看透，仅仅进行外部调查和形式解析是不够的，严格法规检讨或者详细法理对照研究才能发现要害所在。"实质重于形式"的穿透性监管治理，就是通过由表及里地从纷乱繁杂的表象形式中发现本质、去伪存真。

比如，在《商业银行股权管理办法》发布之前，股权穿透监管治理作为一个法理问题，是缺乏体系性与完整性的监管规定的。公司治理穿透监管的法理问题涉及三个主体和三大重点。三个主体分别包括股东、商业银行和监管部门，三个重点分别包括法人治理、股权管理与股东监管。公司治理当前的乱象是，一些非金融机构违规使用非自有资金入股（入股资金来源不实）、股份代持（隐性股东）、滥用股东权利（违规关联交易）、利益输送（损害银行利益）等等。为此，要对股东类别、企业资质、各关联方及关联交易、股东权责以及股权透明度等，从法律法规以及监管规定上予以规范。股权穿透是因为商业银行的股东及其控股股东、实际控制人、关联方、一致行动人、最终受益人等各关联方之间的错综复杂关系不清楚，不透明。关联交易穿透是因为，包括自用动产和不动产买卖或租赁；信贷资产买卖；抵债资产的接收和处置；提供信用增值、信用评估、资产评估、法律、信息、技术和基础设施等服务；委托或受托销售以及其他交易等等，其交易过程的不透明，其交易行为不规范。

再比如，长期以来，金融机构资产管理的法律地位是"委托—代理"关系，还是信托关系，一直处于不明确状态。现行的《信托法》、《商业银行法》、《证券法》、《保险法》与《证券投资基金法》等，从法律法规上对资产管理业务及其监管架构、监管规范要求等，尚未单独明确。在学术界、金融界和监管层面，对金融资产管理是否"行信托之实、否信托之名，逃信托之法"，没有形成充分共识，仍然争议不定。在资产管理业务指导意见发布之前，银行理财产品包括非标准化资产管理产品实际上缺少法规支撑。借助信托或者资管计划的投资方式，作为通道投资，其实是突破政策限制，穿透了金融会计制度。

（三）影子银行、透明度与穿透监管

交叉性金融风险的滋生蔓延与影子银行的扩张相伴相随，广泛关联到宏观经济、宏观金融、企业和居民、政府与市场、监管和管理等体系中。在金融市场加速创新的时期里，无论是发达国家与地区还是发展中国家与地区，其交叉性金融风险传染的速度都在加快、加深和加宽。尽管如此，在中外之间、中美之间、中欧之间以及金砖国家之间，由于经济体制模式和金融发展条件的不同，交叉性金融风险的特点也是有显著差别的。具体而言，统计与信息以及系统与标准等基础设施运行结构不同，透明度不同，交叉性金融产品关系、业务关系、机构关系与市场关系的结构也不同。

透明度是穿透监管的一面镜子（supervision）。巴塞尔委员会和国际证券委员会于2015年联合发布《识别简单、透明和可比的资产证券化标准》，提出规范资产证券化的三项标准：简单化、透明度和可比性，对于中国的穿透监管极具借鉴意义。中国特色的影子银行主要通过信托和基金同其他金融机构进行多维交叉合作。同时，借助证券化工具和交易平台，委托贷款、网络金融、投资管理等非标产品相互交叉嵌套。在合作过程中，不仅掩盖了、遮蔽了、隐藏了资金来源、交易结构以及资金方向等，也因为拉长了市场链条导致风险衍生和风险变异。问题恰恰是，诸如类资产证券产品或者说非标投资，作为全球性监管难题，其穿透监管的痛点也就在于透明度监管；其类型与结构非常复杂，因其衍生性、变异性以及隐蔽性而使得各国监管当局常常束手无策，往往收效甚微。

（四）经济金融化与风险穿透监管

交叉性金融风险不仅仅存在于金融领域，同时也存在于非金融领域。最近几十年来，无论是在美国等发达国家，还是在阿根廷、墨西哥和土耳其等发展中国家，企业经营金融化与企业投资金融化已经成为一种世界经济新现象。全球经济发展与增长的虚拟化表明，交叉性金融风险穿透已经融汇到全部实体经济领域，交叉性风险监管已经不仅仅是一个金融问题，而且是一个经济问题；不仅仅是一个国家问题，同时也是一个全球性问题。

美国学者研究表明，在 20 世纪五六十年代美国非金融企业证券收益率基本上保持稳定，而从 70 年代开始其生产性收入相比于证券收入则处于下降通道之中，资产证券化从 60 年代后期开始，到 80 年代后期形成一个高峰。美国 20 世纪 70 年代以来金融化程度一直在加深，美国制造业在 20 世纪 90 年代后半期的金融化程度非常显著，制造业企业依赖金融收入去弥补生产利润的不足的情况越来越显著。与此同时，发展中国家也受到传染，即使拉美国家经历了惨痛的债务危机教训，阿根廷、墨西哥和土耳其三个新兴市场也出现了相同的金融化趋势，也得出了同样基本相同的结论。也就是说，在 20 世纪后期 20 多年时期里，国际上普遍出现了金融资产收益率高于企业投资收益率的趋势，这种趋势对企业的投资产生了越来越大的吸引力和经营规划预期示范作用。更多企业以及跨国公司为了在短期提升其企业声誉，加大了增持金融资产的比重，其风险偏好策略已经从生产性、非金融性策略转换到混合性风险偏好策略上。从模式与技术上看，投资金融化受到资产证券化的有力支持，非金融企业运用金融工具追求更高资产收益率的做法已经成为一种潮流，由此导致企业弱化或者轻视了原有的对生产性主营业务以及研究与开发的投资重视；经济脆弱性不仅成了"美国病"，也成了"发展病"和"世界病"。非金融企业对金融资产交易的兴趣不断提高与其固定资产投资率下降形成反差，经济周期的不稳定性以及金融危机事件，诸如黑天鹅与灰犀牛等，越来越频繁，微观机制"钝化"越来越严重，优化与改善更加困难。交叉性金融风险已经成为国际金融市场的危机发动机。格拉德·A.爱泼斯坦在其主编的《金融化与世界经济》中指出，"金融化深刻而又主要是负面地影响了全球经济运行，导致国民收入分配有利于该机构和金融资产持有者即食利者，制造并放大了金融市场泡沫，引发了新兴市场的数次金融危机，导致外国金融资本日益控制发展中国家的核心公司"。

三、交叉性金融风险穿透监管的政治经济学分析

交叉性金融风险穿透监管，需要统筹兼顾宏观、中观与微观三方面。从方式上看，包括功能监管、行为监管与基础设施建设透明度监管；从方向上看，包括向上穿透投资者、向下穿透产品底层资产与横向穿透商业模式。

（一）交叉性金融风险的维度与强度

世界经济史和国际金融史表明，交叉性金融风险是极具爆发力和破坏性的。金融化是风险的加速器，大危机是风险的天花板。对于市场化高度发达、证券化全面深入、国际化充分放开的经济体而言，交叉性金融风险的维度是变化多端、极其复杂的，其强度依次反映在"黑天鹅"事件、"灰犀牛"境况和全球性大危机三个不同层级的损失度差异及其危害性程度之上。

基于逻辑的认识，交叉性金融风险的微观层面主要涉及产品、业务与工具等维度，其中观层面主要涉及市场、行业与区域等维度，其宏观

层面涉及国家、国际与全球等维度。从统一性分析，出表、嵌套、加杠杆是形形色色交叉性金融业务的交易特征与基本属性，而风险交叉叠化、交易行为异化和宏观审慎弱化则违背会计铁律，违背价值规律，扰乱市场发展秩序。

交叉性金融风险催生金融脆弱性与经济脆弱性。2008 年美国次贷危机是美国银行体系的表内外杠杆率的过度累积的结果，是美国金融体系持续加杠杆最终导致金融体系泡沫破灭并引发经济社会全面大危机的颠覆性事件，是美国政府长期高位赤字财政以及家庭部门杠杆率"破位"的危机，是 20 世纪美国新自由主义漠视金融治理与杠杆治理的失败。其本质是，实体经济特别是制造业利润率持续下降、增长率长期低迷戳破金融大泡沫，最终引发经济社会全面大危机。实体经济的资产质量是保证宏观金融与宏观经济可持续增长的根源，是决定宏观经济金融体系发展质量的关键，是保持大宗商品市场与整体金融市场运行稳定性的基石。其路径是：资产证券化杠杆严重放大，金融证券化高度膨胀的同时带动企业投资加速金融化，ROA、ROE 的虚高泡沫最终被流动性危机所冲破，系统性流动性危机爆发点燃全面金融危机，金融危机迅速传染并诱发严重经济危机与社会危机。美国次贷危机中的加杠杆过程包括居民加杠杆、企业加杠杆、部门加杠杆和政府加杠杆。美联储的量化宽松政策就是金融加杠杆转化为政府加杠杆的集中表现，换言之，商业银行加杠杆与国民经济加杠杆相互交织，从金融资产泡沫转向全民资产泡沫，并最终因美国的次贷危机引爆世界金融危机和全球经济危机。

（二）风险穿透监管的操作模式及其工作架构

风险穿透监管应坚持宏观治理与微观治理双管齐下的操作模式与工作方针。全面实施风险穿透监管，必须完善现行金融监管体制，强调顶层设计、优化架构治理，努力避免被动利用金融危机这一极端方式来"去杠杆"。从微观上，推进穿透监管应着力于健全金融监管与治理的制度规范体系与操作机制体系，完善监管治理的环境与条件，为杜绝对"黑天鹅"概率和"灰犀牛"事件的容忍和拖延，而及时采取纠正动作或者特别监管措施，通过切实提升金融透明度和监管规制透明度而切实保护金融投资者和金融消费者权益。从宏观上，风险穿透监管本质上仍然是审慎监管，必须把监管边界和金融可持续发展统一起来，把监管策略置于宏观金融双支柱调控的战略框架之中，打破监管部门之间的权责纠葛，减少审慎例外（prudential carve‒out）或特殊审慎，助推价值规律在金融部门和非金融部门之间的规制链接以及国内金融和国际金融之间的原则整合，全面接轨全球金融监管治理核心原则，探索影子银行监管国际合作与世界互联网金融乱象治理的中国范式，不断提升中国金融监管话语权与国际金融监管创新集成度。

金融透明度决定风险穿透度。在操作层面，如何正确处理风险穿透监管与金融创新监管之间的关系是一个不可回避的问题。金融市场发展变化的一个客观性现象是，金融创新的复合性、关联性与跨界性不可避免地隐含创新盲目性、风控盲目性与交易盲目性。很明显，包括政策信息不透明和市场信息不透明等信息不对称问题，是导致风险隐患丛生以及弱化穿透效果的首要原因。关键在于，透明度水平与穿透力效果之间常常难以保持一致性。通过资管计划产品穿透等向下穿透、通过投资者分级穿透等向上穿透以及通过 SPV 等证券化工具穿透等中间穿透，做好统筹并提升监管科学性。

穿透监管必须严格贯彻依法监管与依法行政"双支柱"，把监管规制挺在前头，力求监管警示在先。一方面，穿透监管可能导致短期监管成本上升以及中长期监管资源配置可持续性弱化，加大信息披露可能面临投资者私人信息公开披露的适当性问题，投资者适当性也可能面临产品设计不匹配等问题。另一方面，可能导致司法管辖权的过大以及金融监管自由裁量权的滥觞。为此，需要制度在前，规则在前，程序合法，严格处罚，不违背处罚时效原则。

（三）穿透监管的形式与路径：资本监管、功能监管与行为监管及其"三维一体"

风险穿透监管作为 2008 年国际金融危机发生以来全球金融治理的新形式与新思维，在完善理论体系上仍处于初期探索阶段。其本质依然属于审慎监管范畴（如前所述），但对其型式的论述尚未统一。本书认为，风险穿透监管应兼顾资本监管、功能监管、行为监管与机构监管四大监管模式的不同特点及其各自重点，实行宏观、中观、微观三个层面的净资本监管与经营资本监管，强化跨部门产品与业务功能协同监管，高度重视并依法推进金融机构行为和金融非机构行为监管。

风险穿透监管的抓手是，从宏观监管的角度看，应立足于国家金融安全与宏观经济稳定加强穿透监管；从中观监管的角度看，应立足于区域金融安全与市场及行业健康发展加强穿透监管；从微观监管的角度看，应重点强化机构资本充足率、贷款集中度、合格金融投资者等穿透监管，尤其需要紧抓报表质量，提高会计透明度。从资本监管的角度看，应围绕资本充足率、资本补充工具、贷款集中度、经济资本、存款保险等加强穿透监管。从功能监管的角度看，风险穿透监管的重点是，统一产品与业务监管尺度标准并立足于制度穿透以加强部门穿透与区域穿透及其协同。从行为监管的角度看，一是针对金融机构行为，应以严肃股权股东监管、严格法律制度合规、严守公平竞争原则与充分履行社会责任作为穿透监管重点；二是针对金融非机构行为，监管应以严格合规投资交易、严守借贷与消费诚信、严防道德风险、严打违法犯罪等作为穿透监管重点；三是深化法律穿透监管，严格依法监管，严格行政"双罚"制。

（四）金融基础设施建设治理的国家穿透视角

交叉性金融风险一方面肇始于金融信息不对称、不及时、不充分，另一方面又加剧金融信息不对称、破坏金融信息渠道、恶化金融信息作用，并通过串联金融风险、堆积金融风险而异化金融风险，把小风险衍

生为大风险甚至大危机。金融科技（FinTech）是其中一个典型。FSB
认为，金融科技是"技术带来的金融创新，它能够产生新的商业模式、
应用、过程或产品，从而对金融市场、金融机构或金融服务的提供方式
产生重大影响"。但同时，金融科技对金融稳定的产生负面影响。包括
使特定的企业、金融市场基础设施或金融行业遭受冲击，对关键服务的
提供、系统重要性市场或交易对手产生影响，进而对整个金融稳定产生
系统性冲击。

因此，风险穿透治理应向监管科技（RegTech）升级，归根到底是
统计数据治理与监管标准治理的统一、同一与合一。风险穿透监管本质
上是信息穿透，信息穿透有赖于大数据支撑。立足于监管者思维，数据
分类统计是基础，部门间数据标准协同是关键。

信息透明归根到底是统计穿透。统计是最基础的金融基础设施之
一。金融基础设施作为一个庞大的、不断演化、不断升级的体系，包括
硬件基础设施体系和金融法律制度规则等软件基础设施体系。前者诸
如设施、设备、系统、平台等，后者诸如支付清算托管保管、法律法规
规章制度、信用征信评级中介、会计统计审计工具等、代码编码数码标
准、监管监督管理、反洗钱反欺诈反腐败反垄断等。金融统计分类决定
金融信息的准确性、真实性与体系性，决定风险穿透监管的高度、深度
与宽度。

统计穿透首先要做到数据明晰。单项统计、分类统计和综合统计都
建立在数据的可得性、完整性与可比较性等基础之上。风险穿透治理有
赖于风险信息收集和风险数据分析，金融数据信息库体系建设非常重
要，需要分析工具创新与模型研发的大力支持。

风险穿透监管的突破口是解决监管数据的标准协同问题。当前的
难点是，不仅不同机构间、不同行业间、不同市场间的产品标准、数据
标准与信息标准不统一，不同部门的监管标准与不同地区的处罚标准
也不尽相同。特别是规范性文件的制定与发布，在不同监管部门之间和

不同行政区域之间，存在监管竞次现象。

（五）会计准则与监管相协调

会计准则与金融稳定存在较高的联动性，高质量的会计准则能够有效加强市场约束。一方面，会计准则与监管规则有协调的现实需求，另一方面，会计目标与监管目标不尽相同。两者在会计资本与监管资本、金融资产分类、公允价值计量立场、贷款减值损失计提和信息披露上都存在一定区别。因此，会计准则向监管相协调靠拢，应当建立在保证会计准则独立性的基础之上，保证两者适当分离，相对独立，积极协调，实现双方的共赢。

从 2006 年与 2017 年两次会计准则的修改，都体现了独立性与协调性的平衡。由于金融危机等一系列事件体现出的金融体系的特殊性，为满足监管需要，金融工具准则经历了历次变动。金融衍生品作为高风险会计科目，具有派生性、杠杆性、高风险性和虚拟性的特点，对其计量中引入了预期损失模型，体现了监管审慎性要求向会计准则的渗透。这是会计准则向监管协调的重要标志，优化了会计目标与监管目标的结构关系。其中，采用迹象法①代替已损失，提高了损失识别的前瞻性，同时尽可能地压缩了利润操纵空间，有利于缓释加杠杆的冲动。

从当前来看，由于中国会计师行业自律体系本身不尽完善，因此会计准则与监管相协调更符合我国国情，与此同时，更加强化行业自律，尤其是严格准则实行，提高会计质量，是应对金融风险穿透的当务之急。

---

　　①　迹象法：是指企业应当在资产负债表日判断资产是否存在可能发生减值的迹象；对于存在减值迹象的资产，应当进行减值测试，计算资产的可收回金额。可收回金额低于账面价值的，应当按照可收回金额低于账面价值的金额，计提减值准备。

穿透监管问题研究与风险实例篇

  本篇第一章概括性总结了交叉性金融风险的 7 个圈层，分别提炼了银行业交叉性金融风险的 9 种表现形式、9 种形成路径，以及非银行业交叉性金融风险的现状和 5 种形成路径。本篇第二、三、四、五、六、七章分别从同业业务、理财业务、票据业务、信托业务、跨行业服务、中小银行风险的角度出发，详细介绍原上海银监局对穿透监管的问题研究、风险监测与防范以及实践探索。

第一章　我国交叉性金融风险的表现形式、路径

交叉性金融业务横跨银行业和非银行业金融领域，交叉性金融风险亦通过多层嵌套在整个金融体系穿透、蔓延、积聚。本章以银行业交叉性金融风险为研究主体，概括了银行业交叉性金融风险的 7 个圈层，9 种表现形式及 9 条路径。同时，本章亦对非银行业金融领域的交叉性金融风险以及游离于持牌金融机构和金融监管体系之外的"灰金融"现象简要叙述，试图从微观角度更全面地描绘交叉性金融风险的发生机理。

一、银行业交叉性金融风险的表现形式

交叉性金融风险呈现循环交错的圈层特点，参与其中的关联方或者合作方可以划分为 5 个主体圈层和 2 个悬浮圈层。

5 个主体圈层包括，金融机构法人全（多）牌照业务运行体系交叉性风险圈层、银行业银行机构与非银行机构及类金融机构间跨机构合作的交叉性风险圈层、银证保之间跨行业合作及跨机构产品嵌套中交叉性风险圈层、包括银行业在内的金融机构同金融中介机构和金融交易平台（场所）之间业务合作及产品嵌套的交叉性风险穿透圈层、包括银行业在内的全部金融业机构同国有企业和地方政府之间的投融资

业务交叉合作与复杂金融产品设计中的交叉性风险穿透圈层。

2个悬浮圈层分别是外部性风险圈层和政策与制度短板圈层。外部性风险圈层，即银行业金融机构同新经济形态、新商业模式和新技术平台之间隐蔽型合作的交叉性风险穿透圈层。政策与制度短板圈层，即国家与地方金融及中介法律法规政策短板以及银行业金融机构监管后评价弱化或缺失导致的交叉性风险穿透圈层，图1-1描绘了交叉性金融风险的7个圈层。

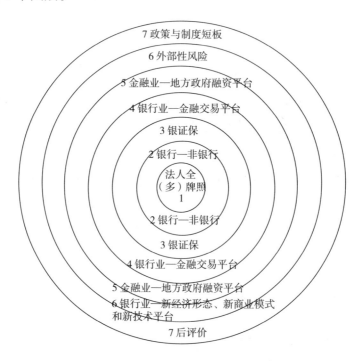

图1-1 交叉性金融风险的7个圈层

银行业交叉性金融业务包括银行业内部跨行业业务交叉和银行业外部与证券业、保险业跨行业交叉、跨市场合作。相应地，银行业交叉性金融风险的表现形式也就更多，形成路径也就更加复杂。图1-2以同业业务为例，展示了交叉性金融风险由传统风险框架、传统业务框架向复合型风险、复合型业务演变发展的衍生路径。

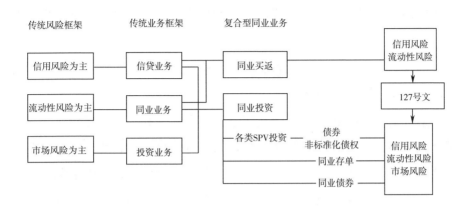

资料来源：《新金融评论》第 30 期（作者：原中国银监会创新部刘丽娜）。

图 1 - 2　复合型同业业务的风险衍生路径

形式一，乱办业务，乱设机构行为。未经批准设立分支机构，或者违反规定从事未经批准或者未经备案的业务活动，是对监管法律的蔑视，是对监管制度的最严重破坏。

形式二，违规信贷业务交叉穿透。信贷资金违规流入股市、期市。违规发放贷款，信贷资金直接参与房地产炒作。违规地方政府提供债务融资。违规与贷款中介合作，违规与小贷公司、典当行、商业保理公司、融资租赁公司等合作。违规外包核心业务。

形式三，违规票据业务交叉穿透。违规与"票据中介"、"资金掮客"合作开展票据业务或票据交易。违规委托中介机构办理票据业务。违规异地办理票据业务。违规将公章、印鉴、同业账户等出租、出借。

形式四，投资业务交叉穿透。同业投资和理财投资违规投向房地产以及国家法律、政策规定的限制性行业和领域。违规开展债券、票据、资管计划代持业务。违规发行和销售"三无"（无真实投资、无测算依据、无充分信息披露）理财产品，未经内部审批授权私售理财产品。

形式五，信用卡业务交叉穿透。信用卡授信额度核定不审慎，为提供虚假财力证明或无相应还款能力的持卡人提供高额授信并形成不良。未进行持卡人异常交易监控导致大量套现引发风险。违规办理信用卡透支、现金分期等用于购房等投资性领域或生产经营领域。违规批量办卡归集资金流入股市、房市。

形式六，商业银行不当利益输送。违规向关系人发放贷款，违规为关联方的融资行为提供担保。

形式七，员工违规行为交叉穿透。银行员工利用职务之便贪污、挪用、侵占客户资金，包括内外勾结骗取银行信贷资金，或员工盗取客户资金。员工参与民间借贷、非法集资、充当资金掮客、过桥融资、为他人提供担保、经商办企业。员工违规查询、泄露、倒卖客户信息。员工违规私售飞单和代理销售，误导或诱导客户购买投资产品。

形式八，声誉风险交叉穿透。信息披露不规范，未充分遵循真实性、准确性、完整性和及时性原则，未充分涵盖财务会计报告、各类风险管理状况、公司治理、年度重大事项等主要信息。未及时向监管部门报告控股股东或实际控制人发生变更情况。未按照《重大突发事件报告制度》的规定，及时向监管部门报告严重影响金融秩序和社会稳定、严重影响正常经营和提供正常金融服务以及严重损害银行和客户利益等重大突发事件。未按规定向监管部门报送案件（风险）信息。

形式九，制度评价缺失与合规问责不严。对内部制度的全面性、完善性与合规性的后评价不及时、不连续，制度体系有缺失、有漏洞。合规意识与经营战略、风险偏好的结合不紧密，存在问上不问下、以罚款代替纪律处分情况，案件线索与风险苗头未及时发现并处理，合规行为激励不够。

二、银行业交叉性金融风险的形成路径

路径一，资管嵌套。图 1-3 表明，金融业各类资管计划四面出击，纵横交叉，嵌套关系非常复杂。银行业信托计划与理财计划不仅彼此嵌套、业内横向连接，而且与券商资管计划、基金专户、保险专户及公募基金、期货资管计划等多维嵌套，其关系极其错综复杂。因此，银行业

交叉性风险不仅仅来自行业内部，更大程度上来自行业外部；由于交叉性风险容易演变为系统性风险，外部冲击对银行业发展与创新的挑战与压力就更多、更大、更加严重。

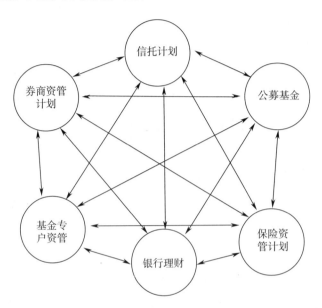

图1-3　各类资管计划交叉

路径二，会计不规范，账户管理流于形式。资产假出表，发行保本理财却不纳入会计核算和资本管理。表内与表外核算标准不严格、不统一，故意模糊业务界限、科目随意腾挪。并表管理制度不能实现对会计并表、业务并表、风险并表、信息系统并表、数据并表等进行一致性标准化管理。虚假报表掩盖信贷资金挪用。账户管理不严格，尽职调查不严格，存在出租、出借同业账户的情况。转换资产形式，将信贷或者类信贷以回购形式转为风险权重较低的同业资产。违规通过相互代持、安排显性或隐性回购条款转移至表外等方式转移、隐藏不良贷款。同业票据转入行违规将票据交易资金划转至票据转出行在他行开立的账户。通过票据转贴现业务，假买断真出表，转移信贷规模。将票据资产转为资管计划，随意调节会计报表。商业银行未将具有实质控制权的机构或对其有重大影响的合伙企业以及对银行集团造成重大损失的被投资机构纳入并表范围，规避资本、会计或风险并表监管。信息披露没有充分涵盖财务会计报告。异常账户监控失职、渎职。

路径三，"阴阳合同"与"抽屉协议"。"阴阳合同"，又称"黑白合同"，来源于建筑施工合同。"阳合同"符合法律规定，可在监管部门备案。"阴合同"是为规避监管、没有备案或者变更登记。"阴阳合同"不仅是违法行为，其动摇金融诚信、扰乱监管与税收秩序，而且引致合同纠纷。"抽屉协议"是银企之间的私下协议，双方都签字盖章，同样具有法律效力，银行可以据此追索。"抽屉协议"包括"明协议"和"暗协议"，前者内含的交易结构可以节省资本金以及降低存贷比，后者有些类似反担保协议，其中约定了风险的实质承担方，通常不是明协议承担方。"抽屉协议"同样破坏监管规定、违反监管要求，隐含纠纷后患与风险损失。

路径四，非标资产。非标准化债权资产是指未在银行间市场及证券交易所市场交易的债权性资产，包括但不限于信贷资产、信托贷款、委托债权、承兑汇票、信用证、应收账款、各类受（收）益权、带回购条款的股权性融资等。非标资产与标准化资产相比，其风险隐患是透明度低、流动性差、规模体量增长过快且其风险交叉性联系范围广。

路径五，"空转"套利。包括信贷"空转"、票据"空转"、理财"空转"、同业"空转"。信贷"空转"主要包括虚增存款与中间业务、本行与他行表内外融资置换、多头过度授信并挪用信贷资金、违规发放搭桥贷款套取银行资金等。票据"空转"主要包括循环开票以虚增业务指标、票据出表以逃避信贷规模管控、借助通道用理财投资票据、违规办理票据转贴现"清单交易"业务、违规办理虚假承兑汇票业务等。理财"空转"主要包括以理财买理财、非银机构利用委外资金加杠杆和加久期、同业理财购买同业存单等。同业"空转"主要包括通过同业等方式吸收同业资金对接理财与资管、通过同业投资充当通道只拿钱不承担风险、通过同业绕道虚增资产少计资本、通过大量发行同业存单进行同业投资并导致期限错配而拉长资金空转链条等。

路径六，失当交易。SPV多层嵌套使得同业投资管理不能穿透基础资产，不能足额计量资本和计提拨备。同业融资卖出回购方将融资业务项下金融资产转出资产负债表。同业存单计入同业融出后的资金金额超过银行一级资本的50%，或者同业存单计入同业融入后的融入资金余额超过银行负债总额的三分之一。同业业务转出资产后信用风险保留并且未及时进行风险分类。同业业务交易对手风险评估不及时、不持续。资金池理财业务违规滚动发售、违规交叉运作、违规期限错配、违规分离定价。理财产品在银行内部违规互相交易，或者违规用银行自有资金购买本行理财产品。违规将面向非机构客户发行的理财产品直接或间接投资于不良资产、不良资产支持证券或不良资产收益权。

路径七，"千手"信托。通过TOT（信托中信托）业务变相开展资金池业务。银信合作中信托通过安排显性或隐性回购条款等方式帮助银行转移信贷资产，助其腾挪、隐匿风险或规避监管要求。信托产品与资管产品多层嵌套，或者引致投资者纠纷，或者违规穿透合格投资者限制。违规委托第三方非金融机构推介信托产品。信托计划违规作为融资渠道或放款渠道，为中介机构发放个人住房抵押贷款"首付贷"提供便利。各类信托通道业务谋求监管套利加重银行业市场乱象，违规放大杠杆扩大财务风险，协助非金融企业开展信贷业务造成影子银行扩张。

路径八，结构化融资。与债权融资、股权融资以及夹层融资等资产负债表右侧的负债端融资方式不同，结构化融资是对资产负债表左侧资产端进行证券化结构设计的融资方式，作为表外融资方式，扮演类信贷角色，规避了信贷规模管控。结构化融资包括两个方面，一是企业与地方的信贷需求，二是银行业机构自身的融资需求。对前者，填补了企业与地方的刚性信贷需求；对后者，缓解了银行业机构的流动性压力。一方面，商业银行对企业资产证券化、政府引导基金、产业投资基金、应收账款结构化、房地产信托基金、国企混改基金、上市公司资本市场融资等资产融资与资本融资等提供投资银行服务，有助于其经营模式从"存贷利差型银行"向"服务收费型银行"转变。结构化融资具有多重风险，包括法律条款风险、信用评级风险、流动性风险、利率风险、衍生工具风险等。银行业机构的风险不仅在于参与"经销商"与"做市商"，还在于同时卷入结构化融资、债权融资、股权融资与夹层融资的非金融机构证券化交叉性风险旋涡之中。另一方面，银行业机构资产证券化包括商业银行住房抵押贷款证券化普遍采用 SPV 或者 SPT 方式，不仅使交易结构更复杂而滋生了交易对手风险、法律风险等，而且异化了信用风险、掩盖了利率风险。如图 1-4 所示，银行业务结构的复杂性以及金融工具的不断创新是滋生交叉性风险穿透的现实环境。

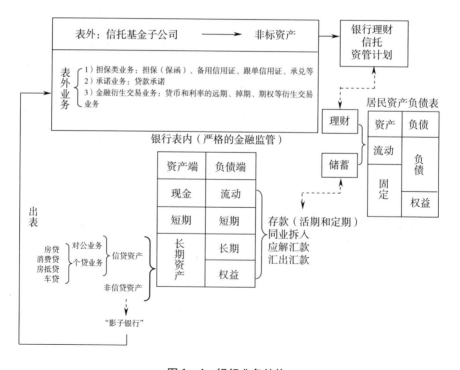

图 1-4　银行业务结构

路径九，"野蛮"创新。公司治理机制不健全且董事会与高管层治理水平低下，因不能准确识别风险、确定限额、评估损失而导致风险失控，严重危害金融市场。创新管理制度低效，法律合规审核缺失，风险评估与风险定价重大误差。审批流程凌乱，没有对新产品新业务风险进行持续压力测试。

三、非银行业金融领域交叉性金融风险的形成路径

非银行业金融领域是发生金融乱象并产生、集聚、传播交叉性金融风险穿透最严重的领域之一。主要风险表现为证券欺诈、"野蛮"保险以及"灰金融"现象等。

（一）证券业

在证券期货领域，欺诈发行股票、债券，违规披露、不披露重要信息、内幕交易、泄露内幕信息，利用未公开信息交易，操纵证券期货市场等，不仅引发一系列股灾事件，而且因其兼具违反监管规定与欺诈犯罪双重性质而对金融市场稳定带来严重冲击与损害。

案例：光大证券"乌龙指"事件

2013 年 8 月 16 日 11 时 05 分，光大证券在进行 ETF 申赎套利交易时，因策略交易系统程序错误，造成以 234 亿元的巨量资金申购 180ETF 成分股，实际成交 72.7 亿元，引发市场剧烈波动，造成恶劣社会影响。事发后，证监会迅速启动调查，经查，光大证券在当日 13 时开市后至 14 时 22 分，在未向社会公告相关情况的情形下，卖出股指期货空头合约 IF1309、IF1312 共计 6240 张，合约价值 43.8 亿元；卖出 180ETF 共计 2.63 亿份，价值 1.35 亿元，卖出 50ETF 共计 6.89 亿份，价值 12.8 亿元。

　　证监会认定"光大证券在进行 ETF 套利交易时,因程序错误,其所使用的策略交易系统以 234 亿元的巨量资金申购 180ETF 成分股,实际成交 72.7 亿元"为内幕信息,光大证券是内幕信息知情人,在上述内幕信息公开前进行股指期货和 ETF 交易构成内幕交易,违法所得金额巨大,情节极其严重。证监会决定给予最严厉的处罚,没收光大证券违法所得,并处以违法所得 5 倍的罚款,罚没款共计 523285668.48 元;对包括杨剑波在内的四名责任人员分别给予警告,处以 60 万元罚款,并采取终身证券、期货市场禁入措施。

　　此次乌龙指事件表面的触发原因是系统缺陷。策略投资部使用的套利策略系统出现了问题,该系统包含订单生成系统和订单执行系统两个部分。订单执行系统针对高频交易在市价委托时,对可用资金额度未能进行有效校验控制,而订单生成系统存在的缺陷,会导致特定情况下生成预期外的订单。

　　造成这次交易系统故障的更深层次原因是该策略投资部门系统完全独立于公司其他系统,甚至未置于公司风控系统监控下,因此多级风控体系都未发生作用。外部原因在于交易所对股市异常波动没有自动反应机制,对券商资金越过权限的使用没有风控。

（二）保险业

　　在保险领域,少数公司进入保险业后,在经营中漠视行业规矩、无视金融规律、规避保险监管,将保险作为低成本的融资工具,投入高杠杆、高风险、高收入的资本游戏,以高风险方式做大业务规模,实现资产迅速膨胀,完全偏离保险保障的主业,蜕变成人皆瞠目的"暴发户""野蛮人"。

案例：安邦保险的违规行为

2011 年 1 月起，安邦财产保险股份有限公司创始人、原董事长吴小晖以安邦财险等公司为融资平台，指令他人使用虚假材料骗取原保监会批准和延续销售投资型保险产品。2011 年 7 月至 2017 年 1 月，吴小晖指令他人采用制作虚假财务报表、披露虚假信息、虚假增资、虚构偿付能力、瞒报并隐匿保费收入等手段，欺骗监管机构和社会公众，以承诺还本付息且高于银行同期存款利率为诱饵，超过原保监会批准的规模向社会公众销售投资型保险产品非法吸收巨额资金。其间，吴小晖以虚假名义将部分超募保费转移至其个人实际控制的百余家公司，用于其个人归还公司债务、投资经营、向安邦集团增资等，至案发实际骗取 652 亿余元。此外，法院还查明，吴小晖利用职务便利非法侵占安邦财险保费资金 100 亿元。案发后，公安机关查封、冻结吴小晖及其个人实际控制的相关公司名下银行账户、房产、股权等资产。

（三）各类"灰金融"乱象

灰金融是指未受到监管与监督，没有信息披露或者透明度很低，风控缺位或不到位的金融活动。灰金融现象源自两个方面，一是各类非持牌金融机构的不当经营，例如许多网贷机构在信息中介定位、业务合规性、第三方存管、信息披露等方面呈现的"灰金融"色彩；二是正规持牌金融机构通过与非持牌机构合作等方式拓展业务领域以规避监管，例如投资收益权、应收账款收益权在各类地方交易所拆分转让，突破私募限制等。灰金融游离于非法金融和正规金融之间，以透明度低、公开性差的状态镶嵌于经济增长过程中。

总体上看，"灰金融"按照其集中性、典型性可以概括为两种：

第一种是"伪"银行。

某些机构未持有银行牌照，不受监管与监督，没有信息披露或者透明度很低，风控缺位，无银行之名却行银行之实。例如各类互联网金融平台、网贷机构大搞"资金池""现金贷"，在信息中介定位、业务合规性、第三方存管、信息披露等方面呈现的"灰金融"色彩。这些跨界业务不是服务创新，而是金融套利或"庞氏骗局"。

第二种是"桥"金融，主要指各类交易平台乱象。

部分地方金融资产交易所将投融资类业务中的投资收益权、应收账款收益权等拆分转让，吸引许多不具有风险承受能力的自然人参与投资，违规降低投资者门槛。

部分商品类交易场所采用"分散式柜台交易"嵌套模式，设置高交易杠杆，层层招揽客户，会员单位与客户对赌、诱导频繁交易，基本无实物交割，故意侵害大量投资者利益。部分文化类交易场所特别是邮币卡类交易场所采取集合竞价、连续竞价、电子撮合方式进行 T＋0 交易，或者虚拟发行，或者哄抬造假市以诱骗投资者高位接盘。

部分地方交易场所主要通过互联网，采取跨区域经营规避监管，大量发展会员、代理商、授权服务商，诱导大量无风险承受能力的自然人参与交易；或者未做到风险充分提示，或者缺乏健全的纠纷处置机制，不仅缺乏透明度，而且还操纵市场、不断引发矛盾纠纷与投诉举报。

"灰金融"具有异化性。"灰金融"极有可能异化、蜕变为"黑金融"。"黑金融"也就是金融违法犯罪，主要包括各类金融投资欺诈、非法集资、暴力催收等恶意行为，隐含黑社会性质，称为"黑金融"。"黑金融"也包含两种：

第一种是互联网金融的"庞氏骗局"。近年来，在"野蛮"大资管的道路上，违法机构利用互联网实施非法吸收公众存款、集资诈骗、组织领导传销活动，打着创新旗号实则为金融欺诈的"庞氏骗局"层出不穷，愈演愈烈。互联网金融乱象主要涉及"P2P"非法融资、非法众筹、第三方支付非法结算、互联网保险非法代理等。

第二种是各类金融投资欺诈。包括一些非正规贷款公司、投资公司、民间贷款公司等的交易欺诈、保险欺诈、证券欺诈，此类行为已经远离了法治化经营的轨道。

近年来，我国出现了诸多由"灰金融"异化并爆发的风险事件。昆明泛亚通过金属现货投资和贸易平台，自买自卖，操控平台价格，利用新投资人的钱来向老投资者支付委托日金费和短期回报，制造赚钱的假象进而骗取更多的投资。中晋非法集资系列案，通过以"中晋合伙人计划"的名义变相承诺高额年化收益，向不特定公众大肆非法吸收资金，最终以涉嫌非法吸收存款和集资诈骗遭立案。善林金融在未经批准的情况下，以高额利息为诱饵，向社会不特定公众销售所谓的理财产品，并相继大量砍掉线下门店，将业务转向线上，成立了善林财富、善林宝、幸福钱庄、广群金融销售，最终都被警方定性为非法的理财产品。e租宝打着"网络金融"的旗号上线运营，实际却以高额利息为诱饵，虚构融资租赁项目，持续采用借新还旧、自我担保等方式大量非法吸收公众资金。

这些案例暴露了各类"灰金融"乱象的主要风险点：

1. 利用互联网实施非法吸收公众存款、集资诈骗的风险。以互联网金融乱象体现的"灰金融"主要涉及"P2P"非法融资、非法众筹、第三方支付非法结算、互联网保险非法代理等，如善林金融、e租宝等，打着网络金融创新旗号，实则发展成了披上互联网金融外衣的地下钱庄式灰色机构，非法吸收大量公众资金。这些机构组织领导传销活动，借助互联网金融工具的便利性，用高收益吸引投资者，试图通过"庞氏骗局"取得不义之财，最后资金链断裂难以兑付造成投资者的巨大损失。

2. 资金流向不明、搭建资金池、底层资产不透明等风险。一些平台在经营中性质发生根本性变化，募集资金并非用于借款项目而是资金流入公司法定代表人或个人账户，并将募集资金抽逃、私分、转移，用于偿还个人债务、个人消费挥霍等。如昆明泛亚、中晋、善林金融案件中，平台利用高息吸引投资者，但并未持有支持如此高收益的资产项目，必须不断用新债去填旧债。若出现投资者挤兑的情况，则平台必然就会瞬间崩塌，并可能引发接连"爆雷"的连锁效应。

3. 风险治理水平低下。体现在管理层风险意识不足、风险缓释工具缺失、风险控制能力较低等方面。例如各类网贷平台风险评估体系不完善，甚至贷前审查形同虚设，根本无力对贷款进行科学合理定价，大量发放校园贷、无指定用途的网贷，仅靠收取高额利息和暴力催收弥补不良损失。当网贷行业的"先天不足"叠加金融周期流动性紧张的冲击，必然会出现一段时间内爆发大量坏账和违约并愈演愈烈，最终酿成系统性风险。

在对各类"灰金融"乱象进行治理的过程中，我们必须秉承科学的认识论与实践论，必须认识到"灰金融"的产生具有必然性和创新性。"灰金融"产生于社会和市场对于普惠金融的需求，受益于国家鼓励创新的政策红利。随着社会主义建设进程不断推进，社会的主要矛盾已经转化为人民日益增长的美好生活需要和不平衡不充分的发展之间的矛盾，社会金融服务结构也应作出相应调整。一方面，广大人民群众谋求资产增值和消费升级，对于金融产品和服务的需求前所未有地高涨；另一方面，广大中小微企业融资难融资贵的问题仍然突出，而传统持牌金融机构限于其风控的要求，仍然按照以往的经营模式运作，实际上在提供与经济发展水平相适应的金融服务领域是缺位的。此时，各类P2P、投资公司应运而生，并且赶上了互联网发展的大潮，金融与互联网的结合形成了多项创新产品和服务，借助互联网的"东风"普及千家万户。

"灰金融"乱象，无论从行业的规模和行业出现的各类风险事件来看，都到了需要重新定位、梳理、摸底和规范发展的时候。自2017年开始原银监会部署"三三四"专项治理①工作，开启了强监管、严监管的风暴。对于"灰金融"现象要采取有针对性的、谨慎严格的监管手

① "三三四"专项治理：指"三违反"（违反金融法律、违反监管规则、违反内部规章）、"三套利"（监管套利、空转套利、关联套利）、"四不当"（不当创新、不当交易、不当激励、不当收费）专项治理。

段，首先要正确对待这一现象，不能全盘否定，要认清它的转化是需要时间和条件的。而对于那些即将转化为更大金融风险的现象则需要全面调查，深入研究，防患于未然。

案例："e租宝"事件始末

"e租宝"是"钰诚系"下属的金易融（北京）网络科技有限公司运营的网络平台。2014年2月，钰诚集团收购了这家公司，并对其运营的网络平台进行改造。2014年7月，钰诚集团将改造后的平台命名为"e租宝"，打着"网络金融"的旗号上线运营。

2015年底，多地公安部门和金融监管部门发现"e租宝"经营存在异常，至2015年12月5日，"钰诚系"可支配流动资金持续紧张，资金链随时面临断裂危险。同时，钰诚集团已开始转移资金、销毁证据，数名高管有潜逃迹象。为了避免投资人蒙受更大损失，2015年12月8日，公安部指挥各地公安机关统一行动，对丁宁等"钰诚系"主要高管实施抓捕。警方初步查明，"e租宝"实际吸收资金500余亿元，涉及投资人约90万名。

"e租宝"相关犯罪嫌疑人主要以远高于银行存款的收益率为诱饵，通过虚构融资租赁项目，持续采用借新还旧、自我担保等方式大量非法吸收公众资金。

最高人民法院在2010年出台的关于非法集资犯罪的司法解释里明确，不能用承诺回报引诱投资者。实际上，由于金融行业天然的风险性，承诺保本保息本身就违背客观规律。原银监会更是明确要求，各商业银行在销售理财产品时必须进行风险提示，自2016年起在全国银行推行理财产品销售录音录像"双录"的规定，旨在减少银行从业人员欺诈、"飞单"等行为，保护金融消费者权益。

第二章 同业业务风险穿透监管问题研究

2017 年以来，为贯彻落实中央经济工作会议精神，以及原银监会"去杠杆、防风险"的监管要求，原上海银监局以"三三四"专项治理工作为主要抓手，积极督导辖内法人银行优结构、通渠道、补短板、控风险，坚持回归本源、专注主业。本章基于对上海辖内法人银行同业业务调研和检查情况，总结了近年来同业业务快速发展的模式，分析了"严监管"以来的"缩表"链条，选取几类同业业务中典型的交叉性金融业务详细分析其运作模式、风险点，针对性提出监管建议。

一、商业银行同业业务概述

（一）从资产负债结构解析同业业务主要模式

按照《关于规范金融机构同业业务的通知》（银发〔2014〕127号）的定义，同业业务主要是指金融机构之间以投融资为核心的各类金融业务。从业务发展的历史逻辑来看，早期的同业业务作为流动性调节工具突出的是"融资"属性，近年来伴随着经济发展"新常态"过程中存贷款利差和金融市场业务利差的持续缩窄，同业业务作为资本逐利新工具，以不同的模式创新不断强化其"投资"属性，同业资产业务逐步成为同业业务的核心。从资金的来源与运用角度而言也得以印证，除了传统"存贷差"结余之外，同业负债业务则更多的是作为主动负债工具为前者提供资金来源。通过对同业资产负债结构的解析，可以将同业业务大体归为以下几种模式：

1. 批发融资型

即同业业务从商业银行传统短期流动性调节工具转变为批发性融资工具，主要表现为同业负债业务逐步演变成不同金融市场的主动负债工具。从同业资产负债结构来看，负债端主要包括"同业融入"（同业存放、同业拆入和卖出回购等业务）和"同业存单发行"，两者合计构成广义的"同业负债"口径。对应资产端，主要包括"同业融出"（存放同业、拆放同业和买入返售等业务）和"投资同业存单"。近年来的一个显著变化是银行"同业融入"的量远远大于资产端"同业融出"的配置，以S银行为例，6月末同业负债合计约五千亿元，而同业资产端"同业融出"和"投资同业存单"余额仅为不到一千五百亿元，大量的同业负债配置于其他非标准化的同业投资类资产。尽管同业负债与同业资产并非一一对应关系（而是负债池对应资产池），但应该看到，正是由于以同业存单为代表的主动性批发融资工具过度使用，改变了传统同业业务作为流动性调节工具"量入为出"的基本理念。

2. 套利投资型

即同业业务从商业银行传统短期流动性调节工具转变为"非标资产"的投融资工具，主要表现为各种通道类的同业投资产品，其模式是银行作为委托人，以自有资金借助证券公司、信托公司、保险公司等第三方受托人作为通道，设立一层或多层资产管理计划、信托计划等投资产品，从而为委托人的目标客户进行融资或对其他资产进行投资的交易。其目的是通过各类资管产品（受益权）的多层嵌套拉长链条以绕开标准，实现不同程度的"监管套利"和"空转套利"。具体而言，"监管套利"主要涉及监管指标套利（例如通过借助通道、腾挪科目、投资非标等方式逃避拨备和资本要求）和监管政策套利（例如以同业非标投资变相降低授信标准、规避宏观调控政策以及突破业务地域限制、业务经营范围限制等），"空转套利"主要涉及同业资金空转（例如通过同业投资等渠道充当他行资金管理"通道"等）。

3. 错配投资型

即同业业务从商业银行传统短期流动性调节工具转变为投资期限错配和信用等级错配的逐利工具，主要表现为银行以短、频、快同业负债工具实现资金筹集，通过同业理财或委外投资等方式，投向期限更长、信用等级下沉的资产，以过度承担流动性风险和信用风险为代价博取更高收益。无论是"同业存单—同业理财"模式，还是"同业存单—同业理财—委外投资"模式，从整个市场的角度来看至少形成了两次杠杆及错配，第一次是银行自身的杠杆及错配，第二次是同业理财或委外产品再投资过程中的杠杆及错配。相对而言，委外资管产品的底层资产等业务数据并不透明，加之监管协调不够，造成难以精确掌握全市场杠杆及错配水平的全貌。

（二）同业业务"缩表"趋势及其链条分析

回顾近年来同业业务规模的扩张历程，银行同业资产负债先后经历过两个快速发展的阶段：一是 2011—2013 年同业非标投资的盛行，银行普遍通过同业负债工具"借短投长"对接非标资产，直至《商业银行资本管理办法（试行）》和《关于规范金融机构同业业务的通知》（127 号文）先后出台，分别从加强资本约束和规范业务管理入手对同业扩张态势形成了压制；二是 2015—2016 年"同业存单—同业理财—委外投资"业务链条的兴起，由于同业存单暂未纳入同业负债考核口径、表外理财规模不断膨胀等原因，催生了"杠杆＋错配"的同业投资模式。综合近年来国内金融市场宏观因素后不难看出，近年来同业业务规模之所以快速扩张的一个重要原因在于银行在相对廉价、宽裕的短期资金面之下，可以持续通过同业负债工具获取稳定资金来源。

自 2016 年第三季度以来，资金价格、负债总量、监管治理等三大制约因素先后传导并持续发酵，形成了同业"缩表"链条。

一是资金价格上行，增加错配成本。中国人民银行自2016年8月起有意识加大投放中长期流动性，先后重启了14天、28天逆回购，增加了更长期限MLF，同时价格也有所上行，这压缩了银行委外杠杆、错配投资的利差空间，伴随着成本增加，同业利益驱动的原动力也有所下降。

二是负债总量管控，压缩资金来源。从表外来看，表外理财作为广义信贷纳入MPA考核，同业理财收缩明显；从表内来看，同业存单发行也将逐步纳入同业负债统计，规模受限。同业负债的总量管控直接制约资金来源，并传导至同业资产规模压降。

三是专项治理强化，违规成本上升。"三三四"监管专项治理直指近年来同业乱象中的违规行为和套利行为，整治力度和监管威慑空前。

从全国数据来看，原银监会《银行业金融机构资产负债情况表》显示，截至2017年6月末商业银行境内总资产较年初增长4.50%，总负债较年初增长4.49%。同业资产负债方面，6月末中资银行同业投资规模较年初增长2.1%，同业负债规模较年初下降2.8%。

以上海辖内某城商S银行为例，自2017年第一季度开始已逐步调整资产负债结构，"缩表"态势相对早于其他商业银行，尤其是城商行。S银行"缩表"主要有三个表现：（1）从总量看，同业负债规模和占比呈现双降。（2）从结构看，同业负债的种类呈现多元化。S银行综合运用货币市场（本外币拆借及同业存单发行）、票据市场（票据正回购）、同业市场（本外币同业存款）等多个金融市场的各类融资工具，积极拓展多元化同业负债，有意识降低对单一市场、单一融资工具的依赖程度，改善了同业负债资金的稳定性。（3）同业资产结构得以优化。值得关注的是，受原银监会"三三四"系列专项整治行动的影响，同业投资中各类通道类受益权投资和同业理财投资余额大幅下降，"去杠杆、防风险"的政策导向初见成效，而货币市场基金由于其灵活性得到了大幅增配。

（三）对同业业务"缩表"趋势的几点思考

一是着眼于近处，要以"确保不发生处置风险的风险"为原则做好"缩表"过程中的风险管控。从同业"缩表"态势来看，同业负债的降幅明显快于同业资产降幅，这也符合前期"借短投长"、期限错配的特点。从 S 银行的情况来看，伴随着同业资产负债结构的调整，流动性比例和流动性覆盖率等监管指标出现了一些短期波动，环比有所趋弱，主要是主动调结构过程中部分优质流动性资产减少。此外，银行在减少同业存单发行的过程中也面临一定的资产负债期限错配缺口。对此，下一步要以确保不发生"处置风险的风险"为原则，督导银行持续加强同业资产负债缺口管理，适度控制资产负债调配节奏，做到重定价资产负债总量匹配，有效防范利率波动风险和流动性风险。

二是立足于长远，比"缩表"态势更重要的是"优表"趋势。短期来看，预计银行业同业资产负债规模也将呈现"缩表"或环比增速大幅放缓，年内或将延续短期"缩表"态势。但是从中期来看，"缩表"的持续性还有待观察。客观而言，伴随着宏观经济发展，加之商业银行绩效考核方式短期内难以扭转，银行资产负债中长期扩张的局面仍将延续。以 S 银行为例，随着新三年战略发展规划的制定与推进，以及三年配套资本补充规划的逐步落地，其资产负债规模预计自 2018 年起仍将保持一定增速。因此，就中长期经营发展而言，更为重要的是保持优化资产负债表的趋势，要以"资本监管"为核心督导银行按照"轻资本、低杠杆、高回报"的原则，进一步优化资产负债结构、提升全表资产负债管理能力，降低资产业务与负债业务之间、表内业务与表外业务之间风险的关联性。

三是固本于规制，要从强化监管制度建设入手补足监管短板。自原银监会"三三四"专项治理行动开展以来，银行同业业务逐步开始降杠杆、去通道。以 S 银行为例，该行逐步审慎控制同业理财、同业存单规模，并强化投向管理；结合同业投资业务自查与整改，从是否多层嵌套、是否不当套利、是否穿透授信管理、是否违反宏观调控政策等角度进行梳理，取消了5项受益权投资业务；此外，投资业务中非标资产占比也从年初的46%降至6月末的34%。总体来看，专项治理工作成效初显，但对于某些规则相对模糊的套利模式、规则相对空白的交叉金融业务，目前银行普遍采取的是暂停观望态度，从规制层面来看需要监管部门在总结治理工作的基础上，转化成明确的监管制度要求，补齐监管短板。

二、房地产融资中同业投资业务分析

根据《关于规范金融机构同业业务的通知》（银发〔2014〕127号），同业投资是指金融机构购买同业金融资产或特定目的载体的投资行为。除了投资债券、同业理财、基金等一般同业金融资产外，商业银行还通过特定目的载体为通道，向工商企业（特别是房地产企业）提供融资，且已经成为同业投资中较为主要的交易品种。在限制性行业通过传统信贷获取资金越来越困难的背景下，商业银行利用同业投资替代传统信贷，为房地产等受限制行业大量输送资金。本节着重阐述房地产融资中同业投资的参与模式，商业银行监管套利点分析及建议采取的监管措施。

同业投资参与同业投资经过这几年的演变和发展，业务模式已十分契合房地产行业特点，为房地产项目"从生至死"各个阶段提供资金。表现为两点：一是单户融资金额高且期限灵活，完美满足房地产开发项目资金规模大、期限长的需求。同业投资具备传统同业业务的批发性特征，单笔金额动辄数十亿元，放款便捷，期限灵活，适应不同规模和开发周期的房地产项目建设需要。二是授信品种不限且用途宽泛，完美满足房地产开发链条长、利益相关方多的特征。同业投资项下并不区分业务品种，不严格按照固定资产、流动资金、土地储备贷款等分类，授信用途宽泛，有助于房地产企业灵活使用资金。我们分析，同业投资用于房地产融资有以下模式和套利点。

（一）房地产开发全流程中同业投资的参与模式

1. 土地储备阶段

（1）用于土地前期开发，包括为城投公司、房地产企业、土地储备机构等提供融资资金，用于支付动拆迁款、通水、通电、通气、平整等土地一级开发所需资金。由于无法办理土地抵押，大部分为信用授信，即使提供了关联公司担保，因担保人往往为投资管理平台，担保能力也偏弱。

（2）提供土地款融资，直接表现为支付土地出让金。2016 年下半年上述行为被监管部门认定为违规后，部分房企通过由股东先期垫付土地款，再以同业投资资金归还股东借款的方式间接用于土地出让金，以此规避监管要求。

2. 开发建设阶段

（1）房地产开发融资。与传统开发贷款类似，被用于房地产项目在建工程的具体支出，包括工程款、材料款、其他资本化支出等。其中，部分同业投资业务放松授信标准，往往容易介入"四证不齐"或资本金比例不足额的项目。

（2）内部装修融资。部分建成的商业地产或酒店式公寓项目面临内部重新装修，同业投资可以代替一般流动资金贷款提供融资支持。但同业投资往往金额较大、期限较长，一旦超出工程建设的必要需求，增加了资金被挪用的风险。

3. 建成后续阶段

（1）用于经营性物业融资。对于长期出租的商业、办公或酒店式公寓项目，同业投资可以完全替代经营性物业贷款，规避贷款额度管控限制。另外，随着物业价值的上升，企业通过向银行办理同业投资业务，不断替换原经营性物业贷款，维持融资规模，拉长融资期限。

（2）替换存量融资。一方面，在房地产行业宏观调控的大背景下，为部分还本付息能力不佳的房地产项目提供借新还旧，替换到期的存量开发贷款，房地产公司获得喘息机会，同时延缓银行风险暴露。另一方面，以灵活、便捷的同业投资替换他行存量融资，放松授信标准或降低融资利率，抢占竞争对手市场份额。

（3）用于资产或股权并购。个别房地产项目（往往为烂尾或经营不佳）欲引入新股东，以同业投资为并购交易提供融资，帮助投资方通过向原股东收购股权或资产，获得被并购方的土地或房地产项目所有权。银行还可以为企业提供并购融资，用于并购尚未取得土地证的房地产项目公司，变相帮助企业获取土地。

（4）用于旧区改造。将原有房屋推倒重建，此类棚户区改造或旧城改造项目往往涉及报批审批、拆旧动迁，甚至改变土地性质，导致项目周期长、不确定因素多，因缺乏较为合适的贷款品种，往往通过同业投资模式予以支持。

（二）监管套利点分析

尽管五部委 127 号文明确，同业投资应"严格风险审查和资金投向合规性审查"，但在实际操作中因银行套利动机的驱动，在展业过程中存在主观规避房地产调控政策和挑战监管政策底线的情况。

套利点一：以"同业投资"套"发放贷款"的利

由于同业投资在业务归类和会计处理方面有别于一般贷款，个别银行刻意曲解 127 号文件要求，将同业投资作为贷款的替代手段，却不参照贷款同等标准要求执行投资管理，放松授信准入标准和资金流向管理，不准确计提风险资产和损失准备。通过同业投资向明显不符合贷款发放条件的房地产项目提供融资，甚至为交付土地出让金提供资金。

套利点二：以"前端开发"套"项目建设"的利

银行通过同业投资将资金投入所谓房地产"前端开发"，具体用途模糊、指向不清，从资金支付对象上看，实质可能在项目四证或资本金到位前，被用于土地储备开发或在建工程项目建设。国土部和原银监会已经明确，"土地储备贷款的借款人仅限于负责土地一级开发的机构"

"自 2016 年 1 月 1 日起，各地不得再向银行业金融机构举借土地储备贷款"。银行通过同业投资为一般房地产企业提供涉及土地储备开发相关的所谓"前端"融资，不仅涉嫌违规为房地产企业变相参与土地储备提供资金，还涉嫌违反合规性批文、资本金比例等房地产项目开发的监管规定。

套利点三：以"并购交易"套"行业调控"的利

房地产行业作为国家重点调控行业，受到产业政策、信贷政策、行业准入等多方面的约束，为加快发展速度，个别房地产企业通过并购交易，扩大规模，盘活存量资产，甚至通过并购空壳公司"变相拿地"。而在"去库存"的大背景下，国家行业和产业政策并未鼓励房地产企业通过并购重组扩大产能，且房地产企业融资需要国家有关部门的批准和履行相关手续，银行为房地产并购交易提供融资，并不符合原银监会并购贷款风险管理指引中关于并购贷款用于支持实体经济的研发、创新等文件精神，不符合并购贷款的经营范围，涉嫌规避并购贷款的开办前置条件。

套利点四：以"股东借款"套"土地出让"的利

除房地产开发贷款需满足"四三二"等监管要求外，2016 年 10 月以后，住建部和上海市已经明确禁止银行违规（包括各类信托资金、资本市场融资、资管计划配资、保险资金等）为交付土地出让款提供任何授信资金，部分房地产公司采用股东先期筹资垫付土地出让金或项目工程前期开支，再通过借入银行同业投资资金归还股东借款，以此规避监管要求。从资金流向来看，银行同业投资资金流入股东账户后，被认定为股东自有资金，表面上看没有直接违反房地产信贷监管规定，但是从行为目的来看，仍旧存在变相为土地交易提供融资的嫌疑。

（三）有必要及时约束监管套利行为

1. 转变监管理念，正确理解同业业务演变的本质和趋势

同业业务的发展和演变，是金融需求多样化、金融服务供给侧结构

性改革的必然趋势，是金融市场不断深化的结果，符合事物发展"由简至繁"的客观规律。同业投资的出现，跳出了原来"银行—企业"这种双向、简单的贷款关系，衍生出了出资机构、通道机构、风险承担机构等不同的市场角色，在交易链条上通过承担不同的风险获取相应的对价。监管部门应该认识到，大量同业业务已经不再以流动性拆借为主要交易目的，市场演变趋势越来越复杂，创新模式也会不断涌现，必须尽快改变思路，看清业务本质，理顺监管理念，引导同业业务成为维护房地产行业健康有序发展的保障，尽快出台理财资管等重要的监管顶层设计方案，具体监管规制不应简单实施"一刀切"，须有堵有疏。

2. 转变监管方式，牢牢抓住"资本监管"这个牛鼻子

资本监管既是国际上发展成熟的监管体系，也是引导商业银行稳健、审慎经营的有力武器。如果说合规监管、风险监管是见招拆招的外式，则资本监管是以不变应万变的内功。不管银行如何"创新"业务模式、如何规避监管要求，资本充足性始终是其无法回避的问题。承担了多少风险，就必须计提多少资本，监管部门应牢牢抓住资本核算准确性这一关键要素，检查银行是否严格按照实质风险来源匹配风险权重，运用资本监管手段形成对银行展业冲动的自然约束。对于在房地产行业业务特别冒进的银行，考虑施加惩罚性资本要求，并从严审核其资本补充需求的必要性。

3. 提升监管效能，从严打击"以形式掩盖实质"监管套利行为

监管部门应敢于碰硬、勇于出手，出手必见效。一方面，严厉打击同业投资不按照"实质重于形式"原则展业的行为，将通过特殊目的实体为通道，向房地产企业开展融资的类信贷业务视同贷款管理，以贷款的授信管理标准予以准确定性，对持续开展监管套利的机构施以监管惩罚措施，打破银行侥幸心理。另一方面，加强同业投资的用途监管，对于"归还股东借款"等用途模糊、存在挪用风险的授信业务，要求银行放款前严格审核股东借款存在的必需要素（用途、手续、资

金等），对于发现以股东借款为"过桥"手段，导致授信资金间接支持土地交易、四证不齐房地产项目的，可对"归还股东借款"这一授信用途的真实性和合理性予以重新审视，如银行未尽职履行审查职责的，按照授信业务相关规定予以定性和处理。

三、新型同业理财业务分析

随着市场乱象治理不断深入，同业投资业务中通过私自修改合同、出具"抽屉协议"等手段违规开展业务的情况逐渐减少，但却衍化出新的市场乱象表现形式：同业投资买卖双方签订同一合同，而合同名称故意采用"策略保本型""本金保护型"等模糊概念，发行方将其计作非保本理财，购买方则计为保本理财的目的，从而达到监管套利的目的。本节主要通过6个重要指标分析这种模式套利的主要动机并提出监管意见。

（一）新型套利手段的案例解剖

H银行上海分行与S银行签订《H银行机构客户增盈策略保本型定制理财产品销售协议书》（以下简称H策保）。H策保协议书内容经过了双方银行的法律审查。H银行总行在中债登下的理财登记中心进行产品信息公示时将上述产品归类为非保本理财，而S银行法律审查认为是保本型理财产品。据H银行上海分行表述"在签下协议前已明确告知对方为非保本理财"，由于同业理财无双录，此说法真假只是又一个"罗生门"。但银行签订的合同有故意混淆概念之嫌：

一是合同未明确说明本金损失。H策保协议书中说明"在最不利的投资情形下的投资结果，如果本产品所配置资产到期无法按时足额收回本金及收益，则本产品到期客户可能无法获得预期收益"，一般非保本理财合同会在上述基础上附加一句："甚至造成理财本金部分或者全部损失"，H银行的另一款创盈非保本系列也有此类本金损失描述。H策保并未说明本金会产生损失，S银行据此认定合同为"保本型合同"。

二是部分"非核心条款"暗示为非保本型理财。H银行总行提供的标准合同文本对客户投资经验评估中专门提到"客户是否投资过非保本浮动收益型产品"及"客户是否对非保本浮动收益型产品风险收益特性有全面的了解"。根据以上条款,S银行作为机构投资者应可以判断此为非保本理财。另外,据H银行上海分行反映,分行根据S银行要求在H策保最终合同版本中删除了以上条款。对此,H银行总行认为"原银监会未明确要求同业理财做客户风险评估,且此条款不是核心条款,H银行上海分行删除此条款并无不妥。但从一个侧面说明S银行已从以上条款中看出该产品具有非保本特征。

(二)6项重要指标分析套利动机

1. 发行方的主要动机

(1)规避"同业融入资金余额不得超过该银行负债总额的三分之一"的监管要求

根据原银监会规定,发行面向同业的保本型理财应计入"同业存放"科目,而非保本型理财则计表外,也就是说,发行非保本理财产品不用纳入银行同业负债口径。将发行理财产品作为非保本理财计量,可以规避127号文中"同业融入资金余额不得超过该银行负债总额的三分之一"的监管要求。H银行上海分行2017年6月末报表显示同业专属理财余额达到535亿元,远高于辖内同类机构的销售规模。

(2)降低发行成本

发行方通过模糊产品"保本""非保本"属性,其发行产品的利率远低于同期同类机构发行的非保本理财,但略高于保本理财,从而在市场上形成一定竞争优势。分析2016年H银行与S银行签署的系列协议,发现其6个月至1年期的利率基本为3.40%~3.75%,至少比同期非保本理财利率低20个基点以上。

2. 投资方的主要动机

对于投资方而言,将套利产品作为保本型理财计入资产负债表中

"存放同业"科目，可以实现"一盈利三风险"的完美规避。

（1）提高投资收益率

投资方购买"保本""非保本"属性模糊的产品要比同类保本型理财的收益率高，从而更好实现银行内部的利润考核。

（2）粉饰资本充足率

投资保本型理财应以20%（期限3个月以内）或者25%（期限3个月以上）的风险权重计量风险加权资产，而投资非保本型理财则应以100%的风险权重进行计量。以S银行为例，2016年末其购买H银行此类理财余额140亿元，对应至少计提风险加权资产为105亿元，对资本充足率的影响约为0.25个百分点，从而对资本充足率指标起到了粉饰作用，不能真实反映银行真实投资风险。某W银行购买的H银行同款理财，虽然会计上记为非保本理财，但其认为"策略型保本"能起到保本的作用，也按照20%或者25%的风险权重计算。

（3）拨备计提不充分

目前非保本理财作为银行投资类产品比照信贷资产计提拨备，若作为保本理财纳入存放同业，则不作任何计提。

（4）规避"非标"规模控制指标

购买同业保本理财不纳入非标计算口径。相对于其他类型机构，由于农村金融部对所辖机构采取自营和理财的双向非标控制要求，S银行规避此比例的迫切性更高。

（三）未来的趋势和监管意见

根据目前最新的增值税法规（2018年1月1日起执行），保本理财产品的收益将需要缴纳增值税，非保本理财产品无须缴纳增值税，即对投资者而言，保本理财产品存在两道征税的情况。为规避这一情况，后续可能逐渐演变成：会计上记为非保本理财可以规避缴纳增值税，但同时认为"策略型保本"能起到保本的作用，继续从风险计量方面规避监管，基于上述动机，商业银行延续此种套利模式的可能性较大。

对此应研究制定对应的监管措施，建议如下：

第一，要求银行加强投后监管，买卖双方对同一产品的会计确认必须一致。实际操作过程中，银行普遍存在"轻投后"的情况，部分投后流于形式，以 S 银行为例，其在投资同业理财产品后，甚至连理财产品编码都不掌握，定期的对账亦是流于形式。也有银行着重强调首次投资时有投后管理，而在后续投资时视为低风险业务，放松要求。建议参考信贷"三查"相关要求，强调商业银行投后管理责任。

第二，加大对机构的问责力度。在套利模式下，买卖双方协作达到规避监管的目的，业务部门公开进行套利操作，机构法审部门缺乏自主判断，有意或无意为此背书，使得套利行为缺乏有效的管控和制衡。建议加大对银行业务部门及法审部门的问责力度，督促银行建立有效的防控机制。

第三，推动同业的理财双录，杜绝"假行""假章""假人"等同业案件的发生。

四、同业存单业务分析

（一）基本情况

2017 年在沪中资法人银行（村镇银行未发行同业存单），上海银行、上海农商行、上海华瑞银行累计发行同业存单 7419.8 亿元，年末余额为 1677 亿元。其中上海银行累计发行 6021.5 亿元，占全部累计发行额的 81.15%；年末余额 1513.8 亿元，占全部余额的 90.27%。

2018 年，三家法人机构获批核准发行额度为 3070 亿元，较 2017 年减少 1000 亿元，其中上海银行获批核准发行额度由 3000 亿元减少至 2000 亿元，减少幅度为 33.33%。

发行主体评级方面，上海银行、上海农商行均为 AAA 级，上海华瑞银行为 AA 级。

利率方面，三家法人机构 2017 年累计发行的加权平均利率为

4.44%，其中上海银行加权平均利率为4.44%，上海农商行为4.40%，上海华瑞银行最高为5.04%。全部息票类型为零息，占比为100%。

发行期限方面，根据人民银行最新规定，同业存单期限不超过一年，全部为一年内到期（含一年），累计发行金额占比方面：1M占比为37.89%，3M占比为47.87%，6M占比为11.00%，9M占比为1.19%，1Y占比为2.06%；1M、3M合计占比为85.76%。

（二）发行特征

一是获准发行额度大幅减少，上海华瑞银行、上海农商行获准发行额度较上一年度持平；上海银行大幅减少1000亿元，由3000亿元减少至2000亿元，减少幅度为33.33%，较其2017年余额额度峰值存在约400亿元缺口。

二是发行成本显著上升，2017年三家在沪法人银行的加权平均利率为4.44%，其中上海银行加权平均利率为4.44%，上海农商行为4.40%，上海华瑞银行最高为5.04%，基本反映各家银行主体评级的信用利差。从各家行最近一期发行利率来看，均显著高于2017年加权平均利率，上升0.3~0.4个百分点。

三是发行期限全部以短期为主，发行息票类型全部为零息发行。受政策调控，辖内三家在沪中资法人所发行的同业存单全部为一年内到期（含一年），1M、3M合计占比达85.76%。所发行的同业存单均为零息折价发行，为同业存单市场主流息票类型。

四是额度利用率方面，按2017年全年累计发行额度/2017年获准发行额度计算，上海银行额度利用率最高，为2.01；上海农商行最低，为1.30；上海华瑞银行为1.31，说明上海银行对于同业存单利用最为频繁。

五是同业负债占比指标方面，纳入同业存单后，同业负债占比显著上升，按2017年末试点测算，上海银行同业负债占比为30.92%；上海华瑞银行为26.43%；上海农商行为14.96%。结合额度利用率指标，综合评价上海银行对同业存单使用频率及依存度最高。

（三）监管建议

一是引导银行机构正确理解同业存单货币市场工具的定位。同业存单的主要作用是银行机构短期流动性调节工具。部分银行机构通过加杠杆、期限错配等方式投资债券、非标等，变相做大资产规模，是一种明显的套利行为。应加大相关检查、处罚力度，避免所涉资金在金融体系内形成空转，累积流动性风险和信用风险。

二是引导银行机构进一步提高流动性风险管理水平，着力提升核心负债能力。在"去杠杆"背景下，同业存单的发行规模及保有存量下降减少是大概率事件。受宏观调控及人民银行同业存单新政影响，同业存单市场在发行端及需求端或将同步萎缩，对于流动性风险问题本就较为显著的中小银行来说，进一步加大了流动性风险管理难度，流动性风险管理水平亟待提高。做好流动性风险管理及应急预案，避免陷入流动性紧张导致同业存单发行难度加大、成本上升从而进一步引发流动性风险的"恶性循环"。通过结构性存款等新型负债工具，进一步夯实存款基础，转变"批发易、零售难"的经营理念及观念，着力提升核心负债能力。

五、贸易融资项下同业风险参与业务分析

银行以实现资源有效配置、风险共担和收益共享为目的开展同业风险参与业务。传统同业风险参与业务分为两大类：一类是银行业机构间合作向同一机构或项目对象提供融资、结算、担保等金融服务；另一类是银行间开展的信贷资产转让和票据包买等业务。然而在银行间业务需求不断增长的新形势下，该类同业风险参与业务也发生了一些新的变化。

同业风险参与业务在广义上包括银团贷款、联合贷款、信贷资产转让及票据包买等。银行以实现资源有效配置、风险共担和收益共享为目

的开展此类业务，交易结构明晰的风险参与业务是银行间传统的合作业务，具有风控体系较为完善，制度建设较为完整，底层资产质量相对较好，资金去向有明确对象，风险系数相对较低的特点。

作为传统同业风险参与业务，在进行风险穿透分析时将其分为两类，一类是银行业机构间合作向同一机构或项目对象提供融资、结算、担保等金融服务，这类业务中各家银行业机构所面对的底层资产一致对象单一，业务结构简单，如银团贷款、联合贷款等，以风险和收益共担为目的，相关机构均对底层资产的项目直接参与，由机构直接对业务进行维护和跟踪，业务逻辑清晰，在交叉性金融风险传导中存在的可能性相对较小，主要风险集中在传统授信业务重点防控的信用风险和操作风险。

另一类是银行间开展的信贷资产转让和票据包买等业务，机构以同业间转让形式，实现资源有效配置和风险转移为目的，主要优势在于为银行业机构实现风险分担和节省计提资本等目的，与跨市场交叉性金融业务相比，参与机构为银行业机构，此类业务模式相对传统，底层资产在单次转让中权属明晰。在对银行机构的检查实践中，发现此类业务的主要问题在于同业间单笔资产经多次转让后追溯源头难度较大，多次转卖后，此类业务具有在同业间交叉传导风险的可能；实际发生的多次转卖资产，持有的机构对所处环节三次以前的交易信息几乎没有了解，业务资产最初产生背景及原始信息了解较少。同样的情况也发生在单个项目多次转贷的业务中，均是由于年数较长且经手机构较多所造成的，导致部分业务在实际检查中对相关信息语焉不详，仅了解自身所处环境的相关风险，对整体业务链条上下游的把控无从谈起，具有一定的风险隐患。

除了以上两类常见的银行同业间风险参与模式外，值得注意的是，在新形势下，原上海银监局在现场检查中发现了同业风险参与业务在银行间业务需求环境中，发生了一些新的变化，底层贸易融资业务背景与由此产生的同业融资业务互相嵌套后产生新的同业风险参与业务模式。具体模式如图 2 - 1 所示。

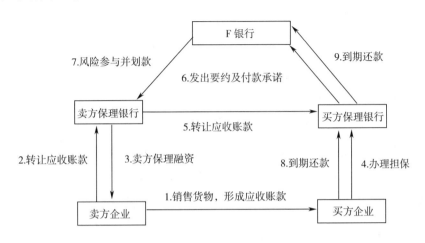

图 2 - 1　同业风险参与业务模式

融资模式：贸易企业买卖双方签订产品购销合同，完成相关货物的生产和运输，并开具增值税发票。卖方企业将应收账款转让给卖方保理银行，并办理无追索保理融资业务，卖方保理银行将融资款项划拨至卖方企业。买方企业与买方保理银行办理买方保理担保业务。到期后卖方保理银行将受让的应收账款转让给买方保理银行，买方保理银行须向其支付对应的款项。基于此项付款需求，买方保理银行向 F 银行发出融资要约，并以 SWIFT 报文形式承诺，到期若买方企业无法还款，将由其承诺最终付款责任。

F 银行逐笔报总行审批，占用买方保理银行的同业授信额度，扣除预收息后将剩余款项划付至卖方保理银行。到期后由买方企业划款至买方保理银行，再由买方保理银行偿还给 F 银行。

通过卖方保理银行向买方保理银行转让应收账款这一动作代替了原本应由卖方保理银行向买方保理银行要求兑付应收款的环节，买方保理银行的单笔贸易融资保理到期兑付引发的同业融资需求。在此之前，融资业务所对应的贸易背景已完成交易，使得该笔业务也由传统贸易融资变为同业业务。这一转让其实为引入买方保理银行向 F 银行进行融资兑付，也是贸易融资与同业融资嵌套的关联点，故这一同业风险参与业务从风险穿透角度看有以下问题：

从监管角度来看，此类业务核心是 F 银行为买方保理银行提供的融资业务。此类业务占用买方保理银行的同业授信额度，交易对手为银行同业，授信对象、资金使用方、合同签订方、最终的风险承担者均为银行同业，本质上是同业融资业务。该类业务存在三个风险穿透点：

1. 制度穿透：以贸易融资业务为名规避同业业务专营管理要求，该笔业务中 F 银行从授信到放款对象均为卖方保理银行，占用同业授信额度，且由买方保理银行承诺最终付款责任，最终支付对象为卖方保理银行，形成独立完整的同业融资业务架构，与底层贸易融资业务关联度低，而银行又以贸易融资业务模式在分行级别非同业业务专营部门开展此项业务，且自主选择合作银行、对外签订合同合作协议并加盖分行公章，而无须按照《中国银监会办公厅关于规范商业银行同业业务治理的通知》（银监办发〔2014〕140 号）的要求，由其总行同业专营部门统一管理。若将此类业务定性为贸易融资业务，可规避监管对同业业务专营管理要求。

2. 空转套利：此类业务的风险最终承担者实际是买方保理银行而 F 银行分行承担风险较小，F 银行在仅承担同业风险的情况下为买方保理银行充当资金来源而赚取息差收入，不同于传统的融资性/非融资性风险参与业务以降低风险为目的，此类业务仅实现买方保理银行将贸易融资应收账款转为同业借款，将同业融资嵌套入贸易融资链条内，其本质实际是同业"空转"套利，拉长交易链条，缓解自身资金压力。

3. F 银行协助买方保理银行规避资本计提等监管要求，改善其负债结构及资源配置，同时对 F 银行来说获得了一笔计入贸易融资的同业低风险业务，获得利润的同时计提较低。

此类同业风险参与模式的出现说明，部分银行业金融机构资金来源渠道趋紧，寻求在常规同业间融资渠道以外拓展风险参与业务用于配置资金，改善兑付期限，减小自身压力；同时，同业业务专营化对部分银行业金融机构的制约显现，没有了过去宽松的同业间融资方式，会有更多的"微创新"和"新解读"的业务模式出现，通过规避现有政策实现维持原有经营模式的目的将会成为此类风险参与业务新变化的一种方向。

就以上这种趋势，对于作为银行业机构应该明确几项工作，一是作为出资行应将此类业务纳入同业业务统一管理。出资行应严格执行关于同业业务规范治理的140号文、127号文等相关监管规定，将此类业务纳入同业业务范围，由总行专营部门统一经营管理，其他部门和分支机构不得经营同业业务；二是要求该类已开展的存量业务到期后结清，不应继续以分行名义签订合同并加盖分行公章；三是作为买方保理银行来说，切实贯彻落实国家行业调控政策和信贷调控政策，落实国家关于地方政府性债务管理的有关要求，严禁规避监管政策违规套利。

银行业同业风险参与业务比较起金融业内其他类型交叉性金融风险来说相对形式简单，更易于拆解业务链条，分析业务模式，透析底层资产。同时，结合现场检查的实例也需要注意，适当合理运用穿透原则，剔除强行添加的冗余业务背景的分析也是明确条款和采取适合风控手段的前提。杜绝个别机构出于逐利动机，随意套用穿透原则对业务进行不合理分类得利，规避合理风险防控手段和机制，从而导致风险在机构间传染等问题的可能。

六、委托贷款业务分析

原上海银监局通过调研并结合现场检查分析系统数据发现，上海辖内部分机构的委贷业务不同于传统意义上的委托贷款，呈现展业模式多样化、资金来源通道化、资金流向复杂化三大特点。有单一或多名出资人，以资管计划作为委托人发放委托贷款；也有以银行自营或募集理财资金，通过同业通道类委托人发放委托贷款。存在信贷资金支付土地出让金、资金流向受限制行业、委托人借款人"两头在外"、企业套利等现象。从委托人类型来看，传统企业对企业委托贷款占比超六成，个人委托贷款占比不到5%，金融机构委托贷款占比超三成，委托人主要为证券业金融机构、非银行金融机构、其他金融机构，在金融机构委托贷款中成立特殊目的载体（SPV）开展业务的金融机构占八成，主要为证券业SPV、其他金融机构SPV，各占四成左右。行业投向集中度较高，主要集中在房地产、租赁和商务服务业。

（一）通道类委托贷款业务主要模式

1. 自营资金类委托贷款

一是单一出资人资管计划类委托贷款。主要以银行自营资金通过资产管理计划等通道类委托人开展委托贷款。一般由某银行A实际出资，由券商、基金公司、保险公司、信托公司等金融机构B作为委托人。银行A与该委托人B签订定向资产管理合同，将资金投向资管计划、信托计划等特殊目的载体（SPV），该SPV作为名义委托人委托银行A将款项发放给借款人C。此类模式下，实际出资人与受托银行往往是同一家银行，借款人为受托银行客户。

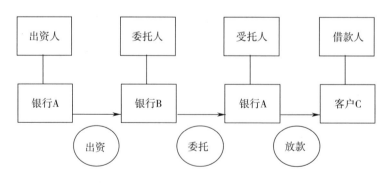

图2-2　单一出资人资管计划类委托贷款

二是多名出资人资管计划类委托贷款。一般由某一金融机构D发起，通过券商、基金公司、保险公司、信托公司等金融机构B设立特殊目的载体（SPV），再由其他银行或机构认购该 SPV 后，通过委托贷款的方式由其中一家参与银行 A 放款给借款人 C。此类模式是上述单一出资人模式的一种变异，其某一出资人与受托银行往往是同一家银行，借款人为受托银行客户。

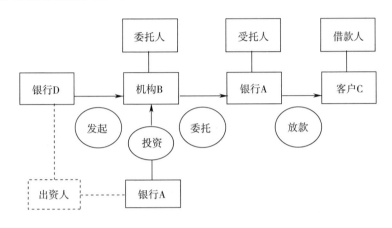

图 2-3　多名出资人资管计划类委托贷款

2. 理财资金类委托贷款

一是银行理财资金通过通道类委托人开展委托贷款。银行 A 通过发行理财产品向投资者 E 募集资金，并与证券公司或资产管理公司等金融机构 B 签订定向资产管理计划。后者作为名义上的通道类委托人，

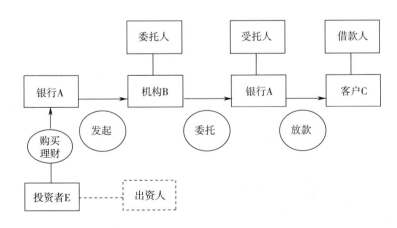

图 2-4　银行理财资金通过通道类委托人开展委托贷款

将款项委托银行 A 向借款人 C 发放委托贷款。

二是他行理财资金通过通道类委托人开展委托贷款。此类业务模式，由其他商业银行 F 发行理财产品（保本或非保本），机构或个人投资者 E 认购，募集资金定向投向券商或资管公司等机构 B 设立的特殊目的载体（SPV），该 SPV 作为名义委托人将款项委托银行 A 以委托贷款方式发放给借款人 C。

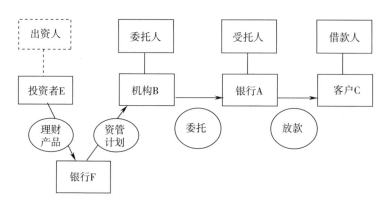

图 2 - 5   他行理财资金通过通道类委托人开展委托贷款

风险穿透点有六个：一是以"表外业务"穿透"一般贷款"。通道类委托贷款业务本质上是借助同业"通道"变相为客户进行融资，规避了狭义信贷规模，信用风险仍在银行体系内部集聚。调研发现，部分银行使用自营资金通过各类特殊目的载体开展委托贷款业务，通过各类通道委托人，由本行向借款人发放委托贷款。该类业务实质上由银行出资，与证券资管等 SPV 签订定向资产管理合同，再由资管合同委托银行发放委托贷款给借款人。由于银行承担实际信用风险，一旦借款方违约，将影响银行资产质量，这严重违背了委托贷款业务的本质，即银行不承担贷款风险。二是规避一般贷款拨备计提，不占用资本，穿透资本监管要求。由于委托贷款属于表外业务，银行一般不需计提拨备亦不占用资本，发生不良情况后不纳入表内不良贷款的统计范畴，而且银行使用自营资金开展委托贷款发生不良的情况难以在表内信贷资产中得到暴露，使得实际不良贷款率失真。三是拉长交易链条，增加同业嵌套。通道类委托贷款与传统委托贷款最大的不同是引入证券、基金子公司等资管通道发放贷款，增加嵌套，更容易产生操作风险。四是穿透贷款投向要求。个别银行借助委托贷款，通过资产管理计划、信托计划等特殊目的载体以委托贷款形式向借款人提供融资，存在使用信贷资金支付土地出让金和支付拍地保证金的情况，通过各类通道类委托人隐匿资金流向掩盖其违法违规的事实。五是穿透信贷业务属地化原则，"两头在外"情况明显。委托人及借款人均不是本地，而受托人（委托贷款发放行）在本地的。调研发现，多数银行均存在"两头在外"的情况，涉及三到四成委托贷款业务，存在规避政策限制和规避监管的可能。六是变相提高了企业的融资成本。由于此种模式有多家金融机构参与，包括信托、券商等通道，企业需要支付的费用增加，提高了总的融资成本。

（二）政策建议

1. 完善风险监测体系，加强对委托贷款业务的监管力度。一是将委托贷款业务全面纳入监管统计制度。可建立委托贷款台账管理系统，要求机构逐笔填报委托贷款的资金来源、资金投向、期限、利率以及委托人和借款人相关情况等。二是建立委托贷款业务监测分析框架。监管部门应将收集到的委托贷款相关信息，结合银行理财、信托、存贷款等业务数据进行综合分析，加强对委托贷款业务风险的早期识别。三是及时提示风险，加大查处力度。针对监测中发现的疑似违规行为，应及时进行风险提示及窗口指导，必要时开展现场检查；对于检查中发现的信贷、同业、理财资金借道委托贷款业务流向限制性行业等违规现象，应督促机构限期整改，依法查处。

2. 督促机构加强对委托贷款的风险管理。一是避免承担信用风险。银行应严格把握委托贷款的中间业务本质，切实履行受托人职责，不越位承担委托贷款的实质信用风险。二是加强资金来源审查和资金流向监控。应对委托人资金来源进行必要的调查，严防非法集资，或利用银行信贷资金发放委托贷款等行为；应加强委托贷款资金用途审查，确保委托贷款资金不流入国家明确限制或禁止支持的领域；对于委托贷款余额较大的企业，应强化贷款企业资金需求量的测算，原则上不向有委托贷款余额的委托人新增授信。

3. 加强跨界联动及信息共享。针对委托贷款业务的委托人或名义委托人常常是证券、保险、资产管理公司等类型金融机构的现象，各监管部门需要进一步加强跨界联动、信息共享及监管协作，推动包括委托贷款在内的各类复杂非标债权投资业务回归业务本质，确保交易链条简单化、债权关系透明化，以降低跨市场的风险传导对银行业造成的冲击。此外，鉴于目前证监会对证券公司定向资管计划和基金专户理财的投资方向没有限制，建议统一监管政策，从根本上使机构走出利用通道类委托贷款进行监管套利的怪圈。

七、外资银行同业业务新型产品分析

整体来看，大部分外资银行由于受母行经营策略影响，与金融同业合作的业务模式仍较为传统和单一，交叉风险不突出。但近年来，个别外资银行也开始与证券、信托、保险公司等同业开展业务合作，合作范围也从传统表内的资金存放、拆借、表外的产品代销、资金托管，拓展到同业投资、非标理财等，交叉金融风险开始显现。近年来外资银行同业业务出现两种新情况：一是与中资银行一样，采用同业投资非标资产，通过证券公司、资管计划、委托贷款等重重通道，或者采用非标理财形式，将授信资金投向四证不全的房地产开发项目中。二是在此基础上，推出"跨境信用保护专项信托融资计划"这一产品，通过跨境联动、衍生品交易等模式，实现境内外资金的联动，规避同业投资监管规定，进行多重监管套利，亟须引起监管关注。以下将重点分析讨论这一新型产品。

（一）风险现象

2016 年下半年开始，某外资银行推出"跨境信用保护专项信托融资计划"产品，截至 2017 年末，共发生三笔业务，累计 1.4 亿元。现以该行为天津某医疗公司提供的产品为例，说明其主要操作流程：境内子行通过信托公司向境内企业 A 发放一笔信托贷款，同时境内子行向境外母行购买 CDS 缓释信用风险，境外母行向境内企业 A 在境外的关联企业 B 发行财富管理产品，财富管理产品挂钩境内企业 A 的信托贷款。

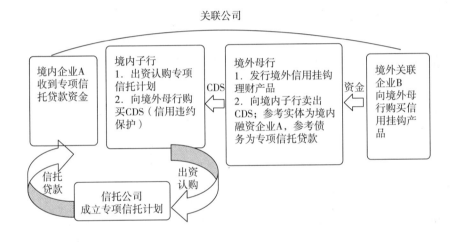

图 2-6　"跨境信用保护专项信托融资计划"产品

境内：境内子行与某信托公司签订"单一资金信托合同"，成立专项信托计划，委托信托公司向境内企业 A 发放信托贷款，借款人信用风险由境内子行承担。

境内外联结：境内子行为了缓释信托贷款的信用风险，向境外母行买入相对应的信用风险违约掉期（CDS），当境内企业 A 发生违约时，境外母行将通过信用违约事件条款（A 违约）赎回财富管理产品，并将相应金额支付给境内子行，用于弥补信托贷款的损失。

境外：境外母行出售 CDS 给境内子行，但其自身为缓释信用风险，在境外向 A 的关联公司 B 发行财富管理产品，金额与借款企业 A 在境内信托融资额一致，财富管理产品挂钩标的为境内企业 A 的上述信托贷款。

这一产品各参与方均取得了"共赢"：

1. 境内企业 A 的借款成本降低。境内企业 A 获得信托贷款资金，信托贷款年利率是 4.08%，其中包含支付给信托公司的信托费 0.08%，贷款期限是 190 天，比同期人民银行基准利率下浮 11%，而中小企业在银行的授信利率一般为基准利率上浮 20%，相较之下，境内企业 A 的借款成本很低。

2. 境内子行收益增加。信托贷款年利率是 4.08%，除去支付信托费率 0.08%，同时还有向境外母行购买 CDS 的成本 0.1%，境内子行授信资金实际收益率为 3.9%。由于持有 CDS，境内子行是基于境外母行的同业信用进行融资，因此 3.9% 的收益率，比同期 6 个月 SHIBOR 高 33%。

3. 境外关联企业 B 收益增加。境外关联企业 B 实际使用 1400 万美元（等值 8800 万元人民币信托贷款）购买财富管理产品，收益率为 1.98%。但若其境内企业 A 到期无法偿还信托贷款，则境外关联企业 B 将损失所有本金和收益。

4. 境外母行收益增加。向境内子行出售 CDS 获得收益，同时获得境外关联企业 B 1400 万美元的资金使用权。

（二）风险分析

在此产品下，看似境内外企业和境内外银行取得四方"共赢"的效果。但是仔细分析，其实存在诸多的监管套利，合规风险凸显。

1. 利用财富管理产品作为担保，绕道有关"外保内贷"管理规定

境外关联企业 B 购买的境外财富管理产品，若其境内企业 A 到期无法偿还信托贷款，则境外关联企业 B 将损失所有本金和收益，即其资金将被境外母行"没收"汇入境内，弥补境内子行的信托贷款风险损失。因此，境外关联企业 B 购买的境外财富管理产品本质上是为境

内企业 A 的境内贷款起到了"担保"作用。按照"实质重于形式"的原则，该融资结构实质上应为"外保内贷"。而根据外汇局《跨境担保外汇管理规定》，境内债务人因外保内贷项下担保履约形成的对外负债，其未偿本金余额不得超过其上年度末经审计的净资产数额。实际上，境内企业 A 的净资产严重不足，若境内子行采用外保内贷业务模式操作，则直接违反了上述规定。

2. 利用信托公司作为通道，降低信贷标准

该产品的融资中，通过信托公司通道，境内子行将普通公司信贷转换成"同业投资"。虽然《关于规范金融机构同业业务的通知》（银发〔2014〕127 号）规定"金融机构同业投资应严格风险审查和资金投向合规性审查"。但在实际执行过程中，该行未能完全按照自营贷款管理，不对单个授信进行审批、不对贷款用途进行严格审查、不进行贷后管理，变相降低银行信贷标准。

3. 利用衍生品交易，绕道同业投资的监管规定

一是以购买 CDS 的方式，规避"同业投资业务不得接受第三方担保"的监管规定。在上述融资结构中，境内子行购买境外母行的 CDS 以缓释对境内企业 A 的信托贷款的信用风险，购买的 CDS 产品实质上起到了境外母行对境内子行信托贷款的"信用担保"作用。其业务实质是绕过了《关于规范金融机构同业业务的通知》"金融机构开展买入返售和同业投资业务，不得接受和提供任何直接或间接、显性或隐性的第三方金融机构信用担保"的监管规定。

二是以持有 CDS 为由，不计提基础资产的信用风险加权资产。境内子行以信用风险已通过购买境外母行 CDS 而转移、自己不承担信用风险为由，不再计提信托贷款基础资产的信用风险加权风险资产。但《商业银行资本管理办法》"信用风险权重法下合格信用风险缓释工具的种类"不包含 CDS 产品，因此绕过了《关于规范金融机构同业业务的通知》"金融机构同业投资应根据所投资基础资产的性质，准确计量

风险并计提相应资本与拨备"的监管规定。

（三）监管建议

1. 严格落实银信通道类业务的相关监管规定。对于银信通道的同业投资，虽然原银监会已多次发文规范，但实际业务中，银行仍变相降低授信标准和风险管控条件。建议督促银行严格落实《中国银监会关于规范银信类业务的通知》（银监发〔2017〕55 号）规定，严格禁止利用信托通道掩盖风险实质，规避资金投向、资产分类、拨备计提和资本占用等行为，切实堵住银行监管套利空间。

2. 关注业务创新本质，加强事中事后监管。部分银行出于自身利益的需求，利用 CDS 这一信用衍生产品，为同业投资提供隐性担保功能，具有很强的隐蔽性和专业性，而相关监管法规中对 CDS 是否视同担保尚未有明确规定。建议银行业监管部门关注业务创新本质，强化创新业务的事中事后监管，对此类在实践中出现的新型金融工具，尽快明确口径，按照业务实质重于形式的原则，规范银行行为，及时纠正业务偏差，防范银行进行监管套利。

第三章　理财业务风险穿透监管问题研究

近年来商业银行理财业务经历了爆发式增长，由于其"刚性兑付"特点催生了大量"影子银行"，且由于各类通道的存在拉长了交易链条，规避了监管。理财业务存在资金投入限制性领域、自营与理财资金混用等问题。本章着重通过具体案例对上述问题的模式和风险点进行研究，并提出完善监管机制的建议。此外，本章亦对上海自贸区 FT 理财业务简要分析。

一、银行理财资金借通道投向房地产

为进一步贯彻落实房地产市场调控政策，规范土地市场交易行为，监管部门协同地方政府相关部门加强土地交易的事前承诺、事中威慑和事后核查，发现商业银行存在借通道将理财资金投向房地产企业的情况。也即理财资金绕道资管计划、信托计划投向房地产企业，涉及土地相关交易。下文分析了理财资金变相涉及土地相关交易的案例，以及当前对于土地交易资金、理财资金用途的相关政府政策和监管制度相应规定。

（一）理财资金借通道投向房地产的背景

2015 年下半年，宏观货币政策和全国房地产调控政策趋向宽松，部分城市个人住房市场量价齐升，呈现过热情绪。2016 年，尽管部分城市出台了房地产调控新政，在一定程度上抑制了个人住房市场的狂热情绪，但仍有多块"地王"陆续成交，引发社会公众关注。地价的上涨使房价重新步入上升期，市场交易热情被再次点燃，调控效果有所减弱。在此形势下，某市相关政府部门提出了监管关口前移，从源头上控地价、抑房价的联动监管思路。通过调研，监管部门发现房地产企业负债率持续上升、融资渠道日益多元，而在这背后是各类金融资金对房地产企业的"支持"，这也助长了房企不计代价获取土地的行为。对此，监管部门协同地方政府相关部门等单位，成立联合工作小组，研究建立商品住房用地交易资金审慎监管协作机制，该机制要求商品住房用地出让资金来源须符合国家相关的法律法规，并通过事前承诺、事后延伸检查和处置的多部门联动工作，进一步落实对商品住房用地出让资金来源的审慎监管，有序规范土地市场交易行为。

（二）理财资金借通道投向房地产的模式和具体案例

监管部门在地方政府相关部门的配合下，及时开展了土地交易资金核查，及时获取包括竞得地块、溢价率、拍卖资金账户等信息的土地竞得人名单。根据竞得人名单，选取竞得价格溢价率高、竞得土地受关注度等特征的部分竞得人开展重点核查。土地竞得人的资金来源多元，其中不乏商业银行理财资金通过信托计划、资管计划等方式变相进入土地交易市场。

其中，监管部门在监管中发现，A 银行存在"借通道将理财资金投向房地产企业"的情况，也即理财资金绕道资管计划、信托计划投向房地产企业，涉及土地相关交易。在此案例中，运用的是"股权投资＋借款"模式，即银行运用理财资金会同房企共同设立有限合伙企业，先以小部分资金（资金来自房企）对土地竞得人（也是房企为土地交易单独成立的项目公司）进行股权投资，使该有限合伙企业成为土地竞得人的股东，然后以股东借款的名义向土地竞得人发放大额贷款（资金来自商业银行理财资金）。从资金去向看，银行理财资金流向了土地竞得人的关联企业，用于归还之前该关联企业为土地竞得人垫付的土地交易款。

具体案例为：2015 年底，上海辖内 A 银行审批同意给予 B 公司结构性融资额度 X 亿元，期限不超过 3 年，资金来源于银行理财资金，授信用途为置换股东借款和满足项目公司后续资金需求。

交易结构如下：2016 年初，上海辖内 A 银行募集 X 亿元理财资金，通过 C 公司作为优先级有限合伙人，与 D 地产公司及其合作第三方的劣后级有限合伙人资金 Y 亿元，共同成立股权投资合伙企业（有限合伙）。该有限合伙企业将（X + Y）亿元资金中的小部分资金用于增资 M 公司（持股 80%，同时为 B 公司股东），剩余大部分资金通过 A 银行向上海辖内某地块项目公司——B 公司发放委托贷款。2016 年初，B 公司向其股东 M 公司和 N 公司开立于 A 银行的账户分别转入部分资金。后 M 公司和 N 公司将其中的部分资金，分别转入各自开立于 E 银行的同户名账户，上述资金最终均被用于向上海市某区财政局缴交土地出让款。

监管部门通过调查和取证认为，A 银行在上述业务开展过程中，未能比照自营贷款管理流程对相关理财业务进行审慎管理，导致理财资金用于增资和缴交土地出让金，违反了《中华人民共和国银行业监督管理法》第二十一条第三款"银行业金融机构应当严格遵守审慎经营规则"、《中国银监会关于规范商业银行理财业务投资运作有关问题的通知》（银监发〔2013〕8 号）第四条"商业银行应比照自营贷款管理流程，对非标准化债权资产投资进行投前尽职调查、风险审查和投后风险管理"的规定。对此，监管部门已对 A 银行进行行政处罚。

（三）关于理财资金用途的法律适用

目前部分地方政府出台了土地交易资金的政府部门监管规定。以上海地区为例，主要制度规定是 2016 年 10 月 8 日上海市住建委和规土局等部门联合发布的《关于进一步加强本市房地产市场监管促进房地产市场平稳健康发展的意见》（以下简称"沪六条"）。"沪六条"规定，"进一步加强商品住房用地交易资金来源监管……根据国家有关规定，银行贷款、信托资金、资本市场融资、资管计划配资、保险资金等不得用于交付土地竞买保证金、定金以及后续土地出让价款。竞买人在申请土地招拍挂活动时，应承诺资金来源为合规的自有资金"。

从监管部门如中国银保监会现有相关制度看，针对商业银行理财资金用途的规定较少，主要是《中国银监会关于进一步规范商业银行个人理财业务投资管理有关问题的通知》（银监发〔2009〕65 号）第十三条规定，理财资金用于发放信托贷款，应符合遵守国家相关法律法规和产业政策的要求；《中国银监会关于进一步加强商业银行理财业务风险管理有关问题的通知》（银监发〔2011〕91 号）第八条规定，商业银行开展理财业务应与国家宏观调控政策保持一致，不得进入国家法律、政策规定的限制性行业和领域；《中国银监会关于规范商业银行理财业务投资运作有关问题的通知》（银监发〔2013〕8 号）第四条规定，商业银行应比照自营贷款管理流程，对非标准化债权资产投资进行投前尽职调查、风险审查和投后风险管理等。

二、银行自营与理财资金混用的监管套利

法律法规与原银监会制度设定的银行自营资金和理财资金在使用范围上存在显著区别，理财资金用途更加宽泛，限制性较少，特别是对于股权投资、土地交易款等自营资金受限等领域，理财资金可被允许进入，从而存在监管套利的渠道。商业银行通过自营资金和理财产品之间的内部交易安排，使得自营资金可以借道"理财"身份流入限制性领域。如果不堵上这种通道，容易引起系统性风险。本节分析了内部交易的监管规制和触发因素，指出其对宏观经济的挑战和系统性风险隐患，并提出完善监管规制、防范监管套利的建议。

（一）自营资金与理财资金混用的一种方式

某银监局在现场检查中发现，某行一笔大额理财资金投向企信类项目，投资资产的总额大于理财募集资金总额，其中部分来源于自营资金。交易结构如图 3-1 所示。

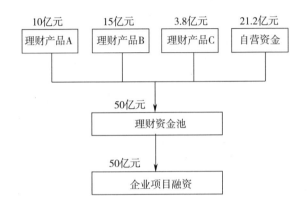

图 3-1　某行理财资金交易结构

通过资金来源分析发现，银行投向该项目的"理财"资金 50 亿元中，向理财投资者募集的资金合计仅 28.8 亿元，尚不足额，至少有 21.2 亿元资金来源于向自营业务的内部借款，通过长期循环借款等方式，化短为长，将拆借资金变为投资。这部分银行自营资金以"理财"身份对外投资，实际上并无委托人，不符合理财业务"受人之托、代人理财"的本质。

从银行经营来看，非标资产的项目发起方和管理方一般为公司业务部门，通过投后管理对项目资金用途开展审核和跟踪，并不掌握理财资金的真实来源（无论是募集款还是内部借款）。理财产品的运作方一般为资产管理部门，根据理财产品的流动性和收益率情况开展内外部融资，并不完全掌握资产的实际资金用途。此类理财业务涉及资金端和资产端不同的部门分工，因信息不对称，往往导致自营资金有意或无意间流入限制性领域。

从资产运作来看，银行首先对非标准化债权资产做份额切割，参照债券或股票的交易惯例，根据理财资金的规模和不同来源（含自营）按比例分别配置。各理财产品在运作过程中对所配置的资产份额自由买卖，买卖价格根据资产约定收益计算（一般为摊余成本），理财募集资金不足额的，还通过向自营业务内部借款加杠杆，导致自营资金流入非标准化债权项目。尽管银行能够对每款理财产品单独实施报表输出，但收益计算不透明、风险分配不平均。

（二）自营资金与理财产品的内部交易的监管规制和触发因素

1. 监管制度未完全隔断理财与自营之间的内部交易

《中国银监会关于完善银行理财业务组织管理体系有关事项的通知》（银监发〔2014〕35 号）第三条明确规定，理财业务应实施"风险隔离"，包含两个要点，即理财业务与信贷等其他业务相分离、自营业务与代客业务相分离。其中，"理财与信贷相分离"主要强调"本行信贷资金不得为本行理财产品提供融资和担保"，"自营与代客相分离"主要强调"代客理财资金不得用于本行自营业务，不得通过理财产品期限设置、会计记账调整等方式调节监管指标"。

从制度表述来看，并未就自营资金与理财产品间的内部交易予以限制，上述以借款的方式，化短为长，就规避了"信贷资金"的限制；也未明确上述内部交易是否属于"风险隔离"的范畴，即无明文禁止自营资金为理财产品提供融资或担保。

2. 内部交易的触发因素

商业银行在理财资产运作过程中因各种因素被迫或主动与自营资金开展交易，主要的触发原因有以下几种：

（1）理财资金与投资资产期限错配运作需要自营资金提供临时流动性支持

理财业务开展过程中产品和投资资产普遍存在期限错配的情况，因此在一些时点上会存在流动性缺口。如某城商行截至 2016 年 6 月末理财投资资金端平均期限为 0.3 年，但资产端平均期限为 1.69 年。理财产品尽管拥有大量高等级可质押债券，但由于其仅能在银行间市场开立乙类户（或丙类户），市场认可度不高，导致其外部融资能力不足，仍必须依赖向自营资金借款来解决剩余流动性缺口。

（2）较高的理财预期收益率需要自营资金提供配资加杠杆

近几年，市场利率中枢不断下滑，与此同时，银行理财业务市场竞争激烈，理财产品收益率的下降速度缓于资产端的利率下降速度。在"资产荒"时代，银行一方面无法寻找到满足配置标准的高收益率资产，另一方面还要尽可能满足理财投资者对理财产品稳定收益的预期。在此情况下，理财产品不得不向自营融资，通过内部借款的方式加杠杆。这类内部借款一般为短期，定价为同业回购利率或拆借利率，融资资金往往被用于配置高息的非标准化债权资产，赚取信用利差。同时内部借款到期后反复借新还旧，为理财产品提供流动性利差，以此提升理财投资收益率。

（3）理财业务的刚性兑付要求需要自营资金提供风险兜底

在金融消费者权益保护和投资教育不到位的现实环境下，鉴于理财投资运作过程不透明，为应对理财产品的"刚性兑付"，即使理财资产出现了风险损失，商业银行也不得不通过理财产品间的利润调节向购买方全额兑现本息。一旦理财资金池无法满足兑付要求，则必须通过自营资金介入（向理财产品提供融资），为理财业务风险提供最终兜底。

（三）对宏观经济的挑战和系统性风险隐患

一是干扰宏观调控和行业信贷政策效果，扩大资产泡沫。银行自营资金通过内部借款的方式以"理财"身份流入限制性行业，规避传统信贷政策对产能过剩、房地产开发、土地交易等行业的资金约束。特别是自营资金借道用于房地产或股权交易，在信贷领域"挤泡沫"的同时，资管途径却在不断"吹泡沫"，不利于我国产业结构调整目标的实现，干扰"去产能、去库存、去杠杆"等宏观调控政策的效果。

二是膨胀影子银行规模，降低银行体系稳健性。理财业务承担了期限错配、流动性转换和信用转换功能，具备影子银行特点，通过内部借款，放大整体投资杠杆，赚取自营资金与投资资产间的信用利差和流动性利差，在缺乏管理限制的情况下，造成影子银行规模无序膨胀。特别是自营资金通过表外理财对外投资，游离于准备金和资本管理体系之外，内部记账不透明，无法真实反映实际风险承担，降低商业银行的损失吸收能力。

三是违背理财独立性原则，加强刚性兑付预期。自营资金参与理财产品的对外投资，实质上成为理财的共同投资人。这部分来源于自营业务的"理财资金"，偏离"受人之托"身份，不符合理财业务的角色定位。且自营资金流入理财资金池，造成投资风险向自营业务转移，突破防火墙隔离，而风险分配的不透明，又导致商业银行在面对理财投资损失时被迫提供刚性兑付。

（四）完善监管规制、防范监管套利的建议

1. 从制度约束上封堵理财与自营内部交易的行为

有必要进一步明确"风险隔离"要求，明确禁止理财产品与自营资金间开展任何形式的内部交易，禁止自营资金为理财产品提供融资或担保。同时，明确理财业务的法律地位和主体身份，拓展外部融资渠道，引导理财业务转型。

2. 从产品设计上限制理财业务的融资能力，减少融资需求

从融资能力和融资需求两方面，进一步完善理财业务的产品设计。《商业银行理财业务监督管理办法（征求意见稿）》对此已经做了一些探索和讨论，根据该征求意见稿，商业银行每只理财产品的总资产不得超过该理财产品净资产的140%。即该办法允许理财产品通过内外部融资，但对融资上限做了一定限制，对于理财加杠杆的冲动有所约束。

尽管如此，理财产品通过内部借款或是外部质押融资的渠道依然存在，银行资金仍可通过"理财"通道流入限制性行业和领域。因此，

要尽快完善理财业务的法律制度框架，通过推动理财业务的转型发展，消除理财产品融资的触发因素，回归"受人之托"的理财本源。有必要进一步在理财产品投资运作中施加限制，尽可能消除理财产品的内外部融资需求。《商业银行理财业务监督管理办法（征求意见稿)》已经提出三点方向：一是禁止期限错配，非标准化债权资产到期日不得晚于理财产品到期日，降低流动性风险；二是主推净值型产品，理财产品收益率随行就市；三是打破刚性兑付，真正做到"买者自负，卖者有责"。

3. 从内部管理上加强自营与理财间的内部交易管控

要从根本上杜绝理财产品长期占用自营资金，防范自营资金利用理财身份实施监管套利，商业银行应加强内部交易管理，实现理财业务独立性原则的落地，做到自营业务与理财业务的真正隔离。如果不能彻底隔离，也应明确自营资金仅作为理财产品运作过程中的临时流动性支持，对内部流动性支持行为建立规范流程和标准：一是建立内部流动性支持的限额管理。明确流动性支持额度上限、最长期限、定价依据，禁止内部借款资金通过反复借新还旧＋期限错配，为理财产品提供配资和风险兜底。二是资产端应确保投资资金来源的纯洁性。对于股权类、土地类项目，应在授信要求中明确投资资金仅来源于理财产品募集款，不得来源于自营资金或理财融资资金。特别是在资产起息日，应确保该类资产在首次配置理财产品时全部使用理财募集款。三是资金端应做好内部借款的资金流向管理。自营向理财产品融资时，应将理财产品视同一般借款人，明确借款资金流向符合用途管理要求，确保内部借款资金不流入限制性行业和领域。

三、自由贸易账户项下（FT）理财业务分析

（一）FT 理财业务发展现状及特点

截至 2017 年第一季度末，上海辖内共 7 家银行在 FT 账户中开展理

财业务，金额折合人民币 60 亿元左右，主要将上海自贸区外的成熟产品模式复制到 FT 项下，并在投资标的和投资者范围上依据跨境特点进行了一定扩展。

从机构上看，在已开立 FT 账户的 48 家中外资银行中，有 7 家银行开展了理财业务，占比约 16%，其中：3 家大型银行，3 家股份制银行，1 家外资银行开展了尝试性业务。

从币种上看，以人民币和美元理财产品为主，其中人民币理财产品合计 10.92 亿元，美元理财产品 7.10 亿美元，欧元理财产品 0.5 亿欧元。由于自由贸易账户在成立初期仅有人民币功能，2015 年 4 月 FT 账户外币功能才正式启动，因此 2014 年至 2015 年发行的理财产品多为人民币产品。而 2016 年至 2017 年，人民币存在贬值压力，因此外币资产更受投资者欢迎，在此阶段，FT 账户中发行的理财产品多为美元及欧元理财产品，仅有少量人民币产品。

从底层资产看，主要是四类境内或与境内相关的资产：一是区内的非标准化债权资产（如区内企业的债权资产，部分产品嵌套了信托结构，部分产品以委托贷款的形式直接对接区内企业）；二是境外债券（如中资企业境外发行的点心债及外币债券，部分产品嵌套了票据结构）；三是同业拆借，包括境外同业和区内同业（根据不同时期人民银行对 FT 同业交易的范围、币种、流向的限制）；四是挂钩境外汇率的结构化产品，此类业务是外资银行的强项，如汇丰银行在 FT 账户中的理财产品即挂钩了 CNH 市场人民币兑美元汇率。

从投资者看，主要分为四类：一是海外金融机构（如中资银行海外分行），在 2014—2015 年境内人民币利率高于境外利率时，境外金融机构有投资境内资产的需求。二是境外非居民企业（如"走出去"企业的海外子公司），由于国家对于资金流出收紧，因此海外留存资金回流意愿不足，转而在境外（包括 FT 项下）寻求稳健投资机会。三是区内金融同业，其在 FT 账户中留存的资金有保值增值需求。四是符合条件的境外个人。2016 年 11 月《中国人民银行上海总部关于进一步拓展自贸区跨境金融服务功能支持科技创新和实体经济的通知》允许为符合条件的个人提供跨境金融服务，中国银行上海分行尝试性地开展了一笔非居民个人理财业务，金额为 1 万美元。

从资金流向看，2014 年至 2015 年发行的理财产品多为资金流入型的产品，资产为区内的非标资产、境内债券及同业拆借，投资者多为海外金融机构及境外非居民企业。2016 年至 2017 年发行的理财产品多为外来外用型的产品，资产为境外债券型资产，投资者为区内金融同业或境外非居民企业。资金流向逆转的原因在于，2014 年至 2015 年，境外人民币利率低于境内人民币利率，资金流入型的人民币产品较受市场欢迎。而 2015 年 "8·11" 汇改后，为了狙击境外炒家对人民币汇率的冲击，央行抽紧境外人民币银根，导致境外人民币利率高于境内人民币利率，流入型的人民币理财产品不受市场认可。在人民币贬值预期及跨境资金流出限制的双重影响下，资金外来外用的外币型理财产品较为普遍，满足了中资 "走出去" 企业在境外留存的资金寻求较高收益的需求。

（二）FT 理财业务风险研判及监管关注

总体来看，合规风险是目前 FT 理财业务面临的主要风险，此外面临一定的流动性风险、市场风险和国别风险，总体风险基本可控。

1. 合规风险

由于 FT 账户有服务非居民及连通境内外的特殊性，而目前原银监会法律法规主要针对境内业务制定，境内外理财业务监管规则存在一定差异，使得银行机构从事 FT 理财业务面临新的合规挑战。根据 2015 年 12 月下发的《关于商业银行开展自由贸易账户下理财业务适用业务监管规则的通知》（沪银监办通〔2015〕152 号，以下简称《通知》），FT 账户理财资金投向自贸区内非标准化债权资产部分，需要符合现有非标准化债权资产管理的相关监管规定；对于投向境外标的部分，需要满足境内代客境外理财业务有关投资管理和风险管理的监管规定。据此，在投向区内非标债权方面，银行基本复制了区外的理财模式，只是将投资者扩展到境外非居民企业及境外同业。在投向境外标的方面，《通知》要求满足 QDII 的要求，而 QDII 的投资者仅为境内居民，包括机构及个人投资者，FT 账户投资者既包括境内居民，也包括境外非居民，但暂不包括个人投资者（因个人双向跨境投资政策未放开），因此 QDII 和 FT 项下理财的投资者客群范围不同，由此导致 FT 项下代客境外理财业务在实践操作中面临以下三个具体合规问题：

一是关于境外托管人等的选择问题。根据《中国银行业监督管理委员会办公厅关于商业银行开展代客境外理财业务有关问题的通知》（银监办发〔2006〕164 号，以下简称"164 号文"），商业银行在选择境外托管代理人和境外投资管理人时，应避免选择关联方作为代客境外理财业务的境外托管代理人和境外投资管理人。对此，银行普遍希望，参照境外通行规则（境外对此未有限制），针对 FT 项下的非居民境外理财产品，允许选择系统内海外分支机构及关联方作为境外托管清算机构等，以充分发挥其集团全球协同优势。

二是关于投资标的范围。《中国银监会办公厅关于调整商业银行代客境外理财业务境外投资范围的通知》（银监办发〔2007〕114 号，以下简称"114 号文"）规定："不得投资于商品类衍生产品，对冲基金以及国际公认评级机构评级 BBB 级以下的证券。"对此，银行提出：中资大型银行在海外发行的一级资本债，由于有准优先股的性质，因此债券评级较低，达不到上述要求，但实际风险较低。2007 年"114 号文"出台时，中资大型银行尚未在境外发行此类债券，因此不可能纳入 QDII 的投资标的。希望能按照风险实质，允许在 FT 账户非居民理财业务的投资标的能扩展到中资大型银行在海外发行的一级资本债。

三是关于海外分行购买 FT 理财产品。根据《中国银监会办公厅关于开展"不当创新、不当交易、不当激励、不当收费"专项治理工作的通知》（银监办发〔2017〕53 号，以下简称"53 号文"），"本行自有资金购买本行发行理财产品的行为"属于"不当交易"范畴。而目前 FT 理财中（目前只有一单）存在海外分行购买同一银行集团的自贸区分行的理财产品的情况，与该规定存在一定的冲突。对此，银行提出，希望从充分利用境内外两个市场的协同优势、促进自贸区金融市场国际化探索的角度出发，特别允许境外分支机构购买境内机构的理财产品。事实上，自贸区内发行的大额同业存单的境外购买者多为境外的兄弟行，对促进自贸区同业存单市场的发展起到了一定的积极促进作用。

2. 其他风险

从流动风险角度看，目前 FT 账户采取独立核算的方式，鉴于目前 FT 理财资金量及理财产品个数较小，且多为根据资产找资金，资产与资金来源基本能做到一一匹配，暂不存在理财资金池现象，因此流动性风险基本可控。

从市场风险和国别风险的角度看，目前涉及境外的理财投资基本上集中在中资企业在海外尤其是香港发行的债券及中资银行海外发行的优先股上，所涉为境内银行的熟悉客群，属于低风险产品，市场风险和国别风险基本可控。

（三）监管建议

考虑到企业和金融机构"走出去"的需求以及"一带一路"和人民币国际化等国家战略的需要，并结合近期第五次全国金融工作会议提出的"服务实体经济、防控金融风险、深化金融改革"三大任务，建议在改进和加强对跨境理财业务的监测的前提下，适当支持 FT 理财业务先行先试，为支持境内机构和企业前瞻探索跨境资产管理、进一步利用好境外市场与资源以及下一步的深化金融开放，积累有益经验。

一是完善自贸区域特色报表，增加动态监测模块，将 FT 理财纳入日常持续监测范围。

二是进一步发挥自贸区金融试验功能，适当提高对资金外来外用的 FT 账户下理财业务的监管容忍度。建议以创新互动机制为平台，以个案突破的方式，支持在沪银行业机构在 FT 项下前瞻探索"两个有利于"的跨境理财业务：其一是有利于支持实体经济利用境内外两方面金融资源，其二是有利于境内金融机构借鉴国际经验防范风险和熟悉国际规则参与国际竞争。并重点支持资金来源、运用"两头在外"的非居民跨境理财业务探索，具体建议如下：

第一，关于境外托管人的选择。原银监会 2006 年出台的"164 号文"要求商业银行在选择境外托管代理人和境外投资管理人时，避免选择关联方作为代客境外理财业务的境外托管代理人和境外投资管理人。据了解，其主要原因是担心中资银行的海外分支机构尚不成熟，可能给境内投资者带来重大损失。目前经过十年多的发展，境内银行的海外分支机构已经有了长足的发展，许多机构已经获得当地监管部门相关业务资格。为此，建议综合考虑风险防范和深化开放的需要，从促进我国银行境内外联动协同的升级的视角出发，针对资金外来外用、不影响跨境资金管理的理财产品，允许银行自主选择其系统内在境外当地有相关业务资质的海外分支机构作为境外托管清算机构，充分发挥集团全球协同优势，减少银行整体经营成本，提高国际竞争力，并为适时放开 QDII 相关内容提供先行先试经验。

第二，关于投资标的范围。原银监会 2007 年颁布的"114 号文"中关于 QDII 债券评级的要求主要是担心投资标的的风险过大，境内投资者尤其是广大个人投资者难以辨别风险而造成利益损害。考虑目前FT 理财的客群主要是具有一定风险识别和承担能力的企业客户，且近年来金融市场发展加快，新增了不少金融产品。为此，建议允许银行机构按照实质重于形式的原则，根据金融产品的实际风险状况和投资者的合理风险承受能力，适当将近年来金融市场中新增的一些低风险、高流动性、与"114 号文"中要求 BBB 级及以上的证券同等风险级别的金融产品，特别是国有大型银行一级资本债等中资背景、风险熟悉的境外证券，纳入 FT 境外理财的投资标的范围，一方面支持银行在境内外风险有效隔离的前提下，前瞻探索境外投资经验，并为适时调整 QDII 投资标的等相关内容提供有益参考；另一方面，间接支持境内企业在境外市场的融资，稳定市价，提高信誉，反哺境内。

　　第三，关于银行集团的海外分行购买自身境内机构发行的 FT 理财产品。原银监会 2017 年"53 号文"中的相关限制性规定主要是针对境内理财市场，目的是防止银行机构通过自有资金购买理财产品等方式，将资产在表内外腾挪以达到监管套利的目的。在目前的 FT 理财业务中，海外机构作为理财产品的购买者主要是为了获得境内较高的投资收益，境内机构作为理财产品的发行人主要是为了获得境外低成本资金，这有利于促进海外资金流入支持境内实体经济，符合当前我国跨境资金管理"促流入"的导向，建议对此予以适当支持。

第四章　票据业务风险穿透监管问题研究

票据资管、票据资产证券化是以商业汇票（包括银行承兑汇票和商业承兑汇票）为基础资产的交叉型金融创新产品，根本的动因都是通过规避狭义信贷规模管控、减少减值准备计提；相较于票据资管，票据资产证券化投资资金来源更为多元，显著节约商票的资本占用；但票据资管的操作模式相对成熟、投资范围广、灵活性强，目前更受机构青睐。当前对票据资管和票据资产证券化的监管需进一步深化MPA考核，加强资本和拨备监管，同时建议进一步明确相关监管要求，加强监管协调。

一、票据资管同业投资

（一）业务发展概况

近年，随着经济发展和社会财富积累，资产管理行业进入高速发展时代，大资管序幕随之拉开。商业银行受限于信贷额度控制，为扩大票据投资选择与券商资管、保险资管合作，通过资管计划等各类特定目的载体投资于承兑汇票的票据资管同业投资业务自2013年左右已在市场广泛开展，发展十分迅速。

从2016—2017年数据来看，国有、股份制银行票据资管同业投资业务余额呈现先升后降走势。2016 年 1—3 月，票据资管同业投资余额上升态势明显，6 家主要股份制银行业务规模最高时已超 2 万亿元。随着 4 月份票据利率逐渐下移，票据资产利差收窄，部分机构收缩票据投资规模以转向其他高收益资产。2017 年以来，受"营改增"、宏观经济疲软一级监管政策趋严等因素影响，市场票源减少，市场资金利率高位运行，也一定程度上导致票据资管业务余额的下降。截至 2017 年末，6 家股份制银行业务规模下降到约 7800 亿元。

（二）业务运作模式

根据资管计划投资标的的不同，主流的商业银行票据资管业务有票据资产转让和票据资产收益权转让两种运作模式。

1. 票据资产转让模式

商业银行 A 作为出资银行投资于券商、保险资管成立的定向资产管理计划（SPV），其标的基础资产可包括企业持有的未贴现票据、本行或他行持有的已贴现票据。同时，商业银行 A 的系统内分支机构与券商、保险资管签订《票据服务协议》，代理该资管计划作为票据转让的被背书人，并提供票据审验、保管、托收等服务。目前，此为大多数银行采取的模式。

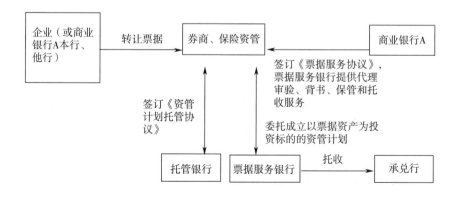

图 4 - 1　票据资产转让模式

2. 票据资产收益权转让模式

商业银行 A 作为出资银行投资于券商、保险资管成立的定向资产管理计划（SPV），其标的基础资产主要为本行持有的已贴现票据的收益权。商业银行 A 仍是票据权利人并控制实物票据，只是通过合同约定将票据资产收益权转让给资管计划，并不涉及票据背书流程，后续票据到期托收仍由商业银行 A 办理。目前，小部分银行采取此类模式。

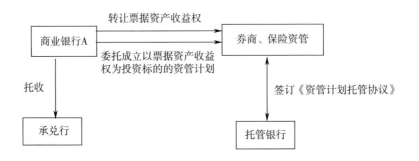

图 4 - 2　票据资产收益权转让模式

二、票据资产证券化

（一）业务发展概况

近年，受宏观经济下行、风险案件频发、监管政策趋严、"营改增"等因素影响，商业银行票据承兑、贴现、转贴现等多项业务增长趋缓，利润目标明显承压。在此背景下，多家商业银行谋求票据业务创新，积极试水票据资产证券化业务。

自 2016 年 3 月华泰资管与江苏银行合作发行首单票据 ABS 以来，截至 2017 年 5 月，我国累计有 8 家商业银行发行票据 ABS 产品，累计金额 110.8 亿元。基础资产主要以商业承兑汇票为主，累计金额 87.74 亿元，占比 79.19%。

表 4 - 1　　　　　　　　　　票据 ABS 产品发行一览　　　　　单位：亿元

序号	发起银行	产品名称	金额	交易场所	计划管理人	基础资产
1	平安银行	橙鑫橙 e	5.33	深交所	博时资本	商票
2	招商银行	聚元	10.38	上交所	华泰资管	银票
3	中信银行	睿信	5.25	上交所	华泰资管	商票
4	—①	兴鑫	3.8	上交所	兴瀚资管	银票
5	江苏银行	融元	23.33	上交所	华泰资管	商票
6	江苏银行	融银	4.96	上交所	华泰资管	银票
7	平安银行	安盈	3.92	上交所	德邦证券	银票
8	徽商银行	徽德	2.25	上交所	德邦证券	商票
9	民生银行	瑞通	22.34	上交所	华信证券	商票
10	民生银行	民生票据	14.59	机构间报价系统	中信证券	商票
11	浙商银行	融鑫	8.58	上交所	华福证券	商票
12	浦发银行	尚融	6.07	上交所	齐鲁资管	商票

注：机构间报价系统，全称是机构间私募产品报价与服务系统，该机构由证监会批准成立并由中国证券业协会按照市场化原则管理，主要提供以非公开募集方式设立产品的报价、发行与转让服务等。

资料来源：Wind 资讯。

票据 ABS 业务自诞生以来，商业银行参与热情和意愿较高，但 2016 年末以来，随着央行货币政策、资金面持续紧平衡，债市利率趋势性上行，票据 ABS 发行利率也一路看涨并超过一年期贷款基准利率，企业参与意愿下降。目前多数商业银行对于票据 ABS 业务开展处于观望状态。

（二）业务运作模式

票据资产证券化（ABS）业务：商业银行接受持票人（企业）的

---

① 暂未从公开渠道获得信息。

委托，由商业银行代理持票人将其合法持有的、未到期的商业汇票的收益权或票据结算应收债权作为基础资产转让给资产支持专项计划（SPV），并以相应票据设定质押担保，以基础资产所产生的现金流为偿付支持，在此基础上发行资产支持证券（ABS 投资资金来源一般为本行理财或自营资金）的结构化融资安排。相应地，票据由该行作为资产服务机构提供管理服务。

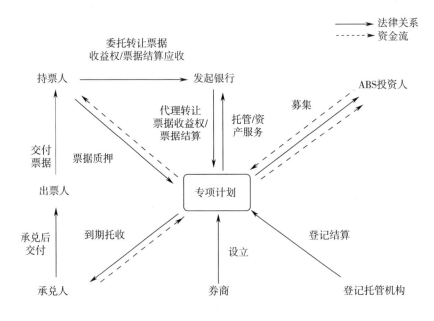

图 4 - 3　票据 ABS 业务基本流程

由于票据法对票据转让的真实贸易背景限制，市场主要采用票据收益权转让模式和票据结算应收债权转让模式。目前上交所、机构间报价系统较认可票据收益权转让模式，深交所较认可票据结算应收债权转让模式。

从商业银行角度看，开展票据 ABS 业务可达到以下目的：一是可获取托管、资产服务等中间收入；二是银行通过 ABS 业务避免票据贴现进表，缓解信贷规模压力；三是商票 ABS 业务可显著降低资本消耗。相比商票直贴 100% 的风险权重，银行以自营资金投资 AA - 级以上的商票 ABS，按照 20% 计提信用风险加权资产，而以非保本理财资金投资票据 ABS 则不占用资本。

三、票据资管投资与票据资产证券化业务比较与问题分析

票据资管与票据 ABS 业务作为近年来银行着力发展的票据创新业务，两者在资金来源、投资范围、信贷规模占用、拨备计提、资本计提、业务灵活性等方面有较大区别，银行一般基于自身需求有选择性地开展两类业务。下面着重从资金来源、信贷规模占用、拨备计提和资本计提方面分析两者的区别。

表 4 – 2　　　　　　　　票据资管与票据 ABS 六大维度的比较

	票据资管	票据 ABS
资金来源	自营资金	自营资金、理财资金
投资范围	基础资产为企业、银行票据资产 票据种类绝大部分为银票（约95%）	目前已发行产品的基础资产全部为企业票据资产① 票据种类大部分为商票（约80%）②
信贷规模占用	基础资产来源于企业、他行票据的业务，相当于银行以投资代替贴现、转贴现，规避信贷规模管控 基础资产来源于本行票据的业务，相当于银行将信贷资产转换为同业投资，亦规避信贷规模管控	基础资产来源于企业票据，相当于以投资代替贴现，规避信贷规模管控
减值准备计提	将本应计入信贷科目的票据资产转换为非信贷资产，规避了 2.5% 贷款拨备率和150% 拨备覆盖率的监管指标限制	

---

① 据了解，目前尚无银行开展表内票据资产证券化业务。按照《信贷资产证券化试点管理办法》（中国人民银行公告〔2005〕7 号），信贷资产证券化业务由人民银行、原银监会监管，资产支持证券在全国银行间债券市场上发行和交易。据了解，银行不愿开展表内票据资产证券化的原因在于：一是票据是流动性最高的贷款，银行开展表内票据资产证券化有违资产证券化初衷；二是信贷资产证券化业务发行流程长（一般 3 个月），而票据到期限仅一年，操作效率低。

② 相比商票，银票利率低，流动性高，不太适合做 ABS 的基础资产。

	票据资管	票据 ABS
资本计提	需按照穿透原则计提资本： 基础资产为银票的，风险资产权重为 25%（原始期限 3 个月以内为 20%） 基础资产为商票：若票据来源于企业，风险资产权重为 100%；若票据来源于商业银行，风险资产权重为 25%（原始期限 3 个月以内为 20%）	不论基础资产为银票或商票，自营投资 AA - 级以上 ABS，风险资产权重为 20%；非保本理财资金投资则不需计提风险资产
业务灵活性	业务流程短（一般数天内），银行与券商自行约定，买卖灵活，流动性较好	业务流程长（一般 1~3 个月），交易所、机构间报价系统审核，ABS 流动性差，卖出困难

（一）票据资管资金来源为单一自营资金，票据 ABS 将其扩展到理财资金

由于监管部门禁止银行理财资金购买本行信贷资产（及收益权），目前银行仅能使用自营资金投资票据资管计划，而票据 ABS 投资的资金来源可以扩展到理财资金。票据 ABS 业务不仅绕过了"禁止理财资金投资本行信贷资产"的规定，使得理财资金变相投资票据资产，也规避了原银监会 8 号文关于理财资金投资非标资产比例的限制。

（二）票据资管和票据 ABS 均规避了狭义信贷规模管控

票据资管业务中：基础资产来源于企业、他行票据的业务，相当于银行以投资代替贴现、转贴现；基础资产来源于本行票据的业务，相当于将信贷资产转换为同业投资。两类业务均使得银行规避了人民银行狭义信贷规模管控。票据 ABS 业务中，银行代理企业以 ABS 融资代替票据贴现，并以自营或理财资金投资票据 ABS，也规避了人民银行狭义信贷规模管控。从本质上看，这两类业务仍是银行借助同业通道变相为客户融资，规避票据资产的信贷规模管控。

（三）票据资管、票据 ABS 均显著降低拨备计提，规避拨备监管指标限制

银行通过开展票据资管和 ABS 业务，票据资产从信贷科目转移到非信贷科目，其减值准备计提比例由原本的约1%降低到约0.1%（各家行非信贷资产减值准备计提比例各不相同，一般约为0.1%），减值准备金额亦不再受《商业银行贷款损失准备管理办法》（银监会〔2011〕4号）中2.5%贷款拨备率和150%拨备覆盖率的指标限制。在基础资产未有实质变化的情况下，银行通过科目转换减少减值准备计提，将掩盖资产的真实信用风险，积聚风险隐患。

（四）票据资管需按照穿透原则计提资本，票据 ABS 则显著节约商票风险资本占用

按照《关于规范金融机构同业业务的通知》（银发〔2014〕127号）的要求，银行开展票据资管业务，需根据所投资基础资产的性质计提风险资产。基础资产为银票的情况下，风险资产权重为25%（原始期限3个月以内20%）。基础资产为商票的情况下，区分两种情况：若票据来源于企业，风险资产权重为100%；若票据来源于商业银行，风险资产权重为25%（原始期限3个月以内为20%）。现实中仍有许多银行并未严格执行穿透原则，未计提或减少计提票据资管投资的风险资本。票据 ABS 业务风险资本计提方面，根据《商业银行资本管理办法（试行）》（银监会〔2012〕1号），不论基础资产为银票或商票，银行使用自营资金投资 AA−级以上 ABS，可按20%的权重计提风险资产，使用非保本理财资金投资则不需计提风险资产。与银行利用票据资管直接投资受让企业的商票资产需计提100%的风险资产相比，自营资金、非保本理财资金投资基础资产为商票的票据 ABS 分别可以节约80%、100%的风险资本。

四、票据资管、票据 ABS 的机构偏好与趋势判断

票据资管业务是银行目前开展较成熟的票据投资业务，很多股份

行、城商行为克服信贷额度受限，大力发展票据资管业务。在基础资产相同的情况下，银行投资票据资管的收益一般略高于票据 ABS（ABS涉及券商、会计师事务所、律师事务所、信用评级机构等相关主体，费用更昂贵）。未来随着票据市场逐步迈入票交所时代，统一、集中、透明的市场将带来交易效率的提高，非银机构的加入将促进票据交易的活跃、繁荣，票据资管的投资范围广、灵活性强的优势将愈发明显。预计票据资管业务在未来几年仍将受到机构青睐。

票据 ABS 业务虽然具有资金来源多样化、节约商票资本占用等特点，但目前机构多以观望为主，前期已开展此类业务的银行续发产品极少，预计未来增长潜力有限：一是银行开展票据 ABS 业务受限于企业利用 ABS 融资的意愿。当 ABS 发行利率高于票据贴现时，企业不愿配合开展票据 ABS 业务，业务增长空间受限；二是票据 ABS 业务流程繁杂、涉及主体多，ABS 流动性差，灵活性、便利性远不及票据资管；三是商票存量占比太低（据估算，商票承兑、贴现余额约占比5%），潜在的可充当票据 ABS 业务的基础资产不足，票据 ABS 很难达到与票据资管规模相当的体量。

五、票据业务风险穿透监管对策研究

（一）票据资管投资业务监管现状

票据同业投资业务在市场上已实际开展多年。基础资产来源于企业、他行票据的同业投资业务，相当于银行以投资代替贴现、转贴现；基础资产来源于本行的票据同业投资业务，相当于将信贷资产转换为同业投资资产。但此类业务目前没有统一适用的监管制度和要求。人民银行于2016 年12 月发布的《票据交易管理办法》（人民银行公告 2016年第 29 号）已将票据交易的市场主体扩大到证券投资基金、资产管理计划、银行理财产品、信托计划等非法人产品。2016 年12 月上海票据交易所成立后，已有银行机构在票交所平台上与资管计划等非法人产品开展票据交易。

但 2018 年 4 月，中国人民银行、原银监会等五部门联合正式发布了《关于规范金融机构资产管理业务的指导意见》，指出"金融机构不得将资产管理产品资金直接投资于商业银行信贷资产，商业银行信贷资产受（收）益权的投资限制由人民银行、金融监督管理部门另行制定"。同时也指出"上海票据交易所应向人民银行和金融监督管理部门报送资管产品持有其托管的金融工具的信息"。因此，资管产品是否可以投资于票据资产，以及票据资产受（收）益权投资限制等尚待进一步明确。

（二）票据资产证券化业务监管现状

目前，票据资产证券化在我国资产证券化市场中占比较小。但部分银行以创新为名进行监管套利，规避信贷规模管控，变相突破资本占用约束，风险却仍然积聚在银行体系内。一是部分银行机构主导发起资产证券化业务并选择持有到期，其底层资产仅为少数大额资产（如大型企业集团商票）。二是目前绝大部分已发行的票据 ABS 产品实际由开展票据 ABS 业务的银行使用自营资金或理财资金认购，且认购后大多选择持有到期，几乎没有市场流动性。由此可见资产证券化异化为向企业变相提供融资或存量信贷规模出表的新型工具。银行作为单一的投资者主体并未达到风险分散的效果，信用风险仍在银行体系内部集聚，背离了资产证券化业务的初衷。

目前，我国资产证券化市场呈现"多龙治水"格局，银行间市场、证券交易所等市场交易的资产证券化业务规则和监管要求不一致，此外还存在银登中心、中国证券业协会机构间报价系统、券商柜台市场（OTC）以及不在任何场所挂牌的线下类资产证券化机构。对资产证券化缺少明确、清晰的业务范畴定义和统一、规范的管理要求。原银监会 2018 年 1 月 13 日印发的《2018 年整治银行业市场乱象工作要点》（银监发〔2018〕4 号附件 2）将在银行间市场、证券交易所市场以外的场所发行的作为类资产证券化产品。① 因此，这些业务是否属于资产证券化业务，其资本计量是否适用《商业银行资本管理办法（试行）》附件9 等制度也未明确。

（三）对策建议

1. 深化 MPA 考核，更好发挥广义信贷规模的调控作用

目前人民银行 MPA 考核中仍注重狭义信贷规模的考核，但狭义信贷规模考核存在以下问题：其一，从票据资管和票据资产证券化来看，其动力和初衷均含有明显的规避狭义信贷规模的色彩，并均达到了规避狭义信贷规模的目的；其二，在票交所模式框架下，银行将票据资产转让给券商、基金、保险等非银机构后，原属狭义信贷规模的部分将轻易"消失"。为此，建议进一步深化 MPA 考核，逐步淡化狭义信贷规模的考核约束，更好地发挥出广义信贷规模的调控作用。

2. 加强票据资管、资产证券化业务的资本、拨备计提监管

一是加强资本计提监管：对于票据资管业务，要求机构按照穿透原则，根据基础资产性质计提资本；对于在监管部门备案的票据 ABS 业务，可按资本管理办法附件9——《资产证券化风险加权资产计量规则》准确计量风险资本。而未在监管部门备案的票据资产证券化业务，应实行穿透原则，按照资本管理办法一般规则计提资本。二是加强拨备计提监管，要求机构严格按照《G11 - Ⅱ：资产质量及准备金》要求，计提减值准备。

3. 加强监管协调和统一，有效防范监管套利

一是建议在原银监会对银行与非银机构开展的各类票据资管业务进行梳理，与人民银行、证监会等部委的监管政策协调，尽快制定票据

---

① 原银监会于 2018 年 1 月 13 日印发的《2018 年整治银行业市场乱象工作要点》（银监发〔2018〕4 号附件2）将"以信贷资产或资管产品为基础资产，通过特定目的载体以打包、分层、份额化销售等方式，在银行间市场、证券交易所市场以外的场所发行类资产证券化产品，实现资产非洁净出表并减少资本计提等"作为整治内容之一。

资管产品相关制度和办法，要求银行严格落实同业业务专营和信用风险穿透管理的监管要求，比照贴现和转贴现业务进行授信管理、减值准备和风险资产计提。针对通道业务统一监管标准，进一步强化银行的主动管理职责、提高券商资管等通道机构的风险准备金计提标准，提升金融机构开展通道业务的成本，逐步消除银行的监管套利空间。二是建议尽快制定统一的全国资产证券化业务管理办法，明确规范资产证券化业务定义，针对基础资产现金流分散程度、投资者分散程度均应制定明确的量化指标，充分契合资产证券化业务提高资源配置效率、有效分散风险、服务实体经济的本质。

第五章 事务管理类信托业务风险穿透监管研究

随着信托业务的发展，部分信托公司已将事务管理类业务作为自身主要业务模式大力发展，其基本逻辑在于事务管理类业务是无风险业务。然而，从当前的业务实践看，由于缺乏相应的法规依据，在监管分类统计中划分标准的重叠，使得这类业务在发展和监管实践中面临相应的挑战。本章分析此类业务的发展和主要风险，结合案例提出相应监管建议。

一、事务管理类业务定义的变迁

从银保监会 1104 报表口径看，信托业务分为融资类业务、投资类业务和事务管理类业务三类，其划分标准主要是从资金端而定。基本原则是：主动管理即如果是资金信托，划分为融资类和投资类业务，如果是财产权信托，则划分为事务管理类业务。在这个划分维度中，事务管理类基本与财产权业务相一致，这一划分与当时信托公司的通道类业务很少的实际情况相符，能较真实地反映当时信托公司的业务发展情况。

随着业务发展，信托公司被动管理的通道类业务规模越来越大，很多单一委托资金，通过信托公司作为通道发放贷款成为一种业务模式，在这种模式中，如果按资金来源和运用，可以看作融资类业务，而如果从管理方式来看，则可以认为是事务管理类业务（或通道类、被动管理类业务）。这样，在 1104 报表口径的划分上就出现了重叠。下面讨论的事务管理类业务即是信托公司不承担主动管理责任，仅承担事务管理责任的业务，在业务实践中，也会被称为"通道类"业务或"被动管理类"业务。

二、事务管理类业务的主要发展情况

事务管理类信托在一定阶段内，成为许多信托公司为冲规模、争排名、求利润而大力发展的主要业务品种。如某信托公司，其发展战略以事务管理类业务为主，其做法具有一定代表性。2015 年，该信托公司管理信托规模 977 亿元，其中，集合项目规模 197 亿元，占比 20%，单一项目规模 780 亿元，占比 80%。其单一信托基本全部为事务管理类业务，资金委托方为金融机构、工商企业及少量个人，银行、证券基金、其他金融机构、工商企业与个人的占比分别是 54:13:1:31:1。从资产端看，基本都为贷款业务。

在业务操作中，该信托公司将通道类业务作为无风险业务对待。一是在信托合同中界定了责任，在信托合同中明确约定："委托人为本信托的风险责任承担主体。受托人依据委托人指令进行事务管理的通道主体，主要承担一般信托事务的执行职责，不承担主动管理职责。""若信托财产未能全部收回且变现的，根据委托人书面指令，受托人可在信托中止后 5 个工作日内将信托财产扣除信托报酬及信托费用后按照届时的现状向受益人进行分配或者延期"。二是在业务审批时区别对待，针对事务管理类项目出台了《绿色通道业务审批管理办法》，将事务类管理项目纳入了绿色通道，按标准化业务进行操作。三是公司高管层对此态度明确，认为此类项目就是无风险项目，这样的项目一旦出现贷款违约，公司不承担任何责任。

三、事务管理类业务的风险点

从当前情况看，事务管理类业务中相关主体的责任主要依据信托合同约定，但在业务实践中仍然面临一定的风险。

一是委托资金来源的合法性。除金融机构外，工商企业、投资公司、管理咨询公司等企业资金来源的合法性问题必须认真审核。非金融机构委托者的资金来源一旦涉及非法集资、欺诈等问题时，信托公司的潜在风险必然上升。在一些信托公司现有的事务管理类业务中，委托人还有自然人。

二是通道责任无上位法支持。当前，集合信托业务依据《信托公司集合资金信托计划管理办法》开展业务并进行监管，而单一信托业务却无相关监管法规，在实践中一般按"四条标准"① 判断是否为通道业务。而《信托法》第二十五条规定："受托人必须尽到受托人责任，为受益人的最大利益处理信托事务。受托人管理信托财产，必须恪尽职守，履行诚实、信用、谨慎、有效管理的义务"。一旦发生纠纷，如果以信托公司未尽到受托人义务去法院起诉，"四条标准"只是一个非正式的参考条件，效力很低。

四、案例分析

下面以2家信托公司的一些与事务管理类信托计划相关的信访举报为例，分析此类业务的主要风险。2个案例有一共通点，即举报人均非信托计划委托人，与信托计划无直接法律关系。举报人在投资产品无法按期兑付的情况下，均选择采取群访、举报等方式维权，要求信托公司兑付其投资本金和收益。此类情况对信托公司声誉风险造成影响，还可

---

① 四条标准：（1）委托人独立尽调；（2）委托人独立进行贷后管理；（3）受托人只承担事务管理职责；（4）原状返还。

能带来一定的法律风险，如若在受托人履职中存在纰漏，还可能造成法律风险，形成实质损失。

（一）举报事项简要情况

1. 甲信托公司的信托计划情况

2015 年，甲信托公司接受自然人黄某委托，设立单一资金信托计划，并通过 RQDII 通道购买了境外发行的可交换债券 2000 万元。数月后，信托计划原委托人黄某、新委托人私募投资基金 A 和受托人共同签署信托计划补充协议，约定将信托计划委托人变更为私募基金 A，同时约定由原委托人和现委托人协商确定信托受益权转让的对价金额、对价支付时间，受托人对此不负有审核义务。2016 年 9 月，信托计划投资的可交换债券违约，发行人及保证人未能按约定支付利息，该信托计划出现实质风险。

2017 年 5 月，监管部门陆续收到关于该信托的举报材料，举报人还曾到甲信托公司的股东单位群访，主要诉求是甲信托公司兑付其投资本金及收益。经核查发现，这批举报人与信托计划并无直接法律关系，而是私募投资基金 B 的投资人，他们通过某第三方非金融机构推介认购了基金 B，基金 B 投资于私募基金 A，基金 A 中的部分资金受让了甲信托公司上述单一资金信托计划的受益权。经了解，基金 A 及其管理人都在基金业协会进行过私募投资基金的备案。

2. 乙信托公司的信托计划情况

2013 年，乙信托公司成立单一资金信托计划，该计划委托人有限合伙企业 C 将其合法所有的自有资金 2.8 亿元委托给受托人，并指定用于向浙江某企业 D 发放贷款，用于企业 D 流动资金周转。2014 年开始，借款人企业 D 出现违约。2015 年 6 月，乙信托公司向委托人（受益人）发送提前终止通知函，并根据《信托合同》约定，宣告信托终止并以信托财产原状方式向受益人进行了分配，信托计划清算结束。

2015 年 7 月起，多批投资者至监管部门群访，反映乙信托公司、有限合伙企业 C 和借款人企业 D 存在虚构项目、涉嫌诈骗等问题，要求乙信托公司兑付其投资本金及收益。经核查，该批举报人与该单一信托计划没有直接法律关系，他们多为有限合伙企业 C 的实际投资者，且企业 C 的普通合伙人与企业 D 的实际控制人因涉嫌虚构项目、非法集资等违法行为，已被公安机关立案侦查。

（二）此类问题的成因分析和处理难点

1. 信托公司是否需要进行穿透审查，缺乏明确规定

根据现行信托公司监管法规，对此类单一委托人，信托公司在其资金来源合法性审核上的规定比较模糊。《信托法》规定："信托财产必须是委托人合法所有的财产。"《信托公司集合资金信托计划管理办法》规定："委托人应当以自己合法所有的资金认购信托单位，不得非法汇集他人资金参与信托计划。"一般信托公司在信托合同中也会与委托人约定，由委托人承诺资金来源必须是委托人合法拥有和支配的财产，不得非法汇集他人资金。《私募投资基金监督管理暂行办法》中还特别规定，"依法设立并在基金业协会备案的投资计划"属于其合格投资者范畴。实际操作过程中，对经备案的私募投资基金，信托公司一般也视其为信托计划的合格投资者。而根据《合伙企业法》，有限合伙企业由企业登记机关发放营业执照，属于独立的民事主体，应归于机构投资者。

这两类信托委托人，若以自有资金或合法管理的资金投资信托计划，从法律层面讲应当不属于"非法"汇集他人资金。信托公司若不对其进行穿透管理，并不违反现行法律法规。但从前述两例看，信托公司若不对单一委托人的资金来源进行穿透审查，在信托计划出现风险时，往往会"引火上身"，虽未必造成风险损失，但会带来声誉风险，甚至引发群体事件。

2. 信托公司对通道类业务的风险把控不严

信托业务的形式灵活多变，通常情况下，信托公司认为由委托人指定用途、自行进行尽职调查和后续管理、信托合同约定原状分配条款的

业务为通道类业务，信托公司不承担实质风险。但在实际操作过程中，此类通道类业务易成为不法分子违法犯罪的"通道"。

如前所述，乙信托公司单一项目，公司根据委托人有限合伙企业 C 的指令向借款人 D 发放贷款。但从投诉情况看，有限合伙企业 C 的资金来源很可能是向社会公众募集，且合伙企业 C 的普通合伙人与借款人 D 的实际控制人涉嫌虚构项目、非法集资等违法行为，已被公安机关立案侦查。信托公司在其中仅审查了业务表面合规性，对业务的资金端和资产端审查不严、不透，最终在项目出现兑付风险后，社会投资者仍以信托公司为投诉目标，甚至到公司、监管部门群访，造成较为严重的声誉风险。

3. 易引发涉及信托公司的群体事件

有限合伙企业、投资基金等作为信托计划委托人时，一旦信托计划出现兑付风险，有限合伙及投资基金的投资者将向信托公司及对应的监管部门举报投诉，寻求本金收益兑付。其原因包括：

一是监管法规对投资者的要求不一。信托公司对合格投资者有严格的监管要求，一个集合信托投资金额在 300 万元以下的自然人投资者人数不得超过 50 人。而私募投资基金根据规定，其自然人合格投资者为投资金额在 100 万元以上，且金融资产不低于 300 万元或者最近三年个人年均收入不低于 50 万元的个人，单个投资基金合格投资人累计不得超过 200 人。而一些以有限合伙企业形式募集资金的产品，对投资者的资质不做审核。在穿透审查下，信托公司的此类单一资金信托，其实际投资者的资质和人数很可能不符合现行信托监管法规的要求。

二是信托公司资本实力相对较强。相对证券资管、基金子公司、有限合伙企业等，信托公司的监管体系完备，净资本监管严格，资本实力相对较强。项目在出现兑付风险时，投资者往往寻求信托公司进行投资本金及收益的兑付。

五、政策梳理和建议

（一）信托产品的资金穿透监管政策梳理

1. 股权类信托产品

参照银保监会信托业务监管分类试点工作中关于股权信托的定义，股权类信托产品指信托资金穿透后投资于非公开市场交易的股权性资产的信托产品。例如，投资于非上市公司股权、私募股权投资基金、房地产、机器设备、交通工具、艺术品、知识产权、不附回购性质条款的各类资产收益权等的信托产品。

若资金来源为银行自有资金。根据《中华人民共和国商业银行法》等相关法律法规要求，银行不得投资股票，不得向非自用不动产投资或者向非银行金融机构和企业投资，仅能买卖政府债券、金融债券，以及"经国务院银行业监督管理机构批准的其他业务"。因此，对于股权类信托产品，资金来源不应包括银行自有资金。

若资金来源为银行理财资金。根据《中国银监会关于进一步规范商业银行个人理财业务投资管理有关问题的通知》（银监发〔2009〕65号）的相关规定，除了高资产净值客户可通过私人银行服务外，理财资金不得投资于境内二级市场公开交易的股票或与其相关的证券投资基金、不得投资于未上市企业股权和上市公司非公开发行或交易的股份。根据《关于规范银信理财合作业务有关事项的通知》（银监发〔2010〕72号）第五条规定："商业银行和信托公司开展投资类银信理财合作业务，其资金原则上不得投资于非上市公司股权。"根据《中国银监会关于进一步规范银信合作有关事项的通知》（银监发〔2009〕111号）的相关规定："银信合作产品投资于权益类金融产品的，商业银行理财产品的投资者应执行《信托公司集合资金信托计划管理办法》第六条确定的合格投资者标准。

因此，股权类信托产品的资金来源于银行理财的，理财产品的投资者应满足合格投资者标准。若投资范围包括未上市企业股权的，理财产品的投资者只能为私人银行的高净值客户。

2. 债权类信托产品

参照银保监会信托业务监管分类试点工作中关于债权信托的定义，债权类信托产品指信托公司信托资金穿透后投资运用于非公开市场交易的债权性资产的信托业务。例如，信托贷款、买入返售、股权附回购、应收账款附回购等特定资产收（受）益权附回购信托产品等。

对债权类信托产品应按照"穿透"原则向上识别信托产品最终投资者，如涉及商业银行的资金，应提示商业银行按照有关规定计提相应风险资本。

若资金来源为银行自有资金。根据《关于规范金融机构同业业务的通知》（银发〔2014〕127号，以下简称"127号文"）第六条"同业投资是指金融机构购买……或特定目的载体（包括但不限于商业银行理财产品、信托投资计划……）的投资行为"，银行自有资金购买信托计划属于同业投资范畴，应遵守"127号文"的有关要求。"127号文"第十二条规定："金融机构同业投资应严格风险审查和资金投向合规性审查，按照'实质重于形式'原则，根据所投资基础资产的性质，准确计量风险并计提相应资本与拨备"。

因此，银行自有资金购买信托计划应按照穿透原则，根据底层基础资产的性质计提相应资本与拨备。具体计提标准应参照《商业银行资本管理办法》。例如，银行自有资金购买的信托计划最终投向为其他金融机构的债权，则银行应按100%的权重计提风险资本；如最终投向为符合标准的微型和小型企业的债券，则应按75%的权重计提风险资本。

若资金来源为银行理财资金。《中国银监会办公厅关于2014年银行理财业务监管工作的指导意见》（银监办发〔2014〕39号）第四条第四款规定："1. 对于保证收益和保本浮动收益类理财产品，应按照真实穿透原则，解包还原理财产品的投资标的，并严格参照自营业务的会计核算标准计提相应的风险资产、拨备，以及计算资本充足率等。2. 对于非保本浮动收益、但提供预期收益率的理财产品，要求银行业金融机构根据非标准化债权资产所承担风险的实质情况，在表外业务、授信集中度、流动性风险等报表中如实反映。3. 对于结构性存款理财产品，其保本部分应纳入银行自身资产负债表核算。"

因此，在信托资金来源为银行理财资金时，可区分保本理财与非保本理财。非保本理财产品在表外反映，不涉及风险计提。保本理财产品需要纳入表内核算并计提相应的风险资产、拨备。计提标准应按穿透原则，按最终的投资标的计算相应的风险权重。例如，最终投向是对一般企业的债权，则银行应按 100% 的权重计算风险加权资产。

3. 监管要求总结

对于信托资金上下"穿透"的要求可总结为以下四点：

一是股权类信托产品的信托资金来源不得包括银行自有资金。

二是股权类信托产品的资金来源于银行理财的，理财产品的投资者应满足合格投资者标准。若投资范围包括未上市企业股权，理财产品的投资者只能为私人银行的高净值客户。

三是债权类信托产品的资金来源为银行自有资金的，银行应根据底层基础资产的性质计提相应资本与拨备。

四是债权类信托产品的资金来源为银行理财资金的，银行应区分保本理财和非保本理财进行处理：非保本理财资金购买信托计划的，可在表外反映，不涉及资本计提；保本理财资金购买信托计划的，应纳入表内核算，并按信托资金的最终投资标的计算相应风险权重。

（二）事务管理类信托计划的监管政策建议

为进一步规范事务管理类业务，减少未来可能面临的风险，结合上文对现行监管政策的分析，建议如下：

1. 修改完善现有信托业务分类和统计标准

从管理方式维度分类，尽快推进信托业务的监管分类工作，将事务管理类业务明确为与主动管理类相对应的分类；而从资金维度将信托业务分为融资类、投资类和财产权。减少分类重叠。

2. 制定事务管理类信托业务的政策和规定

一是尽快明确通道类业务定义。加快推进业务分类，落实委托人、受托人权责义务划分。二是加强监管部门间沟通协调，统一对合格投资者的监管标准和口径，从制度层面明确私募投资基金等资管产品合格投资者地位，明确穿透管理的要求，落实信托受托人、基金管理人的管理责任。

3. 信托公司展业过程中应严格落实"穿透"原则

对于信托资金端，应在相关法律文件中要求委托人承诺资金来源为其合法所有的自有资金或合法管理（穿透后为投资者自有资金）的资金。如信托资金来源涉及银行资金，信托公司应提示银行按照相关监管要求将应进表核算的银信合作业务纳入表内核算并按穿透原则计提相应风险资本。

如委托人主营业务涉及投资管理、资产或资本管理、财务或财富管理、股权投资、投资咨询、财务咨询、经济信息咨询、金融服务咨询等内容的，以及委托人为投资基金、有限合伙企业的，应当加大审核力度，审查其资质合法性，了解其资金的最终来源，防止涉及非法集资等法律风险。

对于信托投向端，应严格把控银行资金投向的合规性，避免成为银行监管套利的通道。

第六章 跨行业服务风险穿透监管问题研究

近年来，大资管的崛起、金融科技的进步以及金融机构展业的内在冲动，共同催生了商业银行跨行业服务合作的兴起，银行与基金、证券、投资公司、第三方信贷、交易场所等不断"联姻"，各类跨业、异业合作不断推陈出新。从当前的业务实践看，囿于风险防控不健全、监管空白等原因，跨行业合作容易引起外部风险向银行业传导，使得这类业务在发展和监管实践中面临相应的挑战。本章分析此类业务的发展和主要风险，并提出相应监管建议。

跨行业合作的兴起，是在金融脱媒、利率管制、分业监管等宏观环境下，银行业金融创新的一种外在表现。近年来，银行与基金、证券、投资公司、第三方信贷、交易场所等不断"联姻"，各类跨业合作不断推陈出新。从宏观角度而言，银行业机构跨行业金融服务是正规金融服务实体经济的积极举措，有利于改善社会融资结构、加速金融体制改革，推动经济结构转型；从微观角度而言，跨行业金融服务也是推动银行业经营模式转型，增强银行业经营稳健性的重要举措。

然而当前，部分机构利用监管空白或缺陷"打擦边球"，变相监管套利，以及新兴领域多方合作中权责利界定不清、部分互联网企业以普惠金融为名，行"庞氏骗局"之实，线上线下非法集资多发，交易场所乱批滥设，极易带来跨行业跨市场的风险传递，使跨业合作成为交叉性风险传染的新型路径。

一、商业银行资产托管业务

资产托管业务是伴随财富管理、资产管理而生的金融中介（顾问）服务。辖内银行托管的产品种类齐全，涵盖各金融要素市场，但由于各行授权差异业务侧重点有所不同。如 A 银行上海分行托管的资产中近五成为总行理财产品；B 银行上海分行将保险资产视为主要规模增长点；C 银行托管规模中 17.5% 为本行同业业务带动。2017 年 12 月末，上海银行业托管资产余额 15.6 万亿元，占表外业务总量的 49.5%，规模已超过表内资产总额逾 8000 亿元。

（一）主要风险穿透点

托管规模的迅猛发展是社会财富积累和理财需求升级下资产管理行业繁荣的必然结果。托管业务从制度设计上确保了托管资产与委托人和管理人的自有资产相隔离，虽不存在信用、市场等传统风险，但在发展过程中仍存在一些风险穿透点。一是管理人滥用托管银行商誉，存在声誉风险。有的管理人滥用托管机构商誉为基金增信，导致投资者误以为托管人对投资的收益、风险及投资管理人的非投资违规行为等承担连带责任，一旦产品违约托管银行声誉即会遭受负面影响。二是内控制度缺失或管理混乱，易产生合规、操作风险。部分银行对托管协议审核不周，未能在协议审核时及时制止法规不明确或者不符合反洗钱管理要求的投资产品，引致合规风险。部分管理人或托管人为减少产品净值的波动性而采用不合理估值方法随意调节损益，如在非证券投资基金的"一对一"产品托管中，对非持有到期为目的的投资标的选择摊余成本法估值，未严格限制投资标的久期等，导致实际收益的波动和客户面临的风险不能被充分揭示。三是系统开发不完善引致风险。相对于传统的银行会计业务，托管运营操作比较复杂。除工行、招行、平安等少数银行自行开发系统外，绝大多数托管机构采购赢时胜或恒生等外部系统进行估值核算及投资监督。某银行曾发生因清算系统故障，导致托管资金当日无法申购新股损失盈利，托管人承担相关职责的案例。

（二）政策建议

一是完善托管业务前期审核，有效防范声誉风险。建议银行建立新客户和新业务的风险准入机制，结合不同产品、监管部门和法律法规要求，梳理合规风险审查要点，并将合规检查纳入审批流程，严格审批管理，有效隔离外部风险向托管业务渗透和蔓延。

二是建立全流程管理机制，切实防范合规、操作风险。建议银行综合运用授权控制、制度控制、合同管理、流程及系统控制、检查监测等对资产托管业务实施全流程监控，从组织架构、系统建设、人员培训等方面加大投入，提升资产托管业务的专业化水平。

三是健全银、证、保监管协调机制，加强对托管产品动态监管。商业银行通过资产托管业务全面介入大资管各个子行业，面向多个监管部门、服务各类资管机构、承接各种资管产品、嵌入资管业务全流程，资产托管是跨市场、跨行业的金融服务业务，建议银、证、保各监管部门加强对资产托管业务的动态监测、数据共享等联动监管机制建设，有效防范各类交叉性金融风险。

二、商业银行参与地方国企投资基金

（一）总体情况

目前政府投资设立的基金主要包括天使投资基金、城市建设基金以及产业投资基金等。主要投资领域包括支持初创型企业、中小企业发展、基础设施和公共服务领域发展、企业产业转型升级等。资金来源上，各行以理财资金募集方式参与投资。交易结构主要有两种模式，一是政府投资设立的基金。商业银行一般通过通道机构以公司制或者合伙制企业平层交易结构进行股权投资（同股同酬模式）；二是政府相关部门下属企业发起的投资基金。商业银行主要通过优先级 LP 安排参与相应投资基金的股权投资（明股实债模式）；退出方式上，"同股同酬"模式主要通过市场化方式退出，投资发起人或者股东方不承担回购或者兜底责任；"明股实债"模式劣后级有限合伙人承诺固定收益及到期回购优先级份额；投资领域上，主要为文化产业、城市基础设施建设、战略性新兴产业、新型制造业等。另外，出于风险和收益的考虑，大部分银行一般会全流程介入基金方案设计，同时基金托管在本行，实现封闭管理，分散经营风险。

（二）主要业务模式

1. "明股实债"模式。该模式一般采用结构化有限合伙模式，即银行理财资金通过信托/资管计划方式作为 LP 参与，且 LP 采用结构化分层，理财资金认购优先级份额，未来资金退出以投资发起人或者股东方回购退出为主。

以某分行参与某园区开发基金为例。该基金通过向约定的项目公司入股、发放贷款等各类股权或债权等投资手段，进行产业园区基础设

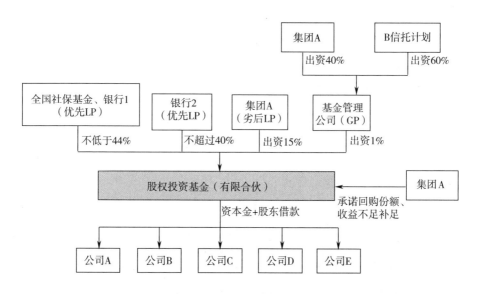

图 6-1　"明股实债"模式

施建设。基金的优先级有限合伙人中，分别由相关分行理财资金通过其集团子公司出资。退出方式上，银行理财资金作为优先 LP 由基金发起人回购退出，某集团公司对基金提供流动性支持。

2. "同股同酬"模式。该模式不设计优先劣后结构，银行资金通过通道机构平层进入，收益分配以及退出均按照市场化方式运作，投资发起人或者股东方不承担回购和兜底责任。

以某分行参与某集成电路基金为例。该分行以理财资金通过某信托有限公司设立投资基金单一资金信托计划。分别投资于基金和基金管理有限公司的股权。基金由财政资金委托某集团公司进行发起设立，首期发行规模包括财政资金、分行认购资金；基金管理公司注册资本金中，该分行通过理财资金投资一定份额。退出方式上，银行理财资金未来主要以资本市场 IPO 或者并购等方式退出。

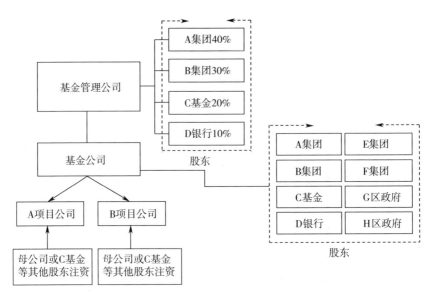

图 6 - 2　"同股同酬"模式

（三）主要风险关注

与传统银行信贷相比，商业银行参与政府投资基金及大型国企各类产业基金已不再是对单一主体的授信业务，而是参考一个行业、一个区域的投资业务，对商业银行风险控制能力提出更高的要求，也面临相应的风险。

1. 资金杠杆放大风险。一方面，政府投资设立的基金出于撬动引进资本的考虑，往往存在放大倍数的冲动；另一方面，部分大型国企集团由于经营结构层级多、业务板块跨行业、信息披露欠透明等，可能存在不同地区、不同金融机构申请成立不同投资基金的情况，极易导致多头授信或者超额授信；此外，商业银行出于维护大中型企业客户的实际需要，常常针对同一项目既提供前端资本金融资，又同时为后续项目开发提供资金支持，既涉及各类权益性资金，又涉及债务性资金，导致各类表内外资金合计突破了项目总投资75%的合规底线要求。

2. 同股同酬市场退出风险。2015年底财政部印发《政府投资基金暂行管理办法》，明确规定政府出资设立的投资基金应按照"利益共享、风险共担"原则，政府可以适当让利，如超出政府回报要求的收益全部由社会资本分享，但投资方应共同承担风险，政府不得回购其他出资人的投资本金，不得承诺最低收益。伴随国资国企改革的进一步深入，以及企业财务制度的日趋严格，传统意义上的信贷合作或"明股实债"方式进行的结构化融资，已经无法满足企业在不增加自身债务的同时开展股权融资的需求。因此，未来不论是政府投资基金还是大型国企发起设立的投资基金，其平层设计将成为基金的主要交易结构。对银行来说，金融资本与其他资本同股同权，无回购义务，且投资收益浮动，将使银行面临一定的盈收和未来资金退出风险。

3. 流动性管理和预期收益风险。当前商业银行普遍采用期限错配方式发行理财产品，用于长期投资。大部分理财产品为预期收益率型，存在银行的信用背书和隐性担保的刚性兑付。当市场发生趋势性变化时，资产管理部门交易操作具有趋同性，银行流动性管理将面临压力。另外，政府投资设立的基金普遍具有较强的政策性要求，且市场化程度不高，收益能力不强，加上金融市场阶段性流动紧张带给银行资金成本上升等因素，可能导致商业银行收益空间收窄，存在收益倒挂风险。

4. 部分基础资产投向存在合规和政策风险。部分国企投资基金投向土地一级开发、保障房等非经营性项目，还款来源很多依赖土地出让收入。当前房地产市场严格调控以及政府性债务强监管的大背景，还款来源存在不确定性。

（四）相关建议

1. 进一步完善动态、科学的信用评价体系。随着同股同酬交易模式的逐渐推行，商业银行应进一步完善专业风险管控体系，加强对各类合作基金的名单制、差异化管理，通过资产配置、风险限额、交易结构设计等市场化手段提升对项目主体实质风险的把控；充分发挥专业团队能力，加大对国内外宏观经济形势的研判，提高技术领域投资风险分析能力。

2. 按照"穿透原则"强化统一授信管理。根据原银监会《关于进一步加强信用风险管理的通知》（银监发〔2016〕42号）要求，商业银行应进一步加强基础资产投向管理，严禁资金变相流入国家严令控制领域，同时按照穿透管理原则，将承担回购或兜底责任的劣后级或者股东方纳入统一授信管理。继续加强集团客户授信风险管理和监测，合理确定集团客户总体授信额度，防止多头授信和过度授信。

3. 加大对货币政策及相关经济数据的分析和监测，及时调整流动性管理策略。针对当前银行理财资金期限错配的情况，商业银行应根据客户申赎以及资产配置，强化资产负债久期动态匹配，合理控制长期投资资产占比；鼓励银行积极发展净值型理财产品，一方面可逐渐打破刚性兑付和隐性担保，同时通过动态管理、组合投资等手段灵活配置金融资产，缓解实体经济需要长期资金与资产配置短期化的矛盾。

4. 完善风险补偿和风险分担机制。针对初创期科技型中小企业产业特点及风险特征，建议由政府牵头，在企业和银行之间引入政府主管部门的风险补偿及风险分担机制，一方面可有效缓解初创期科技型企业融资难融资贵问题，也可有效降低银行授信风险，提升金融支持小企业的主动性和积极性；另一方面，建议市区两级政府建立科创型项目和企业名单制管理机制，在符合审慎经营的前提下，持续推进金融资金与实体经济的有效对接。

三、商业银行与第三方信贷业务合作

随着互联网金融的兴起，商业银行与第三方机构的合作类业务规模快速增长，合作机构类型、合作业务种类、运作模式逐渐复杂多样。

（一）主要模式

目前商业银行与第三方信贷业务合作模式和业务主要包括以下六种：一是收集客户信息。平台通过线下宣传或线上门户网站，获取借款人信息，接受客户注册申请。二是进行贷款评估。平台对借款人身份，借款申请、客户基本信息和账户信息进行收集，根据银行提供的人民银行征信数据进行评估审核。三是完成贷款初审。平台根据银行提供协议合同，向客户说明和操作。银行最终审核后，直接放款。四是承担担保责任。平台自身或委托第三方担保机构，对贷款进行担保。五是负责贷后管理。银行委托平台对借款本息代收代付，在到期日统一划付银行。并负责建档保管。六是负责不良代偿。平台或缴存保证金，或以第三方担保公司代偿，承接不良债权及附属权益转让。

目前来看，有三种产品模式：一是无指定用途的现金贷款。如上海二三四五网络科技有限公司与某银行和消费金融公司的合作。二是信用卡还款。实质是银行通过平台对信用卡持卡客户的再授信，如辖内两家银行与上海数禾合作的"还呗"产品，规定借款资金必须发放到借款客户名下的信用卡账户。三是消费分期模式。借款人在与平台有合作关系的特约商户消费时，可申请消费分期贷款，银行审批通过后向特约商户放款。

（二）主要风险点

一是易导致外部风险输入银行。平台与银行合作推出的产品本身定价高、风控弱、资信评估难、贷款逾期多，再加上该类第三方平台机构行业准入门槛低、自治管理不足，跑路风险时有发生。银行易出现声誉风险、信用风险和操作风险，极易成为平台各种风险的最终承担人。

二是易加重借款人借款成本。除平台荐客本身要收取管理费外，平台代收借款人本息、提供贷款担保等服务，都需要另行收取相应费用，导致借款人的借款成本不断增加。如二三四五网络科技有限公司与银行的合作，银行向借款人收取年化7%左右的利率，平台收取年化33%的费率，两者合计，借款人实际需要承担借款本金年化40%的借款成本。

三是易出现不当催收行为。平台代偿并承接债权关系后，靠平台自身难以对众多小额借款人完成催收。平台本身也缺乏风险消化和抵补能力，再加上目前对非正规金融机构的债权转让和交易、客户信息保护，以及催收手段，缺乏相应的法律约束。因此，不排除会出现暴力催收。

四是易将风险引向风控不严银行。平台为满足业务需要，往往将高风险客户或有瑕疵客户，分类选择后推荐给审核不严的银行。如截至4月末，上海数禾向辖内两家银行推荐的客户中，逾期1天（含）以上的逾期率分别为0.95%、2.81%，逾期30天以上的逾期率为0.21%、1.21%。两家银行的贷款逾期率对比悬殊。

五是对借款人套利套信无法控制。借款人如办理银行信用卡分期还款会占用其总体授信额度，但如通过第三方平台还款，则不会影响其在银行的信用额度，借款人可多次循环消费还款，使信用卡变相成为提现工具。

六是银行通过平台借道展业。如某银行尚未开办信用卡业务，但通过平台，以消费贷款形式，对银行信用卡客户到期还款进行授信，借道开办了信用卡业务，而银行本身并未受到信用卡业务相关监管办法约束，变相实现监管套利。

（三）监管建议

1. 限制合作业务范围

一是银行与第三方平台合作的业务范围，仅限于借款客户（包括个人消费贷款、小微企业贷款和个人经营性贷款）资料的收集，但银行需对借款资料的真实性和完整性承担管理责任。二是银行需独立完成贷前调查、贷中审查和贷后管理工作，不得将客户风险评估、贷前初步审核、贷款档案建档和保管、贷款本息代收代付、不良资产催收等职责委托外包给第三方平台完成。三是银行不得以任何形式为无放贷业务资质的机构提供资金发放贷款，不得与无放贷业务资质的机构共同出资发放贷款。尤其对于贷款客户的关联企业中有经营放贷业务但无放贷资质的，应加以重点关注，防止贷款资金被挪用于放贷；对于发现此类行为的，及时采取措施回收贷款。

2. 加强对合作平台的准入退出管理

一是建立健全对合作平台的准入和退出管理机制。对合作平台实行名单制管理，建立并有效实施对合作平台的尽职调查、评估和审批制度，综合评价合作平台的管理能力和行业地位、财务稳健性、经营声誉和企业文化、技术实力和服务质量、风控能力、客户信息保护能力、对银行业的熟悉程度、对其他银行业金融机构提供服务的情况等；及时对存在严重违规行为、重大风险或其他不符合合作标准的平台实施退出。二是强化合作协议的签约管理。协议内容应包括服务的范围和标准、保密性和安全性安排、业务连续性安排、审计和检查、争端解决机制、协议变更或终止的过渡安排、违约责任等。特别是要求合作平台不得以银行或其分子公司、办事处名义对外宣传；不得有任何歪曲模糊银行与其合作关系的宣传行为；不得以任何形式向客户收取息费；并明确合作平台配合银行接受监管部门检查、保障客户信息安全等方面的职责和义务。三是控制在同地区同类产品的合作平台数量，防止合作平台过多产生的恶性竞争。

3. 加强业务合作中的风险管理

一是在合作前应与合作平台明确业务操作流程，确保核心流程由银行主导，流程设计须符合监管要求与行内面签核保等相关内控制度要求。二是对合作平台进件客户的贷前调查、审批、放款等程序应严格比照本行渠道进件客户的标准。不得为合作平台进件客户开通"绿色通道"，降低授信标准。三是动态监测合作平台推荐客户的实际风险状况及迁徙情况，包括合作平台进件客户的逾期、最终回收状况等，从而还原机构推荐客户的真实风险状况。四是不得接受无担保资质的第三方机构提供增信服务以及不良资产代偿、兜底承诺等变相增信服务。五是通过协议等方式与合作平台明确约定，视贷款逾期、回收状况等，以分期方式支付合作费用，防范合作平台一味追求业绩而可能产生的道德风险。六是银行不得为 P2P 网络借贷公司提供借款资金。

4. 切实保护金融消费者合法权益

一是银行应严格执行客户信息保护相关规定，包括充分审查、评估平台保护个人金融信息的能力；通过平台收集个人金融信息前，向客户书面提醒并获得客户同意；要求平台在外包业务终止后，及时销毁因合作业务而获得的个人金融信息。二是严格执行七不准、四公开的监管要求。不得在合作放贷业务中出现不当收费、以贷收费等行为；不得从借贷本金中先行扣除利息；同等条件下，不得对本行和合作平台进件客户就贷款利率区别对待，以收取更高利息的方式向合作平台进件客户转嫁成本。三是保障客户知情权。向客户收取的综合资金成本应统一折算为年化形式，各项贷款条件以及逾期处理等信息在事前全面、公开披露，向客户提示相关风险，确保客户充分知悉借款成本。

第七章　中小银行风险穿透
监管问题研究

近年来，受绩效考核机制短视、业务经营发展模式同质化、业务基础薄弱等因素影响，中小银行交叉性金融业务迅速发展，该类业务存在严重的监管套利行为，引致交叉性金融风险。由于中小银行具有不同于大型银行的经营战略、模式和目标导向，因此其交叉性金融风险也具有独特、典型的特征。本章将中小银行交叉性金融风险作为研究对象，分析其风险表现、原因，并据此提出相应的监管对策。

一、中小银行交叉性金融业务快速发展的特殊原因

近年来，中小银行交叉性金融业务迅速发展，对本行的资产、中间业务收入、利润等指标贡献巨大，已成为重要的业务支柱。个别中小银行的交叉性金融业务在利润考核中占比过半，对全行的发展起着举足轻重的作用。凭借交叉性金融业务的迅猛发展，中小银行在各项主要经营指标上缩小了与大型银行的差距。相比其他类型银行，中小银行交叉性金融业务的快速发展有着以下特殊原因。

（一）绩效考核机制短视

绩效考核是银行经营的指挥棒，下级机构的经营行为在很大程度上受到上级行考核指标与机制的牵引。根据原上海银监局日常监管对

中小商业银行绩效考核办法和指标体系的了解，绝大部分中小商业银行的考核体系未能做到科学合理，未能处理好眼前利益与长远发展的关系，指标的设定本身具有短期倾向，重规模、重利润、重时点，对总量和市场竞争类指标的设定权重很大，如利润、存贷款等总量增长指标和业务同业排名等市场份额指标。不合理的考核指标催生了下级经营机构的短期行为，经营机构迫于考核的压力，片面追求业务指标的完成，把风险控制和资产质量放在其次。相比传统业务，交叉性金融业务有助于更快完成考核指标，因此普遍成为中小银行的业务发展重点。

（二）业务经营发展模式同质化

近年来，我国银行业进入了一个大发展、大繁荣的时期，机构数量日益增多，资产规模不断攀升，经营利润屡创新高，上海银行业机构数量也在城商行开放跨区域经营后显著上升。但在繁荣的背后，众多银行同质化发展导致的恶性竞争也愈演愈烈。中小银行业务经营模式同质化的主要表现为：

一是贪大求全。绝大多数中小银行高层决策者的业务经营理念都存在一定误区，以为大银行就是好银行，片面以规模与速度来评判银行实力，一味希望做大做强，绝不甘心做小而精的银行。因而势必抱着激进的心态将业务经营的重心放在规模的扩张上，无法真正沉下心寻找适合自身的发展定位，即使找准了自身的发展方向，当其与规模扩张的目标相背离时，也会受冒进心理的影响而果断舍弃，难以依照自身定位对业务经营发展做出长远而有执行力的规划。这也是导致考核机制片面追求规模造成短期行为的根本原因。鉴于交叉性金融业务是做大业务规模的捷径，在贪大求全的经营理念下，各中小银行对该类业务趋之若鹜。

二是盲目跟风。不少中小银行为了在同业竞争中抢占更大市场份额，在经营过程中都确立了各自瞄准的标杆行，既将对方作为竞争对手，又将其业务策略和方法作为自己效仿的对象，盲目跟风，不管对方对与错、好与劣，都照搬跟随。譬如某中小银行的交叉性金融业务发展较快，产品创新较为活跃，其他中小银行就纷纷效仿其业务模式和产品，在盲目跟风的同时迅速与其展开激烈竞争。

（三）业务基础薄弱

中小银行的业务基础比较薄弱，在公司贷款、零售贷款等传统业务上均无法与国有银行竞争，且客户结构中民营企业和中小企业占比较高，大企业和国有企业占比较低。受绩效考核机制短视、贪大求全经营理念等因素影响，中小银行急于改变业务基础薄弱的现状，但其现有的制度、人员、系统等内部管理基础无法支撑其短期内实现目标，交叉性金融业务的出现为中小银行提供了契机，解决了如何在业务基础薄弱的情况下迅速做大规模、完成绩效考核指标的难题。

二、中小银行交叉性金融风险的主要表现

中小银行交叉性金融业务的快速发展存在诸多不合规之处，积累了大量风险，因此成为当前金融治理的重点领域，原银监会"三违反、三套利、四不当"和"乱象治理"工作均将该类业务纳入重点排查领域。根据非现场监管和现场检查获取的信息，中小银行交叉性金融业务主要存在监管套利和内部管理薄弱两大问题，其中监管套利是所有银行交叉性金融业务的核心问题，下面从监管套利和内部管理两个维度进行分析。

（一）监管套利维度

商业银行作为资金中介机构，最初扮演的是资金融通的角色，通过存贷利差获取收益，从根本上亦是一种套利行为。但在经济发展的特殊阶段和管控机制的特殊背景之下，为了某些特殊目的，套利突破传统界限，扩展为监管套利、政策套利、市场套利等。从上述套利模式看，监管套利是主要动因，政策套利、市场套利等加剧了套利行为。

1. 监管套利

监管套利指金融机构利用监管标准的差异或模糊地带，选择按照相对宽松的标准展业，以此降低合规成本、规避监管和获取超额收益。

（1）存贷比指标

我国《商业银行法》明确规定各商业银行的存贷比指标不得突破75%。根据监管规定，各行的季末存贷比指标必须确保达标。对商业银行而言，存贷比指标是一个紧箍咒。由于当前存款利率尚未完全市场化，商业银行通过价格手段竞争的空间小，仍然面临较大的吸收存款的压力。因此，商业银行存在较强的规避存贷比监管指标、将同业资金和理财资金等转化为一般存款的监管套利动机。

（2）资本充足率

按照资本充足率的计算公式，在资本一定的情况下，资本充足率与风险加权资产呈反向变动的关系。各行在无法有效补充资本的情况下，便在风险加权资产指标上动脑筋，设法变更风险资产权重以提高资本充足率。通过资产套利模式，商业银行变贷款为同业资产，降低相应资产的风险权重，腾挪出较大的风险加权资产计算空间，用于粉饰资本充足率指标。

（3）风险减值准备

根据财政部 2012 年印发的《金融企业准备金计提管理办法》的规定，商业银行不采用内部模型法的，应当根据标准法计算潜在风险估值，按潜在风险估值与资产减值准备的差额，对风险资产计提一般准备。资产套利模式下，作为实际承担信用风险的银行将其纳入"投资"科目，列示于资产负债表的"应收账款"等科目。根据财政部《企业会计准则第 22 号——金融工具确认和计量》的相关规定，应收账款等金融资产应根据是否存在客观证据而决定其是否计提减值准备。换言之，商业银行的"投资"业务与"贷款"业务不同，并非强制性计提减值准备。实践中，各行往往以尚不存在客观证据表明发生减值为由，未计提相应的减值准备，导致拨备计提减少，达到调节、粉饰利润的目的。

（4）信贷规模

现阶段，人民银行仍然根据货币政策及宏观调控的需要，核定各行的信贷投放规模。一旦贷款规模投放完毕，即使商业银行能够获取资金，也无法投放信贷资产。为此，一些存在大量信贷资产投放需求的银行不得不谨慎地计算本行可以运用的信贷额度，部分银行为了避免出现信贷规模提前使用完毕的情况，通过套利业务为本行客户提供融资，以维持银企合作关系。

（5）信贷政策

当前，中国经济正处于结构调整和转型升级的关键阶段，同时又面临"三期"叠加的复杂局面。监管部门为切实防范系统性风险，对风险积累较大的房地产、政府融资平台领域的融资出台了多项监管规定。同时，由于制造业普遍利润微薄，难以承担商业银行较高的融资成本，唯有房地产和政府融资平台企业急需资金，且愿承担较高的财务成本，符合商业银行短期利润最大化的经营目标。但根据监管部门的信贷政策，上述企业往往不符合信贷准入门槛，故各商业银行不得不通过资产套利或表外套利的形式曲线向其提供授信支持。

2. 政策套利

由于不同监管部门对不同类型机构、不同业务的政策导向、展业范围、监管规则的不一致，商业银行在开展业务时倾向选择政策导向最有利的业务品种，与监管标准相对宽松的机构合作，通过交易结构调整等途径，将部分业务从监管要求高的领域转移到监管要求低的领域，寻求政策套利。

（1）鼓励性政策

2012 年，在原银监会加强对融资类理财业务的监管、加强对银信合作业务的管理之时，证监会、原保监会加大政策创新，纷纷对券商、基金公司和保险公司参与资管业务松绑，2012 年 9 月至 2013 年初，《基金管理公司特定客户资产管理业务试点办法》《证券投资基金管理公司子公司管理暂行规定》《证券公司客户资产管理管理办法》《关于保险资产管理公司开展资产管理产品业务试点有关问题的通知》等相继发布，打破了信托在资管领域的制度红利，而且由于其管理更为宽松，收费更低，对信托形成了直接的替代，成为银行套利业务的优选通道。

（2）宽松性政策

现行市场运行环境下，监管盲点或政策空白往往成为热门选择和普遍做法，金融机构通常利用监管或政策的滞后，寻求最有利的渠道和方式。例如，由于《商业银行委托贷款管理办法》（银监发〔2018〕2 号）出台前关于委托贷款的规定较少，属于监管和政策空白地带，在信托规模受限的情况下，委托贷款成为灵活有效的替代方式，套利业务交易结构中嵌套委托贷款的现象十分普遍，尤其体现为证券公司、基金公司、保险公司的资管计划投资委托贷款的形式。

3. 市场套利

（1）跨市场套利

以资金来源为例，传统方式为吸收存款，但在套利盛行的时期，银行通过比较同业市场、票据市场、理财、非银行类市场（如通过证券、保险、基金的资管计划募集公众资金）、非金融类市场（如有限合伙企业募集资金发放委托贷款）的资金价格和获取成本，选择最有利的方式或途径，通过设计交易结构，打通资金使用限制，促成资金混合运用，实现不同类型市场之间的套利。

（2）跨区域套利

以同业业务为例，目前的操作模式已摒弃其最初调剂头寸和资金余缺的本源，成为市场套利的主要途径。以协议利率定价的同业存款市场化程度很高，银行对不同存款对象、不同存款金额实行不同利率，且随行就市，资金逐利性突出，对于包括上海在内的市场价格洼地，部分商业银行以内部转移定价的方式将分支机构作为资金来源地，将较低成本吸收的同业资金集中运用，配置到较高收益的区域或业务，实现不同区域市场之间的套利。

（二）内部管理方面

中小银行内部管理基础薄弱，风险合规意识淡薄，在交叉性金融业务的展业过程中存在大量违规行为，导致该类业务乱象丛生，以下为监管工作中发现的突出问题。

1. 未落实同业业务专营部门制要求

《中国银监会办公厅关于规范商业银行同业业务治理的通知》（银监办发〔2014〕140 号）明确规定商业银行应于 2014 年 9 月底前实现全部同业业务的专营部门制。多数中小银行在 2014 年 9 月末前未落实监管要求，仍存在以分行名义签署同业业务合同并加盖分行公章的行为。

2. 业务经营主体与记账主体相分离

部分中小银行的交叉性金融业务存在经营主体与记账主体相分离的情况。上述情况很可能造成责任主体不匹配、内部责任主体分散、责任追究难度加大等风险隐患，给监管带来一定的难度和挑战。

案例一：截至 2017 年末，A 银行总行和其他分行记账在上海分行的业务涉及各项贷款、各项存款和表外授信。表内外授信业务均加盖上海分行公章。实际业务开展部门以总行事业部为主，涉及汽融、地产、能源等 20 个事业部。由于业务合同加盖上海分行公章，上海分行需承担法律主体责任，且部分授信业务由上海分行推荐至事业部，分行需承担信用风险。

案例二：截至 2017 年末，由 A 银行上海分行盖章但记账在总行的业务余额数百亿元，其中投资业务为总行投资银行部和同业业务部开展的业务，发生日期均早于 2017 年 4 月 1 日；发行非保本理财业务为分行资产管理部和投资银行部发起的业务。

3. 业务制度不完善

部分中小银行制度建设严重滞后于业务发展，在未制定相应制度或者制度不完善的情况下就大肆开展交叉性金融业务。由于缺乏制度指导，部分交叉性金融业务在开展过程中存在大量不审慎的行为，严重违反监管规定，存在巨大风险。

案例三：A 银行上海分行开展同业投资业务依据的规章制度为总行2015 年印发的《结构性金融产品投资操作规程》，该规程未明确实质重于形式原则和穿透原则，未对基础资产的投前调查所需收集的资料作出明确的规定。

4. 风险审查和资金投向合规性审查不审慎

部分中小银行存在交叉性金融业务未严格比照自营贷款管理，资金违规投向房地产以及国家法律、政策规定的限制性行业和领域的情况。以涉及房地产市场的交叉性金融业务为例，中小银行存在大量严重违规行为：一是向自有资本金比例不到位的房地产项目融资；二是向四证不齐的房地产企业融资；三是资金违规用于支付土地出让金和拍地保证金；四是未发现企业利用虚假的审计报告骗取银行资金；五是房地产融资项目管理不到位，资金回流或挪用。上述违规行为大大增加了银行的信用风险，也严重削弱了国家宏观调控的作用。

案例四：原上海银监局在处理 A 企业的举报信时发现 B 银行上海分行通过"C 产品受益权转让衍生金融业务"授信模式存在违规行为，因此在 B 银行上海分行开展全面现场检查时将举报信反映的问题纳入重点检查范围，发现截至 2017 年 6 月末，该分行通过"C 产品受益权转让衍生金融业务"授信模式发放大量流动资金贷款和开立银行承兑汇票业务。经研判分析，原上海银监局认为该模式存在借道特殊审批流程，大幅降低风控标准，以逃避常规风控体系的问题，暗藏较高的信用风险和操作风险。该模式的实质，是总行通过各分行为企业客户提供授信的方式，间接为本行代销产品池提供接盘资金。

案例五：2014 年 12 月 10 日，A 银行上海分行通过信托计划向 B 置业有限公司发放结构性融资贷款，期限 30 个月，用于 C 项目开发建设。B 置业有限公司《2014 年度审计报告及财务报表》显示：截至 2014 年末，所有者权益占项目总投资的 4.5%。在项目资本金未足额到位的情况下，2015 年 1 月 6 日，该分行向 B 置业有限公司发放贷款。

案例六：2016 年 1 月 26 日，A 银行总行批复同意上海分行以理财资金投资于 B 证券定向资管计划。该资管计划认购 C 信托的单一资金信托计划，C 信托出资受让借款人的母公司 D 投资有限公司持有的上海某公司 10% 的股权，并通过信托发放资金用于偿还借款人对母公司 D 投资有限公司的股东借款，剩余资金用于项目建设。2016 年 2 月 5 日 C 信托开始发放信托贷款，放款之日该项目获得了土地使用权证及建设用地规划许可证，但尚未取得建设工程规划许可证和建筑工程施工许可证。

案例七：2015 年 4 月 14 日，A 银行总行批复上海分行给予 B 房地产开发有限公司结构化融资额度人民币，2016 年 1 月 19 日，以自营资金通过信托通道发放信托贷款，其中大部分用于 C 项目一期开发建设装修、二期动拆迁及后续开发和装修以及归还股东借款。2016 年 3 月 14 日，项目二期开始用款，早于建筑工程施工许可证办妥日期的 2016 年 3 月 31 日。

案例八：2016 年 7 月，A 银行上海分行通过结构化融资方式向 B 置业有限公司提供资金用于支付土地出让金，向 C 投资有限公司提供资金用于支付拍地保证金，银行自营资金违规流入房地产领域。

案例九：2016 年 6 月，A 银行上海分行通过资管通道向 B 投资管理有限公司提供融资，部分信贷资金投向 C 投资有限公司，用于支付土地出让金。

案例十：2015 年 9 月，经 A 银行总行授信审批同意，上海分行给予 B 房地产发展有限公司授信。2015 年 9 月 22 日该分行向 B 房地产发展有限公司放款。2015 年 9 月 28 日，该分行与 C 资产管理有限公司签订《债权收益权转让清单》，将该笔贷款债权收益权转让给"D 专项资产管理计划"，而该资产管理计划由该行以自营资金出资设立。

该分行在贷前调查中采信的主要财务指标，均出自企业提供的由 E 会计师事务所出具的 2012 年度至 2014 年度审计报告及《关于 B 房地产发展有限公司截至 2014 年 10 月 31 日实收资本及资本公积的鉴证报告》。经延伸会计师事务所核查发现，上述审计报告均系该所违规设立的分部私刻公章对外出具的无法律效力的报告。另外，检查组延伸工商局和税务局调阅历年财务报表发现，与提供给银行的报表不一致。

案例十一：2015 年 4 月，A 银行上海分行通过结构性金融产品投资向 B 股份有限公司提供×元融资，用于支付 C 项目开发建设工程一期和二期尾款、三期项目前期费用。截至资金发放时，项目三期"四证"尚未取得。该分行在投前调查和投中审查环节均未关注到上述问题。经跟踪资金流向，其中部分资金划付给 D 置业公司，用于归还他行贷款，剩余资金回流到 B 股份有限公司开立在该分行的账户，并被统筹使用，最终未用于 C 项目。

5. 资产负债期限错配现象突出

在货币政策主导下，我国金融市场呈现流动性泛滥的局面，融资便利，价格低廉，银行普遍保持着乐观的情绪，认为市场能长期保持高流动性。在交叉性金融业务的开展过程中，中小银行采取了提高流动性错配的经营策略，以短期资金匹配长期资产的情况十分突出。交叉性金融业务的异化创新发展，资产负债期限错配的不断拉长，正是这一经营策略的具体表现。

6. 存在不必要的多层嵌套

部分交叉性金融业务的交易结构异常复杂，交易结构中存在不必要的多层嵌套，真实的风险暴露模糊不清，一方面使得风险管理的难度大幅提升，董事会、高级管理层甚至风险管理人员难以理解业务的实质，无法进行恰当的管理；另一方面使得银行透明度下降，市场参与者难以准确识别，市场约束机制弱化，增加了银行的道德风险。

7. 信息披露不充分

部分中小银行对交叉性金融业务的信息披露不充分。以理财资金池业务为例，事前的产品说明书对投向范围的描述只是泛泛而谈，几乎涉及了所有可投标的；事中的信息披露上，则几乎没有渠道可以查询具体资产配置情况。理财资金配置中相当部分基础资产都呈现了低透明度、低流动性、高风险的特征，尤其是非标资产投资和对接资本市场投资，具体资金投向、真实风险水平难以评估。

8. 其他问题

部分中小银行的交叉性金融业务还存在其他违规行为：一是未将穿透后的基础资产纳入对应最终债务人的统一授信管理和集中度管控；二是存在接受直接或间接、显性或隐性的其他金融机构或交易对手的担保的情况；三是存在投资同业保本理财实为非保本理财产品的情况。

案例十二：A 银行上海分行在通过 SPV 投资穿透基础资产进行授信占用方面，有两笔业务涉嫌存在问题：（1）B 银行同业借款 ABS 项目对转让包内底层同业借款的债务人未穿透审查，未将穿透后底层同业借款债务人纳入统一授信管理，该笔业务的授信占用执行符合行内证券化业务的授信规则；（2）信托池主动管理项目投资未穿透到底层基础资产占用基础资产融资人的额度，但该笔业务为信托公司主动管理且占用信托公司在该行同业授信。

案例十三：A 银行上海分行根据原中国银监会、原上海银监局及总分行关于专项治理工作的要求，于 2017 年 4 月起全面开展自查工作，发现存在少量同业投资和理财投资业务接受了其他金融机构提供的显性或隐性的担保。

案例十四：经原上海银监局前期现场检查发现，A 银行上海分行的 6 笔同业保本理财产品投资业务存在"投资的 B 行同业保本理财产品实为非保本理财产品或非 B 总行发行的理财产品"的问题。上述业务于 2017 年 7 月 7 日结清，本息资金安全入账，未出现资金风险。

三、原因分析

除商业银行内部缺失有效的风险隔离机制和审慎的风险管控等因素之外，导致交叉性金融业务套利盛行的外部监管环境等根本性问题亟待解决。

（一）缺乏系统的制度安排

交叉性金融业务改变了商业银行传统经营模式和理念，也改变了银行之间以及银行与其他各类机构之间的合作方式，但是监管手段和覆盖面却无法与之匹配，监管措施始终滞后于市场和业务的发展，停留在堵漏和打补丁阶段，缺乏整体的、统一的制度安排。

一是堵多疏少。监管部门对银行交叉性金融业务堵的措施多、针对具体产品和模式的措施多，疏导的措施少、治本的措施少，如银信合作受限之后，资管计划和产品、委托贷款等广泛运用，未从根本上改变套利业务格局。

二是监管空白。从业务范围看，《商业银行法》规定了商业银行十三项业务，此后原银监会陆续出台一些业务规范，逐渐扩展了银行的业务范围；从合作机构看，银信合作规定、"127 号文"等将金融机构之间开展的以投融资为核心的各项业务纳入监管。但是，大量的监管空白给银行交叉性金融业务提供了空间，例如，代销、委托等业务缺乏整体制度规范，有限合伙、P2P 等非金融机构与银行的合作关系无制度约束。

三是监管协调不足。交叉性金融业务涉及银行、证券、保险、基金、信托多个行业，横跨货币、资本、保险、理财、信贷多个金融市场，甚至渗透着民间融资，资产管理链条不断拉长，交易对手和融资项目异地化，交易主体之间信息严重不对称。但跨市场、跨机构类别的监管机制缺位，使交易链条中的部分环节完全脱离监管视野，难以防范风险在不同机构类别和市场之间交叉传染，埋下系统性金融风险隐患。

（二）缺失有效的风险隔离机制

为避免不当利益输送、监管套利和风险传染，商业银行应当在不同业务领域、不同机构交易、不同市场业务之间建立防火墙。但是在套利业务中，各类业务缺乏清晰的边界，有些甚至完全没有边界，各类参与机构责权不清，各类风险在不同市场转移和传导，业务、机构、市场之间的风险隔离机制缺失，使风险在银行体系内不断积聚。

一是未建立不同类型业务之间风险隔离机制。例如，对于自营业务和代理业务，很多银行不论是制度安排还是模式设计都未就业务叙做、管理责任等进行有效的风险隔离，代理等业务所形成的表外资产风险仍由项目推荐银行承担，若发生违约，银行通常会落实用于承接表外资产的资金，通过接续贷款、利润冲抵、资产回表等方式保证表外资金兑付，其结果是投资者往往混淆不同法人主体责任，引发风险传染。

二是未建立不同类型机构之间风险隔离机制。在银行与各种类型机构之间的合作交叉性金融业务中，除与信托公司合作产生的信托关系之外，基于资管产品或理财产品而形成的银行与证券公司、保险公司、基金公司、私募、有限合伙企业等各种类型机构之间的业务关系不清，在未设定有效风险隔离机制的情况下，风险极易在不同机构之间传导，例如合作机构的欺诈风险或操作风险会传导至银行，最终造成银行风险或损失。

三是未建立不同市场之间风险隔离机制。商业银行交叉性金融业务使得原本相对风险隔离的市场成为复杂的风险转移和传导网络，增强整个金融市场的联动性和风险的外部性。交叉性金融业务导致资金在银行体系内外无限制流动，资金跨市场频繁流动，使得风险在更广泛的市场范围内传导和扩散，而且风险隐蔽程度更高，加大风险管控难度，更容易形成系统性风险。

（三）缺失真实的会计核算

真实性和完整性是会计核算的基本原则，要求会计的确认计量和报告应该以实际发生的交易或事项为依据如实反映，保证会计信息真实可靠、内容完整。但是，交叉性金融业务普遍违背真实性和完整性会计核算原则，究其原因，主要有：

一是缺乏针对性会计核算体系。原《金融企业会计制度》于2012年3月废止，商业银行统一执行《企业会计准则》，但是新会计准则操作性相对较弱，未针对银行业务及交易的特殊性提出具体的要求，银行在会计核算科目设置、核算内容、科目归属，以及报表编制上具有很大的灵活性，为利用会计核算进行套利提供了空间。

二是会计处理背离风险管理基本原则。2013年1月1日开始实施的国际会计准则第十条修正案（IFRS10）明确规定，不再单纯根据协议所载明的法律关系去判断金融机构发行的理财产品或设立的对冲基金是否在金融机构自身资产负债表外核算，而要根据银行对其是否有实际"控制权"，产品或基金的风险收益是否由投资者实质承担为依据，以避免金融机构进行监管套利、隐匿风险。这意味着，如果银行承担对某些产品的风险兜底，在会计核算上应刺破面纱，纳入风险敞口和限额管理。但在实际操作中，国内银行仍然根据业务的表面形式，通过不规范的会计处理隐蔽业务实质，实现套利目的。

（四）缺失完备的法律基础

交叉性金融业务中由于引入了有限合伙、资管计划、信托计划的交易结构，实际存在多类管理人：资管机构、信托公司、普通合伙人以及项目公司等，对应着多类关系架构：委托代理关系、信托关系以及有限合伙关系等，投资人到基础投资标的距离较远，透明度及穿透性较差，权责关系模糊，一旦涉及违约风险，权益和责任认定存在很大不确定性。错综复杂的法律关系，加之相关法律依据的不完备，使交叉性金融业务面临较大的风险。

一是缺乏法律依据。众多资管产品的投资标的为各类收（受）益权，但是，根据《物权法》规定的"物权法定"原则，除《物权法》明文规定的所有权，建设用地使用权、地役权等用益物权，抵押权、质押权、留置权等担保物权，《信托法》明文规定的信托受益权之外，其他各种类型的收（受）益权均于法无据，存在较大的法律风险。

二是法律主体地位不明确。交叉性金融业务中广泛利用特殊目的载体，但这类特殊目的载体的法律主体地位尚不明确。在西方国家，对基于信托关系的特殊目的载体有着较为详尽的法律规定，明确了虚拟化的特殊目的载体的法律权利与义务，使得特殊目的载体在交易过程中真正实现风险隔离。我国对特殊目的载体设立及其交易，主要是比照《信托法》的相关条文规定，如"信托财产与委托人未设立的其他财产相区别"，"信托财产与属于受托人所有的财产（固有财产）相区别，不得归入受托人的固有财产或者成为固有财产的一部分"，但《信托法》对商业银行理财、证券公司资产管理计划、基金子公司专项资产管理计划等特殊目的载体以何种形式主体进入金融市场交易没有法律规定，一旦涉及诉讼，权利义务的承担方将涉及交易链上所有机构，作为主导方的银行将面临较大的法律风险。

（五）缺失审慎的风险管控

一是风险管理意识淡薄。现阶段各商业银行的交叉性金融业务往往以追求短期利润最大化为目标，忽视风险管控，导致风险集聚，表明其自身的风险管理意识淡薄，风险管控存在很多漏洞。

二是合规管理能力薄弱。与国际先进水平相比，中国的商业银行受理念、制度、系统、人员、经验等因素的影响，在合规管理方面还存在较多薄弱环节，如合规资源配备不合理、未能构建有效的高管和员工行为合规管理体系、合规管理能力无法适应新业务发展需要。

四、政策建议

（一）多方合力，重构监管体系

国内商业银行的交叉性金融业务极具代表性，在金融结构和风险结构上与国外金融证券化进程具有一定相似性，可充分借鉴国外金融监管的发展演变路径改进我国监管体系。例如美国《1999 年金融服务现代化法案》模糊了分业监管结构下不同金融市场的边界，允许根据金融行为或者产品类型而不是根据机构来划分监管职责，次贷危机之后的《多德—弗兰克法案》对原有监管机构和职能进行了重构，强化了多元监管者之间的统一行动和对系统性风险的应对。我国商业银行交叉性金融业务的发展预示着金融业务市场化进程和风险结构的变化，相应地，在监管模式上应有所革新，建议在基于机构监管上增加基于业务和风险的功能监管和行为监管。2017 年 11 月，国务院金融稳定发展委员会正式成立，建议由金稳委牵头，承担交叉性金融业务监管职责，总体协调各监管部门，统一同类业务和行为的监管标准，消除分业监管之间的政策冲突，建立连续性、一致性和前瞻性的监管规则，填补监管空白。

（二）整章建制，健全规制体系

一是实行全面监管。监管的范围应覆盖银行所开展的所有业务，特别是与银行体系有关的、可能对银行体系产生潜在风险的领域，监测全部产生在传统银行业务之外的交叉性金融业务，关注同业之间、银行与非银行体系之间的关联业务，梳理核心业务环节，按照业务实质区分、归并种类，建立相应的监管规则。

二是健全法律体系。随着银行业务的发展，除建立符合市场发展需求的统一监管模式，宏观方面必然需要通过法律对顶层制度加以设计。建议银行业监管部门提请开展更高层面的立法调研，对于市场先于法律的通行做法进行调研，对收（受）益权、特殊目的载体法律地位等做出明确规范。

三是建立风险隔离机制。交叉性金融业务具有高风险性和风险传递性并存的特点，为控制风险，阻隔风险传播路径，建议银行业监管部门多维度建立不同风险类型间的"防火墙"，对不同业务种类和比重设定一定限制，在传统业务和创新业务之间、场内和场外市场之间建立风险隔离机制。

（三）落实穿透法则，真实反映和计量风险

监管的一项重要准则是实质重于形式，在此基础上实施审慎会计原则，客观、真实地反映金融机构的资产与负债价值、资产风险与资产收益、财务盈亏与资产净值，进而对金融机构的风险做出客观、全面的判断和评价。

一是采用穿透法计算大额风险敞口。2014 年 4 月 15 日，巴塞尔委员会正式发布《大额风险计量和控制监管框架》，提出对于集合投资工具（collective investment unit）和资产证券化产品，要求使用"穿透法"（look – through approach，LTA）。建议银行业监管部门向金融机构明确各类交易必须采用这一基本方法，多方复杂交易必须穿透资产组合，运用穿透法识别各类交易的潜在交易对手及风险源，将风险敞口归属于各项基础资产背后的交易对手，与最终风险承担者对应起来，体现实质重于形式的基本原则。

二是加强对银行执行会计准则的监管。建议银行业监管部门加强对商业银行执行商业银行会计准则的现场检查，明确银行各类业务的会计处理原则，规范银行的会计核算。在现行的现场检查中银行监管部门很少对银行业金融机构会计核算进行检查，在今后的现场检查立项上要加上会计核算的检查。

三是细化风险计量和拨备要求。2007 年的《贷款风险分类指引》，对贷款以外的各类资产，包括表外项目中的直接信用替代项目提出了风险分类和拨备基本要求，银行必须根据资产的净值、债务人的偿还能力、债务人的信用评级情况和担保情况进行风险分类，并相应计提损失准备。2014年的"127号文"也明确提出同业投资应按照"实质重于形式"原则，根据所投资基础资产的性质，准确计量风险并计提相应资本与拨备。但由于上述规定仅提出原则性要求，实际操作中大多数银行并未按照监管要求对套利业务进行分类、计量风险和计提拨备。建议银行业监管部门尽快出台相关风险计量和拨备细则，明确交叉性金融业务所涉及的资产风险分类标准、具体的最低拨备计提要求。

（四）与时俱进，适时修改监管指标

一是存贷比指标。1995年出台的《商业银行法》规定的75%存贷比指标有其特定的历史背景，但经过二十年的发展，中国银行业已发生很大变化。建议银行业监管部门提请修改《商业银行法》，或进一步调整计算口径，适度放宽存贷比，增加商业银行信贷投放能力，如参考国际惯例，允许商业银行将符合条件的具备稳定性的批发性融资按照一定的监管规则计入存款口径。

二是信贷规模指标。信贷规模管控具有明显的计划经济色彩，本已逐步淡出宏观调控领域，2008年国际金融危机之后，人民银行再度祭出这一管理手段，并延续至今。但时至今日，宏观调控的市场化程度已相当高，可选择的市场化调控手段多，而且随着新资本协议相关要求的陆续实施，资本充足率要求的提高、超额拨备的计提等指标约束，足以达到信贷规模约束的效果，信贷规模管理手段应该适时退出，通过市场化手段的调控也更有利于商业银行合理选择客户，形成内生性约束。

三是一般存款统计口径。现行的监管指标统计口径下，保险资管公司的存款纳入一般存款项下的对公存款或协议存款进行统计，诱发银行监管套利行为。建议根据保险资管公司的机构性质，将其纳入同业往来，计入同业存放科目，还原此类业务的真实面目。

（五）疏堵结合，加强风险监管和政策引导

一是加快推进信贷资产证券化。自2005年推出国内首批信贷资产证券化业务以来，受到国际金融危机的影响，信贷资产证券化一度处于停滞状态。2012年信贷资产证券化业务重启，但推进缓慢。原因一方面是监管部门对信贷资产证券化可能引发的风险有一定顾虑；另一方面是信贷资产证券化的参与主体仍集中于银行体系，不能真正起到增强银行资产流动性，转移风险的目的，故部分商业银行对此积极性不高。建议加快推进信贷资产证券化进程，放宽市场参与主体的准入门槛，允许商业银行自身持有的证券化资产比例降低，明确业务处理规则，对于信贷资产证券化业务不再强制性要求按照100%的风险权重进行处理，而是按照50%或更低的比例进行会计处理，增强商业银行的内在动力，促使商业银行充分利用资产证券化设立SPV、真实销售、信息披露等风险防控手段，构建有效的风险隔离机制，从而使银行套利业务转向规范化、标准化的信贷资产证券化。

二是坚持"栅栏原则"。鼓励商业银行根据实体经济发展的需要，开展有针对性的业务创新活动。但是商业银行的创新必须始终坚持"栅栏原则"，不得为规避监管、突破监管而创新。对商业银行以业务创新为名，行突破监管之实的行为，监管部门应当及时采取有效的监管措施，确保各项业务合法合规地开展。

三是持续监测，有效打击。维护市场的稳定性，实施有效监管，既要正面对诸如产品和服务创新、市场转型和体制创新建章立制，也要通过严惩违规行为提升市场透明度和市场参与者信心，创造公平竞争的市场环境。正面引导立规矩和打击违规行为犹如"硬币的两面"，只有两手抓才能促进市场功能的更好发挥。对于不断变化发展的银行业务，监管部门应持续跟踪监测，发现任何违规行为必须采取有效的监管措施。

国际借鉴篇

以史为鉴可以知兴替，欧美等国交叉性金融业务的兴起、发展、繁荣，交叉性金融风险不断累积、异化且最终以危机形式爆发均早于我国。因此梳理其发展历程，总结失败教训对于研究我国交叉性金融风险，防范系统性、区域性金融危机具有重要意义。本篇中，第八章从整体上梳理了欧美商业银行交叉性金融业务的发展历程，产品、业务结构变化带来经营模式的变化以及风险变化。第九章和第十章分别选取资产证券化业务和投资银行业务，分析其失败的原因和教训，第十一章对中美两国资管业务发展进行比较研究，以期对我国的金融监管理念提供思考和借鉴。第十二章对国际上的最新监管理念、框架和监管要求进行梳理。

第八章 欧美商业银行交叉性
金融业务发展历程

20 世纪 80 年代开始，欧美国家纷纷舍弃利率管制，转而掀起了一场以"自由化"为特征的金融改革。资产证券化（Asset Securitization）、金融衍生品、混业经营及跨业合作等方面的创新和快速发展，丰富了交易工具和交易产品，伴随着科技的飞速进步，金融市场交易凸显出跨产品、跨市场、跨行业、跨机构、跨国界的特点，交叉性金融风险愈演愈烈，最终在 2007 年引发了次贷危机，进而导致了自大萧条以来最严重的金融危机。本章以美国交叉性金融业务的发展历程为例，分析欧美银行业创新带来的经营结构变化、经营模式变化以及由此引发的风险变化。

一、欧美银行业交叉性金融业务发展特点

20 世纪 80 年代以来，欧美商业银行经营模式体现出经营国际化、资本集中化、服务电子化等特点。

一是经营的国际化趋势在金融"自由化"、金融工具不断创新、跨国结算体系不断成熟等因素的刺激下不断加快进程。20 世纪 80 年代后，世界各大银行陆续开始了大范围的海外扩张，通过设立分支机构或兼并收购的方式，形成了成熟的国际营销网络。汇丰银行是最具代表性

的国际化银行之一。1980 年之前，汇丰银行始终作为区域性银行，立足香港及中国大陆发展业务。但在 1980 年以后，汇丰银行抓住金融自由化、欧洲经济一体化等有利因素，将总部迁至伦敦，顺利进入欧美市场，并通过一系列的自设分支机构和收购活动，崛起为国际化大行。目前，汇丰银行业务遍布 67 个国家和地区，拥有 3900 多家分支机构，服务超过 3800 万客户。

二是 20 世纪 70 年代以来，世界各国银行兼并势头强劲，呈现出"数量多、规模大"的特点，银行业资本集中化趋势明显。据统计，80 年代美国平均每年银行兼并多达 300 多起，到 90 年代后，更是将兼并之风推向高潮。美国商业银行的数量由 1978 年顶峰时的 1.4 万余家，急剧减少至 1998 年的 9000 家左右，进入 21 世纪以来，该数字还在持续下降。其中花旗银行集团和施行者集团 730 亿美元的并购案以及国民银行和美洲银行 620 亿美元的并购案都名列 90 年代美国公司并购案排行榜前 10 位。欧洲方面，经济一体化进程和货币的统一，也推动了银行业的兼并。在欧美银行业的兼并风潮下，银行业市场份额逐渐向大银行集中，银行资本的集中化程度达到了新的高度。

三是随着信息科技的迅猛发展，金融服务的电子化进程日新月异。进入 90 年代后，自动化、网络化、电子化的金融服务体系逐渐形成，科学技术广泛应用于金融服务的各个方面，加快了金融服务参与者之间的沟通和联系。随着电子计算机和智能手机的问世和普及，国际金融市场突破了时间和空间的限制，将全球金融市场紧密地联系在了一起，在改变了整个金融行业规则的同时，也悄无声息地改变着每一位参与者的行为。

二、交叉性金融风险演变过程

次贷危机前，欧美银行业经营结构出现了三个明显变化，一是银行通过资产证券化等形式，将贷款出表，打包出售给各类投资者以转移风险；二是金融衍生品的过度创新与滥用隐藏了资产风险，拉长了销售链条，并加重了期限错配；三是混业经营加速，增强了风险的交叉性和传染性。

（一）资产证券化带来的资产出表

信贷资产证券化作为 20 世纪最重要的金融创新之一，起源于欧美，是指以信贷资产的未来现金流为支持，向投资者发行证券的融资手段。资产证券化作为交叉性金融业务的典型形式和创新载体，是交叉性金融风险易发多发的领域。

资产证券化的盛行代表着商业银行由"贷款并持有模式"（Originated – to – Hold model，OTH）逐渐向"贷款并证券化模式"（Originated – to – Distribute model，OTD）转变，在 OTD 模式下，银行改变了持有贷款至到期的方式，转而为了转移风险和盘活资本，将贷款出表，打包销售给各类投资者。资产证券化分为美国模式和欧洲模式。美国模式下发起人将自己所持有的流动性较差但具有未来现金收入的资产出售给特殊目的实体（Special Purpose Vehicle，SPV），再由 SPV 进行担保或信用增进后以证券的形式出售给投资者，在实现融资的同时完成了风险隔离。美国模式涉及的基础资产复杂多样，包括住房抵押贷款、个人信用卡应收账款、贸易应收款、汽车消费贷款、个人消费贷款、学生贷款、设备租赁费等。欧洲模式则是以资产担保证券（CB）为代表，以抵押贷款为主要基础资产作为抵押发行债券的融资方式，其与美国模式的最大区别在于，基础资产并未出表，发行人需承担偿付债务的义务。相比之下，美国模式由于基础资产出表，并且资产质量要求较低，风险也相对较高，美国次贷危机正是次级抵押贷款过度证券化，当基础信贷资产出现崩盘后，信用风险迅速蔓延，导致全球金融危机一触即发。

（二）金融衍生品过度创新和滥用深化了风险

金融衍生品方面的创新主要集中于各类期货与期权交易，银行国际业务中的利率互换、远期利率协议及汇率类业务，以及信用类金融衍生工具的发展等。金融衍生品的过度创新和滥用，对次贷危机的爆发起到了推波助澜的作用。

以信用衍生品为例。信用衍生品出现于 20 世纪 90 年代，之后在国际市场上得到了迅速的发展，并于 2007 年达到顶峰，其中以信用违约互换（Credit Default Swap，CDS）最为典型。CDS 是买方通过向卖方定期支付保费，购买参照资产的违约保护，卖方承诺在发生信用事件后按照约定向买方进行赔偿的合约，是对冲信用风险的有效手段。然而，CDS 也可以被投机者利用，作为套利工具；同时，由于 CDS 并不要求购买方是利益相关方，因此可以不受标的数量的约束，无限量供应。根据调查，2007 年底，CDS 的市场规模达到了 62.2 万亿美元，超过了全球当年的 GDP 总额。过度滥用的 CDS 早已脱离了实体经济的需要，产生了巨大的金融泡沫。金融衍生品的过度创新和滥用改变了金融危机的传播链条，加剧了链条中各类金融产品的依赖程度，不仅增强了交叉性风险的穿透能力，并且加重了期限错配，对金融市场的稳定提出了挑战。

（三）混业经营加剧了风险的交叉性和传染性

以德国为代表的欧洲大陆国家一直实行"全能型银行"模式，涵盖银行、证券、信托、投资基金等业务，混业经营特点明显。受益于对银行业限制的逐步放松，以美国、英国、日本为代表的其他西方国家也逐渐放弃分业管制，转而实行混业经营。混业经营中金融机构通过取得多种金融牌照，同时从事银行业、证券业、保险业等业务；在无法取得牌照时，银行可利用自身网络、客户以及资金优势，通过与证券公司、信托公司、保险公司、基金公司等非银行业金融机构签订协议，共同合作开展通道类业务，实现规避法律限制，间接投资于银行业限制进入的领域。

混业经营及跨业合作为交叉性金融风险穿透提供了新型路径。第一，跨业合作增加了银行业和其他金融、产业、商业等各个领域的联系，不仅使银行业暴露在证券业等风险较高的市场中，而且增强了风险的交叉性和传染性。第二，以信托计划、资管计划、股权投资计划为代表的交叉性金融产品快速发展，进一步增加了交叉性金融风险的渗透能力。第三，各类交叉产品的多次交易、转让，拉长了交易链条，同时造成资金来源和资金用途缺乏透明度，风险识别更加困难。

经过上述分析，次贷危机前，欧美商业银行在业务方面进行了大刀阔斧的创新，经营模式发生了巨大的转变。过度的创新超速疾驶在监管之前，在其短暂繁荣后，迅速暴露出风险弊端。

第一，结构性产品泛滥导致了信贷"低利率化"和"低标准化"，进而致使信贷质量下降。例如债务抵押证券（Collateralized Debt Obligation，CDO）通过设立优先级（Senior Tranch）、中间级（Mezzanine Tranch）和股权级（Equity Tranch）三个等级，资产池产生的现金流按照"优先级—中间级—股权级"顺序分配，损失承担顺序相反，以此满足不同的风险偏好的投资者需求，实现了风险的充分转移，给贷款利率的下降提供了可能性。此外，银行通过资产证券化实现了风险转移，在整个信贷过程的风险暴露几乎只限于持有贷款的阶段，大大降低了银行对于借款人资质审核的动力。21世纪初期，美国住房市场在宽松的货币政策和低利率的环境下迅速发展，消费者和金融机构的风险偏好普遍增强，受到利润驱使，金融机构降低了基础资产标准，资格审查形同虚设，次级抵押贷款市场逐渐繁荣，导致信贷质量急剧下降。

第二，结构性产品成为银行进行监管和评级套利的工具，诱发了道德风险。商业银行通过资产证券化，将基础资产从资产负债表中剥离，大大减少资本计提。此外，由于资产池中资产多样化的特点，加上评级机构与银行之间的密切"合作"，证券化后的资产往往可以获得高于基础资产原本质量的评级。同时，产品和业务的复杂化，使得风险通过嵌套和层层打包更加难以识别，为刻意掩盖信用风险或提高信用评级提供了客观条件，容易诱发道德风险。

第三，在证券化过程中，商业银行利用短期金融工具为投资的长期资产进行融资，造成了严重的期限错配。为了迎合大多数投资者对短期资产的偏好，商业银行通过结构性工具缩短期限结构，出售短期资产支持商业票据和中期票据，为投资的长期资产进行融资；同时为了保证SPV的融资流动性，商业银行会对其提供授信作为"流动性保底"。这种借短贷长的模式使银行面对严重的期限错配，一旦投资者停止购买短期票据，银行则无法为短期债务展期，对流动性造成严重的负面影响。

第四，流动性风险在各类机制的作用下被进一步放大，加深了对市场的冲击。首先，由于杠杆作用，资产价值的下降对资本净值的负面影响会超过对资产总值的影响，因此在不注入额外资金的情况下，投资者将被迫抛售部分资产来维持杠杆率的稳定。而资产价格的波动又会提高保证金或资产估值折扣，投资者同样面临抛售部分资产的需求。在两种机制的共同作用下，大量的抛售导致资产价格持续走低，借款人可借用资金额度也随之减少，致使资产价格的进一步下降和银根紧缩，形成了恶性循环。其次，在市场波动剧烈、不稳定性增强的同时，考虑自身可能受到的外部冲击和融资困难，贷款人方面也会出现预防性惜贷，使流动性进一步恶化。最后，当危机产生时，挤兑行为会对流动性产生巨大挑战，金融机构可能面对高流动性资产迅速耗尽，被迫低价变卖长期资产的处境，对流动性而言无异于雪上加霜。各种机制的相互作用会导致流动性的迅速蒸发，进而成为金融危机成因的放大机制。

第五，金融机构往往在充当贷款人的同时也是借款人，通过不同产品相互交叉，交织成了复杂的债务关系网络，提高了交易对手风险和系统风险。如上文中提到，2007年CDS市场规模超过了60万亿美元，远高于其基础资产的价值，正是因为金融机构持有的多边协议可以轧平债务头寸。但是，复杂的网络将市场参与者的命运紧密地联系在了一起，其中任何一方违约，都可能使其他参与者无法轧平债务，引发连锁效应。同时，结构类产品和衍生品的反复交易和转让使信用风险蔓延至资本市场的各个角落，"牵一发而动全身"。加上市场参与者之间存在的信息不对称、不透明，容易引发恐慌心理，加大了交易对手风险和系统性风险。

案例：富国银行的天价罚单

美国富国银行（Wells Fargo）因违反了《消费者金融保护法》和《联邦贸易委员会法案》，被美国消费者金融保护局（CFPB）和货币监理署（OCC）处以10亿美元罚款。这是特朗普上任以来，针对金融服务公司最严厉的执法。

富国银行违规行为包括：一是开立虚假账户。该行员工在未经客户授权的情况下，为客户开立普通支票账户和信用卡账户。二是捆绑销售。将信用卡、保险和跨境收支等业务打包销售，并强制消费者购买不必要的汽车保险。三是违规收费，采取延长抵押贷款利息锁定期等行为以收取客户费用扩大收入。

出现系列违规事件的主要原因在于：一是疏于管理的交叉销售。随着银行规模扩张，业务范围的扩大，金融服务领域的延伸，交叉销售策略给不当销售可乘之机。同时，银行疏于对销售人员行为的管理，员工借助为客户开展多种业务的便利，进行捆绑和欺诈等不正当销售行为。二是建立不切合实际的绩效考核机制，迫使员工为了达到考核而不惜违法违规。三是松散失效的内部管理体系。该行曾在2012年发现销售问题，但并未采取行动及时整改，也未调整激进的交叉销售策略和扭曲的激励制度，致使违规行为愈演愈烈。

富国银行的行为造成了恶劣的影响，我国银行保险机构要充分吸取教训，审慎开展交叉销售业务。一是要加强产品销售管理，不断完善跨业代销产品的准入、考核及销售制度，充分披露产品信息，不得进行误导销售及过度销售。二是要建立完善的员工行为管理制度，不断完善激励约束机制，防止过度追求短期目标而忽视内控和风险的行为，通过强化"事后"约束机制规范员工行为。对违反制度的人员及责任人予以严厉惩罚并对发现的问题进行跟踪整改。

（四）小结

综上所述，20 世纪 80 年代以来，欧美商业银行通过资产证券化及金融衍生品的创新和使用，试图降低或转移风险。然而风险没有通过转移消失，而是通过打包、嵌套、转让变得越发难以识别。此外，在创新过程中带来的基础资产质量下降、流动性紧张、道德风险及系统风险加剧等问题，对金融市场的稳定提出了新的挑战。同时，银行业经营的国际化、全能化、资本集中化的趋势，加强了行业间、市场间、国际间的联系，致使信贷风险外溢，其他高危行业风险渗透到银行业中，金融风险交叉穿透能力空前强大。金融全球化和金融电子化发展，在扩大了交叉风险波及范围的同时，大大提高了交叉风险的影响速度和深度。而面对各类新风险、新挑战，银行及监管部门并未进行有效的风险管理措施升级，而是任由风险发酵，终于在 2007 年 8 月，随着贝尔斯登宣布旗下对冲基金停止赎回，次贷危机全面爆发，最终导致了 2008 年全球金融危机。次贷危机的爆发揭示了盲目追求金融创新和滥用金融产品所带来的严重后果，也由此引发全球银行业监管规章的重塑。十年之后的今天，我国同业业务及资管业务乱象丛生，与之有相似之处，我国监管部门应借鉴欧美监管失败的经验，积极整治市场乱象，严守风险底线。

第九章　美国资产证券化的
发展与教训

美国资产证券化起源于20世纪60年代末美国的住宅抵押贷款市场，是当时美国政府促进房地产市场发展的政策产物。以住宅抵押贷款支持证券（RMBS）、商业地产抵押贷款支持证券（CMBS）、资产支持证券（ABS）、债务抵押债券（CDO）为代表的各类资产证券化产品在发展的过程中由于资产证券化链条复杂、涉及主体过多、监管有效性不足等原因，逐渐引发了各类风险的积聚、传导和扩散。本章通过梳理美国资产证券化发展的原因、历史进程、产品类型及监管框架，深入剖析了美国资产证券化的教训、危机后的监管及其发展的相关启示，并提出了对中国资产证券化相关业务发展的借鉴意义。

一、产生及发展的背景和原因

资产证券化起源于20世纪60年代末美国的住宅抵押贷款市场。究其产生和发展的背景及动因主要有以下几方面。

（一）解决储贷机构流动性困难

为了应对经济大萧条的冲击，美国政府采用凯恩斯的政策主张以促进经济发展，其中促进房贷市场发展是重要举措之一。1932年，依据《联邦住房贷款银行法案》（*Federal Home Loan Bank Act*）创立了由联邦住房贷款银行委员会、11 家联邦住房贷款银行及其会员（储蓄贷款协会）等组成联邦住房贷款银行系统（Federal Home Loan Bank System, FHLBS）。1934 年，依据《全国住宅法》（*The National Housing Act*）设立了联邦住宅管理局（Federal Housing Administration, FHA）和联邦储蓄与贷款保险公司（Federal Savings and Loan Insurance Corporation, FSLIC）。在政府税收、住房政策等的鼓励下，20 世纪 50 年代后美国房地产市场空前繁荣，储蓄贷款协会发展迅猛。储贷机构采用借短贷长的业务模式，其负债主要是储蓄存款，资产则主要是长期固定利率的住房抵押贷款，存在明显的期限错配。一旦短期利率上升，由于长期贷款利率固定不变，将导致储贷机构的盈利状况恶化甚至导致流动性枯竭。20 世纪 60 年代美国通胀率高企，市场利率上升，储贷机构存款流失与战后婴儿潮一代成年带来的房贷需求激增叠加，使其原本以短期存款滚动对接长期贷款的盈利模式陷入流动性紧张的困境。1968 年，美国的政府国民抵押贷款协会（Government National Mortgage Association, GNMA）首次在市场上推出了住房抵押贷款支持证券（Mortgage - Backed Security, MBS），最早的资产证券化应运而生。证券化将流动性差的抵押贷款资产转换成高流动性资产，将发起机构的流动性风险、利率风险等有效转移到市场上，解决了资产和负债期限错配的问题。

（二）银行应对市场环境变化的创新行为

自 20 世纪 80 年代起，金融管制放松和利率市场化使得美国银行业经营环境发生了显著变化。一是 1980 年和 1982 年先后通过的《存款机构放松管制和货币控制法案》（*Depository Institutions Deregulation and Monetary Control Act*）和《加恩—圣杰曼储蓄机构法案》（*Garn - St. Germain Depository Institutions Act*）取消了对利率的管制，直至美国联邦储备委员会颁布的金融条例第 Q 条完全终结（内容为对存款利率进行管制的规定），利率市场化得以全面实现。二是 1994 年通过了《里格尔—尼尔州际银行和分行效率法案》（*Riegel - Neal Interstate Banking and*

Branching Efficiency Act），取消了1927年《麦克法登法案》（*McFadden Act*）禁止银行跨州设立分行的规定。三是1999年通过了《金融服务现代化法案》［正式简称为《格雷姆—里奇—比利雷法》（*Gramm - Leach - Bliley Act*）］，废除了对金融业进行严格分业管制的1933年《格拉斯—斯蒂格尔法案》（*Glass - Steagall Act*），允许银行通过建立金融超级市场来同时提供银行、证券和保险的服务。利率市场化、银行跨州设立分支机构以及混业经营禁令的取消，银行与银行之间、银行与非银行金融机构之间的竞争加剧，侵蚀了利润空间，原有经营模式难以持续，银行被迫通过金融创新来寻找新的利润增长点，将经营重点由存贷款利差转向中间业务。通过资产证券化，银行一方面出售其发放的贷款回收占用的资金，主动管理资产负债，降低融资成本；另一方面，对所出售的贷款提供管理和服务获取相应的管理费和服务费收入，发挥自身优势，有效地与非银行金融机构竞争。

（三）金融机构监管套利的驱使

1988年7月，巴塞尔银行监管委员会公布了《统一国际银行资本计量和资本标准的协议》，即《巴塞尔协议Ⅰ》。该协议的一项重要内容是明确了银行资本的构成，根据资产负债表上的不同种类资产和表外业务项目确立不同的风险权重，并把资本对风险资产的标准比率规定为8%，其中，核心资本对风险资产的比重不低于4%。作为银行，既要满足巴塞尔协议对于资本充足率的要求，又希望降低监管资本，最直接的办法就是降低资本充足率公式的分母，即加权风险资产。资产证券化为银行监管套利提供了可能，银行可以通过资产证券化将风险权重高的信贷资产转移出资产负债表，而信用增级可以帮助银行将信用评级较低、风险权重较高的资产转化为信用评级较高、风险权重较低的资产证券化产品，从而降低风险加权资本，以更低的成本满足资本充足率的监管要求。监管套利伴随着资产证券化发展的同时，也成为其进一步丰富发展的驱动力。

二、资产证券化的种类

（一）按基础资产分类

根据产生现金流的基础资产不同，资产证券化产品主要可分为以下两大类：

一类是基于房地产抵押贷款的证券化产品，称为房地产抵押贷款证券（Mortgage – Backed Securities，MBS）。根据抵押房产的不同性质，MBS 产品可细分为个人住房抵押贷款支持证券（Residential Mortgage – Backed Securities，RMBS）和商业地产抵押贷款支持证券（Commercial Mortgage – Backed Securities，CMBS）。由于 RMBS 是 MBS 产品的主体，因而一般所说的 MBS 指的就是 RMBS。

另一类是以除房地产抵押贷款外其他资产作为基础资产的证券化产品，统称为资产支持证券（Asset – Backed Securities，ABS）。ABS 产品可细分为两类，一是狭义的 ABS，主要是基于某一类同质资产（如汽车贷款、信用卡贷款、学生助学贷款等）的证券化产品。二是担保债务凭证（Collateralized Debt Obligation，CDO），主要是基于一系列的债务工具（如高息债券、新兴市场企业债或国家债券等），亦可包含狭义的 ABS、MBS 等的证券化产品。依据资产池内不同类型资产所占比重区分，CDO 又可分为担保债券凭证（Collateralized Bond Obligations，CBO）和担保贷款凭证（Collateralized Loan Obligations，CLO），前者的资产组成以债券为主，而后者则以贷款为主。

（二）按交易结构分类

根据对现金流的不同分配方式，资产证券化产品主要可分为过手证券（Pass – through Securities）和转付证券（Pay – through Securities）。

过手证券，也称作转手证券，是最早出现也是最简单的一种资产证券化结构。证券化资产的所有权随证券的出售而被转移给证券投资者，从而使证券化资产从发行人的资产负债表中剔除。过手证券不对资产池产生的现金流做任何处理，在扣除服务人、受托人和担保的服务费和保费之后直接将现金流偿还给投资者，投资者自行承担基础资产的偿付风险。

转付证券则对基础贷款资产产生的现金流进行了重组，使本金与利息的偿付机制发生变化，以满足不同层级投资者对风险、收益和期限等的不同偏好。

三、美国资产证券化发展历程

（一）吉利美——最早的资产支持证券

美国的资产证券化起步于 1970 年，当时的抵押贷款银行将住宅抵押贷款证券化并发行了抵押贷款支持证券。最早的一种资产支持证券是吉利美（Ginnie Mae），这是由联邦政府设计的仅作为抵押贷款银行用于在资本市场募集资金，以便发放住宅抵押贷款的一个工具。吉利美的发行使得抵押贷款银行得以从资本市场直接融资，有效保障了抵押贷款的运营。有抵押贷款支持的吉利美证券，由联邦住宅管理局提供保险或由美国复员军人管理局担保，实际上可看作抵押贷款过手证券（受益凭证），投资者按比例拥有吉利美提供支持的抵押贷款池的权益份额，由于政府提供保险或担保，相应的抵押贷款的信用被提升到了美国政府的信用水平。

（二）住宅抵押贷款支持证券（RMBS）发展历程

20 世纪 70 年代早期，市场上还发行了另一种抵押贷款过手证券，为联邦住宅贷款抵押公司（FHLMC）的连带利润凭证，该凭证由联邦住宅贷款抵押公司发行和担保。之后，联邦住宅贷款抵押公司变成了政府资助企业并更名为房地美（Freddie Mae）。连带利润凭证在发起人将抵押贷款卖给联邦住宅贷款抵押公司的同时，取得所出售资产池的5%的连带权益。连带利润凭证与吉利美的区别在于其抵押贷款是常规抵押贷款，未得到联邦住宅管理局或退役军人事务部的担保。所有这些住宅抵押贷款过手证券统称为住宅抵押贷款支持证券（RMBS）。

在 20 世纪 70 年代，住宅抵押贷款支持证券总体发行额较小，每年从未超过 300 亿美元的规模。但自 1981 年开始，住宅抵押贷款证券化速度大幅加快，当时房地美和联邦国民抵押贷款协会（Federal National Mortgage Association，FNMA，另一家政府资助企业，后被称为房利美，Fannie Mae）成为了 RMBS 的担保人。20 世纪 80 年代住宅抵押贷款发行额的突然增加，原因是为了帮助各类储蓄机构来管理和改善财务困境，当时美国的储蓄机构面临的最主要财务问题是极不匹配的资产负债结构。他们持有长期的住宅抵押贷款资产（期限绝大多数为 30 年），而负债则为短期的活期存款（其期限短则几个月，绝大多数长度不会超过 5 年）。房利美和房地美创立了"住宅抵押贷款互换项目"（mortgage swap program）帮助各类储蓄机构将其所持有的住房抵押贷款资产证券化。通过互换，金融机构持有了比房产抵押贷款更具市场流动性的住宅抵押贷款支持证券。吉利美、房利美和房地美发行的住宅抵押贷款支持证券，统称为机构担保住宅抵押贷款支持证券，其发行量在 1982 年首次超过 500 亿美元，1985 年超过 1000 亿美元，到了 2000 年之后，其发行量更是突破万亿美元规模。

在机构担保住宅抵押贷款支持证券快速发展的同时，没有经过政府机构担保的住宅抵押贷款支持证券也有所发展。1977 年，第一只非政府机构担保住宅抵押贷款支持证券发行，至 1989 年，新增发行量只有 500 亿美元，但在 20 世纪 90 年代开始发展迅速，在 1993 年其发行量超过 1000 亿美元，在 2005 年和 2006 年更是突破万亿美元规模。但在次贷危机之后，这一市场迅速萎缩，2009 年发行量已低于 300 亿美元。

（三）商业地产抵押贷款支持证券（CMBS）发展历程

从 20 世纪 80 年代中期开始，商业地产抵押贷款也开始形成发放商业地产抵押贷款支持证券（CMBS）的资金池。1990 年发行量只有 50

亿美元，1996 年发行量超过 250 亿美元，2005 年后发行量突破千亿美元，但在次贷危机后其发行量暴跌，2009 年只有 30 亿美元。

（四）资产支持证券（ABS）发展历程

在同一时期，银行开始参照抵押贷款支持证券的市场模式将消费贷款进行证券化，把信用卡应收账款、车贷、助学贷款以及可移动式房屋贷款打包，用于发行资产支持证券（ABS）。后来，一些其他新的金融资产，如财产税留置权和设备租赁合约等也被用于证券化。消费贷款的资产支持证券发行量在 1988 年仅为 150 亿美元，到 1996 年已达到 1250 亿美元，2002 年至 2007 年，发行量均超过 2000 亿美元，但在次贷危机后，其发行量也有所下降。

（五）债务抵押债券（CDO）发展历程

20 世纪 90 年代，债务抵押债券（CDO）开始发展，包括贷款抵押债券（CLO）和债券担保证券（CBO）。CLO 主要由银行通过出售所持有的商业和工业贷款来发行，CBO 主要由债券或股票基金管理人来发行，通过发行债券筹集资金，以购买更多的债券或股票进行管理。1996年，CDO 发行量约为 200 亿美元，到 2006 年已达到 3400 亿美元，但在次贷危机后其发行量显著下降甚至停滞。

（六）美国资产证券化发展历程小结

总之，经过几十年的发展，资产证券化产品已经成为美国债券市场非常重要的品种，市场规模巨大。从发行量角度看，2004 年美国债券市场发债 5.6 万亿美元，其中资产证券化产品占 49%，接近半数。即便在次贷危机后，2016 年资产证券化产品的发行规模也达到总规模的 31%。从存量角度看，其存量比最高时超过 35%。在 2008 年次贷危机之后，整体存量有所下降，增长处于放缓态势。

在资产证券化产品中，房屋抵押贷款支持证券 MBS 一直是美国资产证券化市场的最主要品种。2003 年之前，市面上的机构支持证券占房产抵押贷款相关证券市场的 80%。随着发放贷款条件的放宽，非机

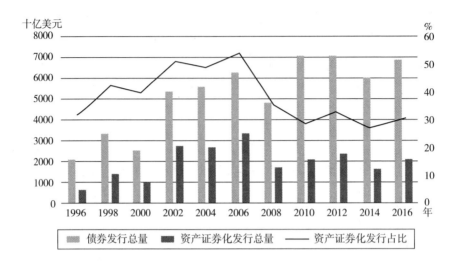

图 9-1　美国资产证券化发行量

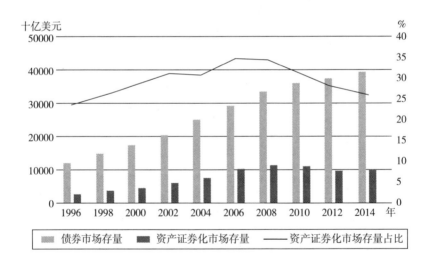

资料来源：中国产业信息网。

图 9-2　美国资产证券化市场存量

构担保的 RMBS 飞速发展，非机构担保证券占比渐渐上升。2004 年非机构担保证券与机构担保证券几乎形成分庭抗礼的局面。2008 年金融危机成为非机构担保 MBS 数量变化的分水岭，次贷危机的爆发使得非机构担保 MBS 发行量以及存量出现急剧下降，并在很长时间内保持一个相对较低的发行量，直至近几年才逐步复苏。2015 年，机构担保 MBS 与非机构担保 MBS 总发行量达到 1.9 万亿美元，较 2014 年增长 19.8%，并在近几年保持相对平稳增长态势，机构担保 MBS 占据较大比例。

此外，ABS 证券在总资产证券化市场占比达到 23%，其中 CDO 占细分市场比例高达 35%。其他应收款所支持的 ABS 主要是由信用卡应收款、汽车抵押款、学生贷款为基础资产所构成的结构化产品，其中又以汽车贷款证券化为主，占比达 32%，其次为信用卡应收款（16%）以及学生贷款（12%）。

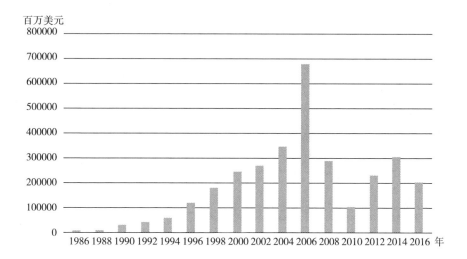

资料来源：中国产业信息网。

图 9 - 3　美国 ABS 发行数量

四、美国资产证券化监管框架变化历程

国际金融危机前，美国对资产证券化没有专门的立法，主要是联邦和州法规的各种规范，针对资产证券化运行各个环节的参与主体进行监管。因此，美国金融监管真空和交叉监管现象严重，直接导致了金融

监管效率低下，从而增加整个金融体系的系统性风险。另外，对于非银行类机构的监管过于宽松，资本要求过低导致金融机构杠杆系数过高，导致非银行金融机构风险过大。

2008 年金融危机爆发以来，从普通民众、政府官员到财经媒体都纷纷指责正是资产证券化市场及其市场参与者导致了这场危机。美国监管当局进行了深刻反思，审视并总结导致次贷危机的深层次原因。制度框架方面，研究制定和通过了《多德—弗兰克法案》。《多德—弗兰克法案》和《巴塞尔协议Ⅲ》部分法案的相继出台，旨在加强对资产证券化市场的监管。变化主要可以归为几个要点，即加强信息披露，要求风险留存，改革评级机构，增加流动资本金。与此同时，限制商业银行的资产证券化交易，比如引入"沃尔克规则"，限制商业银行的自营业务，并将投资银行业务与商业银行相分离，以此分拆银行的高风险业务。监管架构方面，美国监管当局还成立了金融稳定监管委员会（Financial Stability Oversight Council，FSOC），以监视系统性风险，同时促进跨部门合作；强化美联储权力，成立全国性银行监管机构，以监管所有拥有联邦执照的银行；建立消费者金融保护局，以保护消费者不受金融系统中不公平、欺诈行为的损害，对消费者和投资者金融产品及服务强化监管，促进这些产品透明、公平、合理。

表 9 - 1　　　　　　金融危机后出台的资产证券化相关监管法案

法案	所属分类	具体内容
《多德—弗兰克法案》942（b）	加强信息披露	对于发行的 ABS，发行方应披露基础资产的每一层级（trenches），美国证券交易委员会（SEC）直接颁布披露信息要求细则
《多德—弗兰克法案》941	要求风险留存	为了降低道德风险，资产证券化产品的发行人需持有他们打包或出售的债务中至少5%的份额，且不能转让，不得对冲风险

续表

法案	所属分类	具体内容
《多德—弗兰克法案》943	改革评级机构	改进证券化交易对于外部评级的过度依赖，引入了国际证券委员会的信用评级机构行为准则。要求外部评级机构需在客观性、独立性、透明性、信息披露、资源充分性、可信度六个方面符合标准。对于以外部评级计量的证券化资本要求作出限制
巴塞尔协议Ⅲ	增加资本留存	所有银行需在第一支柱最低资本要求的基础之上，设置抵御经济周期波动的资本留存缓冲。资本留存缓冲应不低于普通股的2.5%
《多德—弗兰克法案》		加强金融衍生品交易的监管，实施衍生产品交易中央结算制度
《多德—弗兰克法案》	引入"沃尔克规则"（Volcker Rule）	禁止商业银行从事高风险的自营交易，将传统银行业务和其他业务分隔开来；禁止商业银行拥有对冲基金和私募股权基金，限制衍生品交易；对金融机构的规模施以严格限制

五、美国资产证券化的教训和危机后发展的启示

（一）教训

1. 资产证券化链条复杂，涉及主体过多，容易引发道德风险和风险传导

（1）基础资产标准降低和产品过度创新放大了信用风险

一是抵押贷款发放标准降低使信用风险加速膨胀。从证券化初期到2003年，被证券化的基础资产都是优质抵押贷款。随着住房抵押贷款二级市场的快速发展，也迅速带动了一级市场的发展，促使放贷机构放松信贷标准。同时，伴随证券化技术的提高和多种多样的创新产品的

涌现，给以次级抵押贷款为基础资产的各种金融衍生工具和在此基础上再衍生出来的信用衍生工具创造了条件，为了赚取利润而过度竞争的金融机构开始争相放贷给次级信用客户。与其他资产证券化产品相比，次级债的特殊之处就在于其还款来源是次级抵押贷款。次级抵押贷款本身的特点，决定了其对经济环境变化的敏感性以及作为还款来源的不可靠性。此类资产证券化虽然为资本市场和货币市场提供了大量的投资工具，促进了金融市场、房地产市场和次级抵押贷款市场的发展，但同时也把信用风险通过证券化扩散到了整个金融甚至经济领域。二是金融工具过度创新引发信用过度膨胀。次贷危机前，对资产证券化技术的反复运用和过度的金融创新创造出"次级抵押贷款—次级债券—CDO—CDS"这样一条过长的产品链，市场和风险都在一次次的创新中被逐渐放大。而经过数次证券化之后的 CDO、CDS 产品，往往连为其提供支持的基础资产都无从辨认，种种创新的金融产品最终成为纯粹的金融投机工具。

（2）信息不对称导致相关利益方容易产生道德风险

证券化操作过程中信息严重不对称是衍生品风险的来源。资产证券化的结构复杂，流程中涉及的主体较多，任何一个流程中的参与者一旦为了在短期内获得更大的收益放下道德标尺，不按规则操作，就会产生人为制造的风险。在美国次级抵押贷款证券化过程中就出现了严重的信息不对称，因信息不对称诱发的相关利益方在利益驱动下的道德缺失，是风险产生的重要原因。

一方面，大量次级房贷信息经由贷款公司和经纪公司细分信用等级之后进行证券化，在没有充分披露有关证券化信息的情况下，将风险转嫁给市场投资者。由于证券化过程的链条较长造成信息不对称，投资者没有得到充分的信息时，只能求助于模型来定价，对于不熟悉这些模型的一般投资者来说，他们只能依靠评级公司披露的信息来进行投资决策。另一方面，信用评级过程中评级机构也容易产生道德风险。评级服务是有偿的收费服务，而评级费用却是由被评级机构即债券的发行者支付。因此，为了吸引投资者，评级机构很可能会为其评出较高的评级，在危机爆发前，市场主要的评级对次级债券给予过高的评级，误导了投资者。危机开始显现后，评级机构又纷纷调低次级债券的信用等级，引起市场恐慌和危机的加剧。另外，由于各评级机构的评级标准与方法是作为商业秘密来保护的，更有些评级机构将需要专业从业者评估的工作交由没有准确度测试的软件自动操作，信用评级的过程不公开、不透明给评级机构留下了很大的操作空间。

2. 对资产证券化产品及相关机构的监管有效性不足

（1）监管体制不能适应金融创新发展，监管有效性不足

美国金融体系存在严重的监管重叠问题，其庞大复杂的监管体系存在监管冲突，降低了监管效率。美国奉行的多头监管容易出现监管标准不一致的情况或是出现监管真空地带。尽管美国金融业于1999年开始从分业经营向混业经营转变，但在实践中各监管机构对证券、期货、保险和银行业分别监管的格局仍然没有改变，功能性监管没有得到有效实施，缺乏对跨行业的系统性风险负责的监管部门。

此外，监管当局的监管措施是金融市场上风险监控最有力的一道防线，但是在资产证券化的发展过程中，美国金融监管机构对金融业的监管并不成功，监管的步伐总是落后于创新的步伐。在资产证券化这一创新工具出现后，美国监管当局并未充分重视这一新兴事物的潜在风险，并未针对资产证券化的风险特征深入研究并给出监管措施予以约束。而市场对资产证券化的盲目推崇，加速了泡沫的生成，金融领域中的杠杆作用使正面效应和负面效应都在成倍地放大。风险在监管不力的条件下很快聚集爆发。

（2）对中介机构的监管缺位和有效约束不足

资产证券化是一项高度复杂的金融活动，涉及会计、金融、法律等多个领域的专业知识，需要众多中介服务机构的参与才能完成。次贷危

机中，在市场长期忽视次级债券的潜在风险以及之后风险的集中爆发过程中，对信用评级机构的监管缺位负有不可推卸的责任。首先，由于信用评级行业专业化程度较高，政府监管机构难以对其进行有效分析与监管，且监管机构也依靠信用评级结果对金融市场进行监管，造成事实上的政府监管缺位。其次，由于美国评级行业的较高准入门槛，造成其行业垄断现象严重，缺乏竞争机制导致信用评级质量有可能下降，市场约束缺位。最后，免责条款使得评级机构的错误评级不会导致被追究责任，法律约束缺位。正是由于政府监管缺位、市场约束缺位和法律约束缺位，使得对于信用评级机构的监管和约束处于真空状态。

（二）启示

1. 重点加强对资产池、产品结构等风险源头的管理

资产证券化的过程，仅仅是一个风险转移的过程，并非风险消除的过程。因此，当我们在关注利率、汇率、价格、杠杆作用等传统市场风险的时候，更应重视基础产品的风险，这是资产证券化产品的本源风险。对资产证券化本源资产的风险管理，不能因为其风险已经转移而放松监管，特别是对于债务人和证券化的资产池的管理，才是控制 ABS 风险的源头。被证券化的资产池必须具有七点特征，才能确保风险可控：一是可以生成现金流，而且这一现金流是可预测的、稳定的；二是已经被初始权益人持有一段时间，而且信用良好；三是具有的合约文件是标准化的，即具有较高同质性的资产；四是抵押物容易变现，而且变现价值较高；五是债务人的地域和人口分布广泛；六是历史记录良好，即违约率和损失率较低；七是资产的相关数据和信息容易获得。

2008 年国际金融危机之后，美国资产证券化产品在入池资产的选择上，基本挑选较为优质的资产，产品结构设计比较严谨，几乎没有衍生产品。资产证券化市场以 MBS 为主，而 ABS 占比较小。ABS 中又以信用风险较小的汽车贷款证券化、信用卡贷款证券化等为主。针对住房抵押贷款的发放原则，美国消费者金融保护局（CFPB）制定了借款能

力评估细则（Ability to Pay，ATP），要求贷款人从收入、资产、就业状态、债务情况以及信用状况等多方面评估借款人是否有足够能力偿还贷款。若贷款人未按照该方法评估，一旦借款人违约，借款人可以起诉贷款人有失察之责。同时，还努力推动标准化的住房贷款合约，提出"合格的房屋贷款"（Qualified Mortgage，QM）的概念。针对符合QM的贷款，即使借款人违约并起诉，贷款人也不会承担失察之责。上述规定都明确了贷款人的贷款审核职责，鼓励其合理制定放贷标准并发放低风险的标准化贷款。此外，市场参与主体以机构为主，资产证券化产品几乎均为机构发行，基本不再由私人部门发行。由此，市场上主要是一些结构更简单、风险更透明的交易。

2. 将相关机构和业务纳入监管范畴，避免出现监管真空，减少信息不对称

危机过后，所有系统重要性金融机构均被纳入美联储的监管范围，同时，投资银行、对冲基金、保险基金等资产支持证券的重要投资者也被纳入美联储的监管视野，美联储成为兼具监管者和宏观调控者为一身的机构。美联储监管地位的重新确定弥补了资产证券化供求双方的"监管真空"。具体包括：一是强化了美联储的监管力度，次贷危机过后，美国政府规定所有的金融机构必须纳入美联储的监管范围，并将证券化资产作为重点监控领域；二是限制商业银行的资产证券化交易，将投资银行和商业银行进行拆分，规避高风险业务，同时规定商业银行自身业务和投资业务的比例，调整银行机构的杠杆率；三是加大对资产证券化市场的监管力度，特别是对于发行人进行严格监控，对资产证券化项目进行严格审查，对借款人各方面信息进行严格审定。在美国一系列改革法案和金融监管调控的基础上，资产证券化市场开始恢复正常运行。

此外，美国监管部门进一步完善信息披露机制。信息披露有利于提升产品的透明度，帮助社会对市场主体进行筛选，淘汰不成熟的市场主

体，减少信息不对称。因此，美国证券交易委员会（SEC）要求资产支持证券发行机构对基础资产进行更彻底的评审，并公开披露评审结果，以便投资者了解资产质量，提高投资者的知情度。同时，将以场外交易为主的资产支持证券纳入中央对手方清算机制，要求及时披露各种产品交易、标准化等方面的信息。

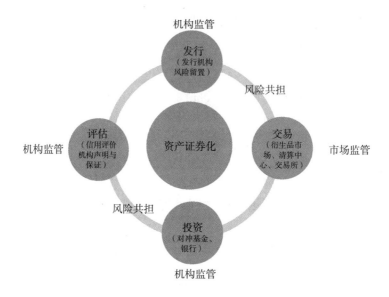

图 9 - 4　危机后美国资产证券化各环节监管

3. 采用"风险预留"的方式实现发起方与投资者之间的利益捆绑，防范道德风险

次贷危机后，采用"风险预留"的方式实现发起方与投资者之间的利益捆绑，是防范发起方转嫁风险的有效途径。具体要求包括：一是资产证券化发起方必须留存不低于资产证券化债券 5% 的信用风险，而非将债务转卖时把所有风险转移给投资者；二是不得对自留的信用风险进行对冲；三是规定期限内不得转让留存资产，期限较长的抵押贷款证券（包括 RMBS 和 CMBS）的锁定期为 5 年，期限较短的 ABS 和 CLO 的锁定期为 2 年；四是对符合一定条件的证券化债券给予风险预留的豁免政策，如政府担保的 MBS 或 ABS、合格的住房抵押贷款（QRM）、

合格的商业地产抵押贷款（QCRE）以及合格的汽车贷款，合格贷款的条件较为严格。

4. 加强对评级机构的监管，改进风险资本计量方法，降低对外部评级机构的依赖

鉴于评级机构对金融危机所起的负面作用，美国证券交易委员会（SEC）对评级机构作出了更为严格的规定，具体包括：评级机构在信息披露方面需接受美国证券交易委员会的监管；作为金融风险"守门员"，评级机构须公布与结构性产品有关的信息和评级数据；评级机构不得提供咨询服务；参与评级决策的分析师不得与客户协商费用或接受客户礼物；评级机构需对评级模型的误差及第三方投诉进行记录；对结构性产品实施差别化评级。同时，新规则还取消了在对证券经纪人、货币市场以及其他投资公司的监管中参考评级的做法。评级机构采用的评级标准需要在美国证券交易委员会备案，所有评级机构都需遵守各自的评级标准。

2014年，巴塞尔委员会发布了针对资产证券化产品框架的最终修订方案，2018年开始实施。方案确定了针对证券化产品风险权重的三种计算方法，即内部评级法、外部评级法和标准法。其中，外部评级法根据证券化债券的平均外部评级、到期期限以及优先程度等分别规定了从15%到1250%的风险权重。修订后的风险资本计量方法解决了两个问题：一是引入到期期限与优先级程度等因素，即使是外部评级方法也降低了对外部评级的依赖性；二是风险权重随着优先级的降低平滑上升，降低了危机前因评级下调导致风险权重快速上升而形成的悬崖效应。

六、对中国资产证券化发展的相关建议

（一）发展现状

中国资产证券化十多年来从无到有，经历了一段曲折发展的历程。

从我国资产证券化发展规模来看，2005—2008 年证券化呈现曲折缓慢增长，2008 年受到金融危机的影响，国内证券化业务一度暂停，2009—2011 年资产证券化发行规模为零，随着 2012 年证券化试点的重启和 2014 年末资产证券化备案制的启动，近年我国资产证券化规模出现飞跃式增长，证券化市场持续活跃。截至 2017 年 6 月末，一级市场共发行各类资产证券化产品 254 单，发行金额合计 4987 亿元，为 2016 年同期的 1.54 倍，期末存续余额保持在万亿元规模以上。

我国商业银行在资产证券化市场上发挥着主力军作用，主要以三种角色参与其中：一是作为发行方，在银行间市场发行以存量信贷资产为基础资产的 ABS，实现信贷资产出表，减少资本占用；二是作为投资方，使用自营或理财资金投资于各类 ABS 产品，优化资产结构；三是作为中介方，为企业 ABS 的发行提供信用增级、财务顾问、投资顾问和资金保管等服务，满足企业客户融资需求，增加客户黏性的同时，也能获取中间业务收入。商业银行参与资产证券化业务，有利于盘活其存量资产、提高资金配置效率，进一步提升银行资产负债配置和风险管理水平，从而更好地服务实体经济发展。

（二）相关建议

一是完善资产证券化法律法规和监管体系。资产证券化市场的快速发展需要监管政策的跟进和保障，我国资产证券化依然面临"真实销售"难以界定、独立法人地位不明晰、普遍适用的法律法规和会计条例缺乏、证券化审批程序复杂等问题，亟待进一步完善法律法规。逐步形成有利于资产证券化持续发展的成熟法律环境，是避免重蹈美国资产证券化覆辙的制度和体制保障。因此，建议制定统一的全国资产证券化业务管理办法，把握"两个分散"原则，即基础资产现金流足够分散和投资者足够分散的资产证券化核心本质及典型特征，统一监管部门和监管标准，明确规范资产证券化业务的定义、范畴和识别标准，以及各类产品的标准化地位。监管部门应当秉持穿透识别风险与监管资本计量相匹配的基本原则，进一步完善相关监管制度，积极引导资产证券化业务回归提高资源配置和资金运用效率、分散风险和服务实体经济的金融创新本质。

二是加强各类资产证券化产品的信息披露。我国在大力发展资产证券化的同时应充分吸取美国次贷危机的信息披露不完全、没有真正实现破产隔离、评级机构利益冲突等教训，考虑建立统一的信息平台，汇总各渠道发行和交易的资产证券化产品信息，同时进一步统一并完善信息披露制度，加强发行人存续期信息披露义务，提高信息披露的规范化、标准化程度，提高投资人估值便利性，以吸引更多市场主体积极参与，促进二级市场流转，不仅有效分散系统性风险，也有利于监管部门全盘掌握风险底数。

三是健全完善资产证券化的信用评级机制。统一评级机构准入标准并加强事中、事后监管，加强对信用评级机构的跟踪评价与利益冲突规避机制建设，提升信用评级机构运作透明度，采取切实措施，严厉打击虚假评估和高估证券化资产评级的违规行为，防范相关金融机构利用评级进行监管套利。

第十章 21世纪以来欧美投资银行失败的法理思考

投资银行在英语中被译为"Investment Bank"或"Merchant Bank",作为非商业银行的金融机构,投资银行的主要职能就是充当证券发行人与投资者之间的中介人,把资本所有者与资本使用者联结起来,确定资源配置的最佳方案,为资金需求者提供融资服务的金融机构。从投资银行的发展历史上看,投资银行最早的业务是充当国内股票与债券的承销商。随着经济金融形势的发展和自身金融业务的创新,投资银行的主营业务也随之进行调整,调整的同时也促进金融市场的变革。因此,投资银行不再只是股票债券承销的代名词,其新的功能(如并购、创业投资等)、新的产品(如利率互换等)、新的技术(如资产证券化成金融产品重新包装等)不断出现,这些都导致投资银行业务大幅度转变。本章对21世纪以来欧美投资银行失败(主要指2008年国际金融危机)的原因开展法理分析,旨在探明危机发生时针对投资银行的金融监管不足所引起的影响和后果,以便进一步厘清金融监管对银行业稳健发展的重要性。

一、欧美银行监管治理制度的变革

投资银行发端于欧洲,其雏形可以追溯到15世纪欧洲的商人银行。

随着欧洲的工业革命和公司制度的确立，商人银行由原来为商人的短期债务进行融资，扩展为帮助公司筹集股本，进行资产管理，协助公司进行融资以及投资顾问等。美国投资银行的历史可以追溯到19世纪初期，目前公认的美国最早的投资银行是1826年由萨尼尔·普莱尼创办的普利尼·伍德·金公司。与欧洲的投资银行相比，虽然美国投资银行的历史短、起步比较晚，但是发展非常迅速，并在近百年来成为世界投资银行业的"领头羊"。在1929年经济大萧条之前，银行与证券两种金融业务并没有严格区分，实践中两个行业是融合的，类似现在通行世界的金融混业经营制度。以美国金融业务为例，在《格拉斯—斯蒂格尔法案》之前，美国国民银行和州银行参与证券业务几乎不受任何限制。20世纪初的美国，正处于铁路、钢铁、汽车、石油等大型工业企业鼎盛阶段，经济增速与私有产权法律保护并行，吸引众多的个人存款者和投资者参与。一时间，投资在全美盛行，证券市场空前活跃，多头情绪高涨。在此背景下，一方面，直接参与证券承销和证券交易业务的投资银行在利润驱动下，开始向传统商业银行业务渗透，从存款者那里融通短期资金，以扩大资金来源；另一方面，商业银行为分享证券市场的红利，开始利用其雄厚的资金实力跻身证券市场。这样导致两类银行在业务经营互相融合，传统理念下的短期借贷业务与长期资金融通业务差异下的两类银行业务划分成为记忆中的概念。

金融监管法律的成长与金融业的变革相伴相随。一国金融监管立法模式根植于国体政体，国际金融监管治理的话语权则决定于国家综合实力。把握投资银行监管治理的路线与脉络，应首先聚焦于欧美立法进程。投资银行监管立法中美英金融立法的治理体系最成熟，其国际地位奠定了国际影响。具有全球影响力和国际主导性的1933年美国《银行法》，其实是史无前例的国际金融大危机的产物，是政府宏观管理理念的革命。由于美国的崛起与英国的衰落，在布雷顿森林体系中，主导国际金融市场规则的是美国，主导国际金融规则的国际货币基金组织和世界银行也是美国具有最大话语权。

银行立法为金融治理重心。对美国金融业发展与监管治理产生重大影响的立法事件主要有三个。事件一，1933 年的《格拉斯—斯蒂格尔法案》（Glass - Steagall Act）确立了银行、证券分离，投资银行与商业银行分离，也称作《1933 年银行法》。该法案产生的渊源是 1929 年美国证券市场的大崩溃，为了维护金融体系安全、恢复公众投资者信心，通过《银行法》将投资银行业务和商业银行业务严格地区分开，保证商业银行免受证券业的风险，禁止银行包销和经营公司证券。该法案适用长达 66 年。事件二，1999 年 11 月，美国参众两院通过《金融服务现代化法案（Financial Services Modernization Act）》，《格拉斯—斯蒂格尔法案》终于被废除。《格拉斯—斯蒂格尔法案》被废除是源于金融市场日益全球化，大型金融集团的出现和全球资本的蓬勃发展导致此前划定的分业经营被逐渐动摇。为适应全球金融业务向混业经营方向转变，美国通过《金融服务现代化法案》实施综合监管与分立监管相结合的"多头伞形监管模式"。事件三，2010 年《多德—弗兰克华尔街改革和消费者保护法案》致力于保护消费者、解决金融业系统性风险等问题，旨在避免 2008 年的金融危机重演。金融改革方案的出台反映了监管部门同时也是美国民众、法律界等社会各界对此次金融危机的思考。这个法案的出台是美国金融监管历史的一个里程碑，同时也为全世界金融监管改革树立了新标准，标志着美国金融体系放松监管的时代已经结束。

对英国金融业发展与监管治理产生重大影响的立法事件主要有五个。事件一，《1946 年英格兰银行法》将英格兰银行国有化，使其成为政府监管力量的重要组成部分。事件二，《1979 年银行法》使英格兰银行获得了法定银行监管权，此后监管银行成为英格兰银行的法定责任。事件三，基于《1986 年金融服务法》作为英国金融期货和期权市场管理的专门法律，《1987 年银行法》确立了英格兰银行作为中央银行实施银行业监管的专门地位。事件四，《2000 年金融服务与市场法》被誉为英国金融业的一部"基本法"，确立了金融服务管理局的单一监管机构地位，标志着英国金融监管体制实现了从《1986 年金融服务法》确立的"行业自律"体制转变为"单一监管机构"体制的重大变革，金融服务管理局监管范围涵盖了证券、银行、保险以及各类互助会等全部金融领域。事件五，《2009 年银行法》，2008 年金融危机暴露出了英国银行法体系中的诸多不足，为弥补制度缺失，应对金融危机，英国制定了《2009 年银行法》，从银行系统性风险监管、危机银行救助、银行破产、存款人保护等多个方面创新了英国银行法律制度。该法确立了审慎监管专门机构，完善了政府监管协调机制，创建了危机处置机制与银行破产制度，强化了存款人保护，实现了银行立法理念变革。

鉴于欧盟的特殊性，从监管立法来看，欧盟的金融监管立法是建立在每个成员国承认其他成员国的法律、规定和标准基础上的。对欧盟金融业发展与监管治理产生重大影响的立法事件主要有三个。事件一，1999 年欧盟委员会颁布了《欧盟委员会金融服务行动计划》，旨在消除跨国金融服务的市场壁垒，为建立统一金融市场提供更全面的条件，有力促进了金融市场的发展和融合。事件二，2001 年欧盟启动莱姆法路西框架（Lamfalussy Framework），成为欧盟进行监管协调的主要依据。事件三，2009 年欧盟委员会通过《欧盟金融监管体系改革》，通过成立欧盟系统风险委员会作为宏观监管部门控制系统性风险、降低金融监管的顺周期性、修改《资本金要求指令》，以便强化对银行的风险约束等方式来加快金融危机后的复苏。

总体上看，欧美的金融立法遵循了银行业主导的发展现实及市场规律。金融立法及其原则规定仍然以银行立法为重心这一事实，充分说明了金融业对于经济社会的从属性以及银行业对于经济金融发展的基础性。

二、美国五大投资银行经营失败的原因分析

自 2007 年起，美国住房市场投机泡沫的破灭引发了次贷危机，随之引起美国投资银行危机，最终迅速升级并演变成席卷全球的金融危机。2008 年 9 月，雷曼兄弟破产、美林被美国银行收购、贝尔斯登被摩根大通收购、高盛和摩根士丹利转型为银行控股公司，这些曾经的华尔街资本大鳄在短短一周内相继退出历史舞台，不禁让人思考，它们的经营究竟出了什么问题？美国在宏观政策和市场监管上又出了什么问题？

（一）内因：自身经营模式问题

追根溯源，美国次贷危机爆发的直接导火索是美国住房市场泡沫的破灭，但其中助燃剂是以次贷为基础资产的资产证券化产品（例如 CDO 等）所产生的巨大杠杆效应。而美国投资银行作为资产证券化产品的设计者、销售者和交易者，无疑也是本次次贷危机的重要制造者之一。

1. 中介功能异化，高风险业务占比过大

一般来说，投资银行的主要业务是为企业提供发行股票、发行债券或重组、清算业务，并从中抽取佣金；此外，还向投资者提供证券经济业务和资产管理业务。而利用自有资本，在资本市场上进行投资或投资交易本应占投资银行业务的一小部分。但是，由于市场竞争和利润驱动的内外双重推动下，随着金融创新和金融深化的发展，以五大投资银行为代表的激进创新型投资银行，更多地依赖扩大投资规模来提高盈利能力。

2. 杠杆率过高，流动性风险不断累积

20 世纪 80 年代以来，随着金融业管制的逐渐放松，五大投资银行通过不断提高财务杠杆率来扩张规模、拓展业务空间，以获得更大的市场份额和更高的收益指标。随着业务的专业化和国际化发展，五大投资银行通过以设立子公司的形式来从事某一单一业务或者某一区域业务。2000 年至 2006 年，全美房价指数累计涨幅达 130%，投资银行、对冲

基金、保险机构等相关机构也以更大的热情积极参与次贷市场。在这期间，为了争夺次贷市场的份额，五大投资银行通过为旗下子公司提供担保甚至是全额担保的方式提高旗下子公司所发行次贷产品的信用等级、降低资本金和保证金要求。按照《巴塞尔协议Ⅱ》的标准，相较于商业银行或全能银行，投资银行的资产以交易性证券资产为主，对风险权重的要求远低于银行贷款，即同样资本可以支持的证券资产规模远大于银行信贷资产。正是投资银行与商业银行在资产结构和风险权重方面的差异，以及投资银行积极采取杠杆化经营的策略，使得投资银行的杠杆率普遍高于商业银行。而高杠杆情况下对流动性的要求也较高，在市场较为宽松时，资金缺口压力较小，一旦经济进入下行周期或是自身财务状况出现恶化，公司所持有大量流动性很低的资产，会导致融资成本和难度不断上升，造成投资银行无法融资。而这也是导致贝尔斯登遭挤兑而倒下、雷曼兄弟彻底破产的重要因素。

3. 融资模式缺陷，流动性危机应对能力不足

投资银行募集资金的方式一般有以下三种：一是通过隔夜债券回购市场融通短期资金；二是发行3～9个月期限的商业票据；三是发行股票、债券、银行贷款等。由于第三种资金募集方式周期长、程序复杂、成本较高，因此，美国的投资银行主要依赖货币市场上拆借资金来维持经营运作。这种模式会导致资产结构与短期为主的负债结构发生一定程度的错配。在危机爆发时，由于投资银行收入骤减以及投资者信心动摇，将进一步削弱证券资产的流动性，从而导致投资银行面临巨大的流动性风险。此外，短期融资的最大特点是在市场流动性充足时融资成本较低，但在流动性短缺时成本较高，尤其是在爆发金融危机时，短期融资的高成本甚至可能导致投资银行无法募集到所需的资金。据《经济学家》的消息，2008年9月30日后，隔夜拆借利率由原来的官方利率加8个基点上升到官方利率加400个基点，即使在美联储抛出6200亿美元救市时，一笔从欧洲央行拆借的利率竟高达11%，3个月、

6 个月和 1 年期的票据也停发，投资银行面临严重的融资渠道不畅和融资困难。[①]

4. 金融衍生品过度创新，风险管理相对薄弱

一般来说，金融产品的创新有助于提高资产流动性、风险分配以及整个社会的资产配置效率。但是，投资银行滥用了其金融创新的能力，使用复杂的金融工具进行赌博而不是对冲风险。五大投资银行一度认为，只要能产生现金流的资产，就可以证券化。因此，大量劣质资产被包装后分层出售，制造出了具有高流动性和低风险的假象。而风险在投资者间传递的过程中又被加入杠杆因素，最终导致风险越来越大，直至风险爆发。因此，投资银行的金融衍生品，不仅没有分散风险，还创造了更多新的风险。

5. 薪酬制度不合理，缺乏约束机制

薪酬制度是投资银行最主要、最直接、最有效的激励手段，而众所周知，华尔街投资银行高管的薪酬水平远远高于其他行业高管。2007年以来，华尔街五大投资银行中大多数已面临巨额亏损，但高管和员工们的年终奖金仍然以 2006 年的年终奖为标准。其中高盛 2007 年的全年薪水支出，包括基本工资、福利和年终奖金总额为 201 亿美元，年终奖金是历年来最高的，总额达 180 亿美元。摩根士丹利 2007 年全年薪水支出总额为 165.5 亿美元，高于 2006 年的 139.9 亿美元。美林、雷曼兄弟、贝尔斯登的年终奖数额也与 2006 年相差无几。同时，由于薪酬体系中存在股权激励，虽然股权激励能够鼓励创新，但激励机制与约束机制的不匹配导致管理人更多地关心眼前或者短期的利益。

（二）外因：金融监管不足

1. 金融监管乏力

2004 年以前，美联储只负责监督商业银行，无权监管投资银行，

---

① Leaders. World on the Edge [J]. *The Economist*, 2008 (October 4th), p. 11.

投资银行业务长期缺乏有效监管。美国证券交易委员会（SEC）在2004 年经过艰难谈判后获得对投资银行的监管权，但 SEC 对投资银行实行资源监管的方式，主要集中在资本和流动性水平上，而在投资银行业务流程操作上存在很大的监管空白。2004 年 SEC 和五大投资银行达成自愿监管协议（Consolidated Supervised Entity Program），参照《巴塞尔协议 II》的标准，对五大投资银行在集团层面实施监管，其下属的银行、保险和证券经纪交易商子公司则由对应的监管机构按照本行业监管实施功能监管（典型的伞形监管模式）。但实践中，五大投资银行的子公司除部分接受美国或其他国家（地区）金融监管部门的监管以外，相当部分业务未受到有效监管。根据 2007 年五大投资银行年报披露，其集团或者子公司的相关指标均符合监管最低要求，显然，结果证明，该监管指标无法反映其中存在的风险。

2. 对净资本和杠杆率的监管不力

SEC 在 1975 年曾规定，投资银行持有的不同金融资产，应根据市场情况设置一定的价值折扣（Haircut），据此计算投资银行的净资本，并且负债/净资本≤12，这一规定实际上是对杠杆率进行约束。但 2004年，自愿监管协议允许五大投资银行执行《巴塞尔协议 II》的内部评级法，并取消了上述杠杆倍数的限制。这样对资本要求的计算主要依赖投资银行自己的模型，而这些模型的计算主要基于历史数据，对突发事件和市场未来波动显然无法有效应对。

3. 对信息披露的监管存在盲点

SEC 虽然要求投资银行在财务报表中尽可能地公布和披露重要信息，对于庞大的场外交易（OTC）却并无明确要求。而场外交易所涉及的金融产品（主要是金融衍生品）种类较多、定价复杂，且投资银行自身不愿主动披露相关情况，因此，市场对投资银行的真正风险状况并不清楚。因此，投资银行的信息披露不充分，也是造成其风险太大、监管失败的重要原因。此外，基于"买者自负"的市场原则，美国监管部门并不重视投资适应性的问题，认为机构投资者能够自己解决这一问题，事实证明，机构投资者也需要投资者适应性监管。

4. 过度信奉自由化，监管重叠和监管真空并存

市场万能的自由主义在美国根深蒂固，这种理念对其金融业的发展产生了深刻影响。美国金融行业的监管者始终认为，对市场行为不应进行过度干预，过度干预不但会大幅增加成本，而且会制约市场按其内在规律发展。在这种理念的指引下，监管当局极大程度放松了金融监管。

此外，虽然美国多头的监管模式可以促进金融监管的专业化和权力制约机制的形成，但其中存在监管重叠，也存在监管真空。一方面，多头监管模式下各监管机构的目标不尽相同，不仅容易引发潜在监管冲突，还容易导致监管套利并延缓相关政策的执行；另一方面，在本次金融风险传递过程中涉及传统信贷机构、保险公司和投资银行等机构，在这一复杂的业务、机构、市场传递过程中，没有一个监管机构有足够的授权来负责对整个金融市场和金融体系的风险监控，这就导致在监管权限交叉重合的同时出现多方面的监管真空，无法实现全方位的风险监控。

5. 监管力量与金融发展不相适应

随着美国金融业的发展，美国金融监管体系与金融发展越发不相适应，监管效率日益降低。一是监管当局仍采用以机构监管为主的方法，机构监管具有只认机构性质而不认业务的特点，往往采用一致的方法来衡量风险；二是偏好单纯采用复杂的数学模型进行风险评价和控制，导致市场趋同，监管者无法注意到其他方面的风险；三是随着用于金融监管的投入越来越少，监管力度逐渐减小，投资银行等金融机构在业务方面几乎不受任何实质性的约束。

三、美国次贷危机引发的金融监管改革

本次由美国次贷危机引发的国际金融危机被认为是自 20 世纪 30 年代"大萧条"以来最严重的经济危机，而在这其中，美国政府及其金

融监管机构对危机的产生和蔓延负有不可推卸的责任。在金融危机的阴影弥漫之际，奥巴马政府于 2009 年 6 月中旬发布了名为《金融监管改革——新基础：重建金融监管》的金融改革计划白皮书。这份长达 88 页的金融监管改革法案被认为是"大萧条"以来最大规模的金融监管改革，涉及对金融机构的监管、对金融市场的监管、对消费者与投资者的保护、创造政府管理危机的新工具以及加强国际金融监管合作五个方面，旨在建立一个更加稳定、有效和富有弹性的监管机制。而与此同时，全球主要经济体包括英国、欧盟、日本等在内的国家和地区，也开始实现金融监管的改革和转型，主要体现在以下几个方面。

（一）由"规则监管"向"原则监管"转变

纵观全球的金融监管立法，各国（地区）均采用法律原则、法律规则和指引等规范共同构成金融监管法律体系。从法律效力等级上来看，原则是最高位阶的监管规范，是规则和指引的立法依据；原则和规则具有法律约束力，指引通常不具有法律约束力。结合监管实践来看，传统的以规则为基础的监管模式缺乏适应性和灵活性，难以应对日益复杂的金融创新活动和瞬息万变的金融市场环境。相较于传统的规则监管模式，原则监管模式有以下优势：

1. 作为一种特殊类型的监管规范，原则无须像规则那样事先设定具体的适用条件，也无须直接规定监管对象的行为模式，可通过精辟的语言概括特定的监管结果，较之规则，更能准确地体现监管目标和基本要求。因此，避免规则中常出现的因事先设定的适用条件和行为模式不符合现状而影响监管效果的情形，也杜绝了规避法律的可能性，更有利于实现监管目标。

2. 在原则监管模式下，监管机构只需提出监管标准的基本要求，之后，监管者和监管对象都可以灵活地通过法律解释适用监管原则。因此，在原则监管模式下，监管对象不但能够参与监管程序，而且能够发挥更积极的作用。

3. 原则监管模式能够优化监管框架，改善监管规范体系的结构，当出现新的情况和问题时，原则监管通过降低监管标准的复杂程度，提升监管的稳定性和应变能力。

4. 原则监管模式能够提高监管效率。在原则监管模式下，监管机构与监管对象之间是服务与合作的关系，监管机构通过原则清楚地表明监管目标，确保原则在适用过程中的可预见性；监管对象通过自我约束，建立并实施相应的风险管理和内部控制机制、程序，确保其经营活动实质性地达到监管目标的要求，极大地提升了监管效率。

（二）加强系统性风险的监管

美国的次贷风暴肇始于金融机构内部的一个产品危机，并迅速扩散到全球金融市场，其中一个重要的原因是现有的金融监管体系以及金融监管机构的风险管理架构中，很少或者几乎不涉及系统性风险的管理。因此，各国越来越深刻地认识到强化系统性风险防范的重要性。

（三）影子银行逐步纳入监管体系

近年来，包括对冲基金、投资银行、债券及保险公司、货币市场基金、结构性投资工具等影子银行迅速膨胀，并未受到现有监管体系的有效监管。在繁荣金融市场的同时，影子银行的快速发展和高杠杆率加大了整个金融体系的脆弱性，并直接引发了"大萧条"以来最严重的国际金融危机。未来，对影子银行系统的信息披露和适度的资本要求都将是金融监管改革的重要内容。

（四）全球化的金融监管合作得到重视

2009年3月6日，国际货币基金组织呼吁建立一个新的政府间全球金融监管体系，大幅扩宽金融监管合作的范围，对大型对冲基金、投资银行等会导致全球经济重大风险的金融机构进行监管。目前来看，尽管在国际上建立全球或者区域性的统一监管组织还需要一个漫长的过程，但各国监管机构都在努力通过国际多边组织等共同推进适应新的市场环境的监管原则，加强监管合作和监管信息的共享。

四、对我国金融监管理念的思考

第一，金融监管必不可少。不能过分迷信市场的自我调节功能，对经济具有重大影响力的金融行业必须要加强监管，而且在市场失灵的情况下，政府必须果断出手，及时进行干预。

第二，监管手段要适应市场的变化。任何一个国家的监管体制必须与其经济金融的发展与开放的阶段相适应，无论监管体制如何选择，必须做到风险的全覆盖，不能在整个金融产品和服务的生产和创新链条上有丝毫的空白和真空，从而最大限度地减少由于金融市场不断发展而带来更严重的信息不对称问题。

第三，监管不宜过分依赖规则约束。面对日益复杂化的金融创新，金融监管不宜过分依赖具体的规则约束，而应采取更具有灵活性的原则导向的监管模式，注重加强同市场主体的沟通，只有这样才能处理好金融创新与风险、自由与风险监管的关系，才能维护金融体系的健康稳定。

第四，重视系统性风险的防范和及时处置。当出现股市、房市或金融危机时，需要重视每一个重要节点上的风险，救市只能解决一时的问题，更要重点解决背后的经济、机制和体制问题。同时，监管部门应加强防范危机的举措研究，防微杜渐，提高风险防控能力。

第五，对金融创新要适度监管。金融创新虽然是应当鼓励的，但过度创新却会在金融体系乃至整个国民经济埋下隐患。在防范过度创新中，尤其要重视两方面的问题：一是此类创新的用途主要是被用于对冲风险还是投机赌博，在创新过程中应当加入某些限制以防止创新金融工具被投机交易滥用；二是在金融创新过程中加强立法监管，在现有法律监管原则模式下，开展符合立法精神和市场发展的金融创新。

第十一章　中美资管业务发展比较研究

美国是全球重要的资管市场参与者，并在全球资产管理中规模占比最大。本章节通过梳理美国资管业务的三个不同发展阶段——20世纪30年代后至1999年之前金融分业模式下的交叉性业务，1999年《金融服务现代化法案》颁布后至2008年金融危机前以及2008年国际金融危机后美国加强金融业交叉业务监管，分析不同阶段美国资管业务的发展状态，吸取美国交叉业务监管经验，对比近年来我国交叉性业务发展主要区域的资管业务发展过程，对我国资产管理市场发展及监管需要进行思考。

一、美国资管业务发展过程

截至2015年底，全球资产管理市场规模达到76.7万亿美元，而美国作为资产管理市场重要参与者，在全球资产管理中规模占比最大。根据ICI（Investment Company Institue）在2017年发布的数据显示，全球规范开放式基金总计40.4万亿美元，美国为21.1万亿美元，占比达52.23%。

交叉性金融业务具有跨行业传导的特征，其与混业经营可以说有很大的关系。总体上，可以将美国交叉性金融业务大致分为三个发展阶段，包括 20 世纪 30 年代后至 1999 年之前金融分业模式下的交叉性业务，1999 年《金融服务现代化法案》颁布后至 2008 年金融危机前以及 2008 年国际金融危机后美国加强金融业交叉业务监管。

（一）20 世纪 30 年代后至 1999 年之前

20 世纪 30 年代，美国出现波及整个西方世界的大危机，仅美国就有约 11000 家银行倒闭或被兼并，约占银行总数的 40%，整个金融体系陷入一片混乱，公众对银行业的信心跌至谷底。危机发生后，为挽救陷入瘫痪的美国金融业，美国政府相继通过《格拉斯—斯蒂格尔法案》（1933 年）、《证券交易法》（1934 年）、《投资公司法》（1940 年）等一系列法案。法案规定，以存贷款业务为主的商业银行不得从事证券投资等长期投资，同时投资银行也不得经营存贷款业务。至此，美国商业银行与投资银行之间设立了业务天然分离，避免银行资金流入高风险的证券市场，从而达到稳定金融业的目的。

（二）1999 年至 2008 年

20 世纪 80 年代以来，世界经济日趋一体化，金融业交叉混合趋势日趋明显，金融创新工具模糊了不同金融机构的业务界限，银行、证券、保险产品日渐趋同。一方面，商业银行通过金融工具创新，绕过政府管制，涉足证券业务，投资银行、保险公司通过设立基金等方式，变相进行存贷款业务。另一方面，分业经营也导致面对更加激烈的国际金融竞争，美国商业银行效率低下。美国金融业界给美国政府施加压力，金融分业界限逐渐模糊。1987 年，美联储同意三家银行控股公司——花旗集团、银行家信托公司和 J. P. 摩根公司承销 1933 年法案禁止的证券、商业票据、部分市政收入债券、抵押债券、按揭证券，1987 年美联储允许商业银行控股公司建立单独的非银行子公司，1989 年批准大银行控股证券子公司经营公司债券承销、买卖业务等，1990 年美联储批准摩根银行经销企业股票，1995 年，美国众议院银行事务委员会通过改革提案，建议解除银行涉足证券业的禁令。

1999 年 11 月 4 日，美国国会参众两院以压倒性票数，通过了《金融服务现代化法案》，结束了美国长达 66 年的金融分业历史。1999 年，《格雷姆—里奇—比利雷法案》废除了投资银行和商业银行分业经营的规定，推动了总部设在美国的综合型投资银行的形成，如摩根大通、花旗银行和美国银行，从而为这些银行提供一个更加稳定的反周期业务模式；同时也使得美国的银行与其他混业经营国际银行（如瑞银、瑞信和德意志银行）更好地展开竞争。

（三）2008 年国际金融危机后

1999 年后的近 20 年间，市场力量推动投资银行从传统的扮演顾问和中介角色承担低风险，转变为代表自身及其客户从事高风险经营。2008 年，其高风险承担与高杠杆率导致了巨额交易损失，随着若干大型金融机构的倒闭，整个投资银行业进行了转向，大型金融机构不得不重新调整自身业务架构，整个美国金融监管业进行了转向。

2008 年，受国际金融危机的影响，美国金融交叉业务也受到较大冲击，除市场规模外，投资者信任度以及需求均发生较大改变，资产管理业务在全球范围内组合投资以分散风险的全球化趋势日益明显。美国监管当局中止"去监管化"的趋势，从多方面加强金融监管，并重新认识金融业务创新过程中可能引发的系统性风险，对创新及其风险的重视程度也不断提高。

二、美国穿透式监管经验

2008 年国际金融危机后，美国奥巴马政府主导对金融监管机制的一系列改革，弥补危机中暴露出的监管漏洞、监管盲点，消除监管冲突、监管重叠，并加强对系统性和跨业风险的监管，解决"大而不倒"的问题，维护金融市场稳定。危机后，美国从多方面加强金融监管，中止了"去监管化"的趋势，并尽量将所有的金融产品、金融市场参与者置于金融监管下。

（一）建立全面监管体系架构

美国金融监管体制实行机构型监管和功能型监管相结合，是一种典型的"双重多头"监管体制。"双重"即对金融业的监管由联邦监管机关和各州监管机关在各自的职权范围内分别负责监管；"多头"是指由各专业金融监管机构对属于特定行业的金融机构实施专业监管。

由美联储（FR）、联邦储蓄存款保险公司（FDIC）和货币监理署（OCC）等共同负责对商业银行的监管。证券交易委员会（SEC）、商品期货交易委员会（CFTC）共同负责对证券期货机构及证券期货市场的监管。联邦保险办公室（FIO）负责对保险业的监管。在美联储内新设相对独立的消费者金融保护局（CFPB），加强消费者金融保护，统一行使原本分散在7家金融监管机构的消费者权益保护职责。

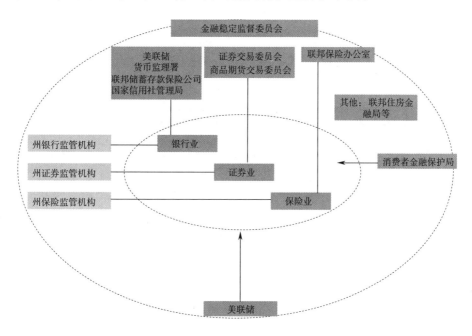

图 11 - 1　美国金融监管架构

（二）加强监管协同，建立超级美联储

一是2010年，美国通过了《多德—弗兰克法案》，扩展了美联储的监管职责，恢复美联储对金融控股公司和银行控股公司的存款下属机构以及投行的协同监管权力，将协同监管的职能由证券交易委员会转移到美联储，赋予其综合、跨业协调监管的权限，特别强调赋予美联储处理金融系统稳定问题的权力，监管模式实现从功能监管到集中监管、协同监管的转变。同时美联储加强对系统重要性金融机构的监管，面临更加严格的资本金、杠杆率和流动性要求。

二是建立金融稳定监督委员会（Financial Stability Oversight Council，FSOC）。委员包括财政部长、美联储主席及7家金融监管机构的高级官员，主要职责是找出威胁金融体系稳定的因素和监管上的漏洞，向各监管机构提出调整建议。当一些金融企业太大或太危险而有可能威胁金融稳定时，委员会可向美联储提出建议对其实施更严厉的监管，限制其合并和收购等扩张活动。

资料来源：美联储官网 www. federalreserve. gov。

图 11 - 2　美联储架构

（三）完善风险隔离机制，建立风险防火墙

一是在影子银行与传统银行间设立防火墙。2013年底美联储等5家监管机构联合发布"沃尔克规则"，限制银行投资于私募股权基金和对冲基金，将投资规模限制在银行股权的3%。虽保留允许银行出于对冲自身风险的考虑进行利率互换、货币互换等，但要求银行将自营交易和类似活动分离出来，将信用违约掉期、商品和股票互换交易等高风险的衍生产品剥离到特定子公司，脱离存款保险体系。

二是对从事风险较大衍生品交易的金融机构设立风险风火墙。除要求金融机构将信用违约掉期、农产品掉期、能源掉期、多数金属掉期等高风险衍生产品剥离到附属公司外，还对从事风险较大衍生品交易的金融机构实行特别的资本比例、保证金、交易记录和职业操守等监管要求，防止银行利用资产证券化转移风险。

三是对关联交易和内部交易风险设立防火墙。规定关联人的负债不得作为授信或者衍生品交易，不得用作证券借贷交易产生的信用风险的担保物。禁止接受低质量资产或证券作为关联交易人的授信或担保。银行关联人管理基金，须持有基金5%以上的股本或者带投票权的股份。

四是在银行与证券公司间设立风险防火墙。美国虽实行混业经营，允许大型银行控股公司建立可经营证券业务的附属机构，但同时也对其进行了相应的监管限制。"1987年防火墙"中严格规范了银行与集团控股证券子公司间的交易行为及资金、人员、信息的流动。

（四）加强信息披露与投资者保护

一是在衍生产品方面，《多德—弗兰克法案》为监测金融机构从事OTC衍生品以及资产抵押证券等交叉金融业务的风险，要求标准化场外衍生品交易，其交易必须通过中央对手方（CCP）结算机构进行结算，提高市场透明度，在第一时间准确地收集市场真实数据。同时，法案还授权美国商品期货交易委员会（CFFC）以及美国证券交易委员会（SEC），要求金融机构提供所有OTC衍生品的交易记录和报告，CCP和其他交易仓库，须建立包含总持仓量等交易量的数据库，并向公众开放。美国财务会计准则委员会（FASB）、美国证券托管结算公司（DTCC）出台多项具体要求，要求披露构成信用衍生品基础的核心债券的相关信息、每周公布每家参考实体对应的名义金额和净头寸数据等旨在提高市场透明度的措施。

二是在影子银行信息披露方面，《多德—弗兰克法案》要求影子银行应充分、准确、简单、有效地披露所提供交叉金融产品和服务的特征与信息，帮助消费者理解所消费产品的成本、收益和风险，而且要求信息披露的格式在发布前必须经过消费者测试，未经消费者测试的信息披露格式，不得应用。并加强对对冲基金、私募股权投资基金等高风险产品的信息披露监管。

三、我国资管业务发展过程

从 2007 年开始，到 2012 年进一步加强，银行与信托、券商、基金子公司在资管行业的竞争合作不断变化，通过结构化分级产品加杠杆，在投资实体经济的同时，也产生一些监管套利行为。整体上，资管类交叉包括三个阶段：

第一阶段是银信合作（2007—2011 年）。2007 年 1 月，原银监会发布新修订的《信托公司管理办法》和《信托公司集合资金信托计划管理办法》，推动信托投资公司从融资平台向专业化转型。2008 年国际金融危机爆发以后，我国处于宽松货币政策和积极信贷措施促进经济复苏的宏观背景之下，全社会信贷规模迅速扩张。银信合作作为早期的交叉性金融业务异军突起。部分银信合作成为规避监管规则的通道类业务。因此 2009 年至 2012 年，监管规则重点是防止银信合作中的监管套利，包括两个维度。交易结构维度上，禁止理财资金直接购买信贷资产；明确银信理财不得投向理财产品发行银行自身的信贷资产；禁止商业银行面向大众化客户发行标准化的理财产品募集资金发放委托贷款；禁止银信理财投资票据资产。规模维度上，对信托公司融资类银信理财合作业务实行余额比例管理；将绝大多数形式的各类受（收）益权纳入融资类范畴；实施银信理财合作业务转表，要求计提拨备和监管资本；对信托公司实施净资本管理，明确融资类业务净资本计算标准。因此，此阶段交易链条虽然有所拉长，但由于银行和信托两端均受原银监会监管，能做到"看得见、管得住"，具体见下图。

第二阶段是银证信合作（2012—2015 年）。此阶段嵌套模式复杂化，随着市场以及监管政策调整不断变化。2012 年起，随着券商资管、基金特定客户资产管理业务出台，期货公司获资管业务准入资格、保险资管业务范围被拓宽、证券公司获私募证投基金综合托管资格，推动资管规模呈现快速增长，同时，交易结构开始出现多重嵌套，呈现跨市场、跨机构的交叉合作，并且涉及不同类型资管业务的跨业监管。具体见下图。

第三阶段（2016 年至今）。此阶段突出防范交叉性风险，监管层协作加强，监管政策趋于统一。突出交叉性风险防范，各监管方均出台相应法规和要求，协调治理。其中，中国人民银行宏观审慎评估（MPA）聚焦于宏观审慎风险穿透监管。原中国银监会则通过监管制度、现场检查、非现场监管等多方措施，构建微观审慎视角的交叉性风险穿透监管体系。各监管方的监管协作加强，特别是 2018 年 4 月，"一行三会"发布《关于规范金融机构资产管理业务的指导意见》（以下简称资管新规），以及其后配套监管制度，运用功能监管标准，首次实现同类业务的统一行业标准，是我国资产管理行业的里程碑，也是发展的转折点，影响深远。资管新规对资产管理业务中的嵌套进行限制，并采用穿透监管原则，对交叉性风险进行管控，但同时也面临着发布后与现有监管架构和现有各资管产品政策的衔接问题。

四、我国资管行业未来发展

总体上看，我国对资产管理业务的监管较好地推动了行业的发展，促进了行业的创新，并对行业内部的监管套利和潜在风险进行了管理。特别是资管新规发布后，我国资管行业进入规范发展阶段。

（一）统一的资管监管法规逐步搭建完成

2018 年 3 月，根据中共中央印发的《深化党和国家机构改革方案》，调整我国的金融监管框架为"一委一行两会一局"。其中，国务院金融稳定发展委员会主要负责统筹协调金融监管，中国人民银行主要承担货币政策与宏观审慎职能，中国银行保险监督管理委员会和中国证券监督管理委员会更加注重微观审慎监管和行为监管职能，各地金融监管局则在国务院金融稳定发展委员会和各监管机构的统一指导下，以维护地区内金融稳定为主要目标，担负起更多的地方金融监管职责。此次监管架构调整将有利于未来各监管部门的大力协作，执行统一的监管原则标准，实现整体监测；有利于财富管理市场的稳健运行和交叉性业务的有效监管。

资管业务法规建设方面，2017 年 11 月 17 日，《关于规范金融机构资产管理业务的指导意见（征求意见稿）》出台。2018 年 4 月 27 日，资管新规正式稿对外发布。2018 年 7 月 20 日，中国人民银行、银保监会、证监会连续发布《关于进一步明确规范金融机构资产管理业务指导意见有关事项的通知》《商业银行理财业务监督管理办法（征求意见稿）》《证券期货经营机构私募资产管理业务管理办法（征求意见稿）》以及《证券期货经营机构私募资产管理计划运作管理规定（征求意见稿）》。2018 年 9 月 28 日，银保监会发布《商业银行理财业务监督管理办法》正式稿。2018 年 10 月 19 日，银保监会就《商业银行理财子公司管理办法（征求意见稿）》公开征求意见。我国统一资管监管法律框架初步搭建完成。

（二）监管协作进一步加强

资管新规及其系列配套法规的出台，促进我国资管业务领域形成统一的监管原则，避免因监管规则差异形成监管套利。各监管部门统一监管框架、统一展业原则制定配套制度并实施统一监管，真正实现了"同一类型业务，同一监管标准"。首先，资管新规统一产品分类原则，从募集方式和投资性质两个维度对资产管理产品进行分类。其次，按照产品类型统一监管标准，分别统一投资范围、杠杆约束、信息披露等要求。坚持产品和投资者匹配原则，加强投资者适当性管理，强化金融机构的勤勉尽责和信息披露义务。明确资产管理业务不得承诺保本保收益，打破刚性兑付。严格非标准化债权类资产投资要求，禁止资金池，防范影子银行风险和流动性风险。分类统一负债和分级杠杆要求，消除多层嵌套，抑制通道业务。加强监管协调，强化宏观审慎管理和功能监管。

（三）资管产品面临转型

随着资管新规的出台，打破刚性兑付，各类资管机构将在统一的资产管理监管标准下开展业务。同时需要从产品和业务管理能力两方面进行转型。产品端转型方面，2020 年以后，金融机构资管产品按照资管新规全面规范，金融机构不得再发行或存续违反资管新规规定的资管产品。资管产品面临老产品向新产品的转型。对于银行理财产品而言，需要实行净值化管理，保持理财产品独立性，并通过净值波动及时反映产品的收益和风险，让投资者在清楚知晓风险的基础上自担风险。资产管理能力转型方面，资管业务统一标准后，竞争压力增加，对金融机构资产管理能力提出了更高要求，各类资管机构需从战略、投研、资产运作、合规和风险管控方面进一步提升管理能力，提高竞争水平。通过确定发展战略，增强投研能力和资产运作能力，找准自身发展定位。通过提高合规和风险管理能力，紧随监管政策和市场情况变化，做好资管业务转型准备，以及适应新形势下新产品、新运作管理的合规和风险控制准备。对银行理财产品而言，由于从原有预期收益型产品向净值型产品转变，需要特别做好流动性风险和市场风险管理准备，同时也需做好打破刚性兑付后的应急预案准备。

（四）加强投资者保护和信息披露

此次资管新规等系列法规政策，高度重视资管产品的投资者保护工作，在投资者适当性、合规销售、信息登记和信息披露等环节，进一步强化了对投资者合法权益的保护。一是投资者适当性管理方面，明确风险匹配原则；区分公募产品和私募产品，并据此设定了不同的产品发行对象和投资范围。二是产品销售管理方面，银行理财产品实行专区销售和对每笔理财产品销售过程录音录像的要求，进一步加强销售管理要求。三是信息披露方面，针对公募产品和私募产品，分别明确信息披露频度、内容。其中，银行理财产品实行"全流程、穿透式"集中登记制度并获取登记编号，有助于投资者核对产品信息，防范"虚假理财"和"飞单"。

第十二章　国际金融风险穿透监管借鉴

近年来，国际金融监管当局，对于风险穿透监管出台了相关的政策建议。本章对 FSB 发布的《应对资产管理业务脆弱性的政策建议》、BCBS 和 IOSCO 联合发布的《识别简单、透明和可比的资产证券化标准》、不同监管当局对银行表外业务监管的国际经验、金融科技风险监管的国际新要求四个不同角度进行阐述，以期跟踪国际监管动态，借鉴国际监管经验，对交叉性金融风险进行穿透监管。

一、FSB 发布《应对资产管理业务结构脆弱性的政策建议》

2017 年 1 月，FSB（金融稳定理事会）发布《应对资产管理业务结构脆弱性的政策建议》（*Policy Recommendations to Address Structural Vulnerabilities from Asset Management Activities*，以下简称《报告》）终稿。《报告》指出资产管理业务存在结构脆弱性、可能影响金融稳定的四类主要业务活动类型，包括开放式基金投资资产与基金份额赎回条款之间的流动性错配、投资基金中的杠杆运用、市场承压时委托投资/客户账户转移引发的操作风险、资产管理行业的证券借贷业务。《报告》针对每类业务活动类型，分析潜在风险、防范措施、监管关注重点，提出 14 条具体政策建议，且部分建议将由国际证监会组织（IOSCO）执行。

《报告》中流动性错配、杠杆运用的风险分析和政策建议对我国资管行业具有借鉴意义。

（一）开放式基金的流动性错配

1. 五项潜在风险

一是基金投资者可能高估在压力市场下基金资产的流动性并低估退出成本；二是长期实施货币宽松政策影响资产的正常估值，投资者为了追逐收益可能低估信用和流动性风险；三是尽管历史上，非货币类开放式基金并未影响全球金融稳定，但近年来，基金大量增持固定收益等交易不活跃的资产；四是当基金的赎回成本并不完全由发起赎回的投资者承担时，先进行赎回操作的基金投资者占有先发优势（first – mover advantage），可能引发对基金的挤兑；五是在特定领域（如美国的公司债市场），传统经纪商自营持有高风险固定收益资产的能力下降，基金作为金融中介的作用愈加凸显。

2. 现有风险防范措施

一是事前措施。如基金的日常流动性管理（设置流动性比例并监测）、压力测试、投资组合和分散化要求、波动性定价（swing pricing）等。事前的流动性管理能够在前瞻基金投资资产流动性状况的同时兼顾考虑投资者行为。

二是事后措施。如设置赎回门槛、限制赎回比例或暂停赎回、设置侧袋账户①（side pockets）、外部流动性支持等。事后措施具有溢出效应，可能加剧投资者对流动性状况的担忧，引发对其他基金的挤兑。此外，借助外部流动性支持增加了基金的杠杆，在持续赎回时加剧流动性风险。

3. 需要监管关注的剩余风险

现有风险防范措施的出发点主要基于保护投资者的角度，并未充

---

① 当基金投资组合中某项资产缺乏流动性时，因无法有效估值，将其另袋存放，称为侧袋，剩余正常资产称为主袋。投资者赎回时，将先得到主袋资产对应的现金，同时客户将等到侧袋资产交易活跃后再收到相应的现金。

分考虑系统性金融稳定的要求。需要监管关注的剩余风险包括以下三方面：一是基金向监管当局提供的信息不足以评估其对金融稳定的影响，公开信息披露缺乏基金资产流动性的透明度，相关监管当局和投资者难以评估流动性错配和基金资产的流动性风险。二是不同主体在事前和事后的风险防范措施存在差异。如类似银行和保险公司，一些资产管理公司在设定流动性管理措施时无法有效纳入压力市场时其他参与者的可能行动；在采取针对赎回先发优势的措施时，很难区分投资者的赎回动机。三是在压力市场条件下酌情实施的流动性管理工具可能无法有效化解金融稳定风险。

4. 针对剩余风险的政策建议

建议1：监管当局应基于开放式基金对金融稳定的潜在影响，加强对其流动性状况的信息采集。应评估现有报告要求，确保其有效性、报告的信息具有合适的细致度和频度。

建议2：监管当局应评估现有开放式基金对投资者的信息披露要求，在考虑基金流动性风险对金融稳定影响的基础上决定是否增加额外的披露要求。监管当局可提高现有基金的信息披露要求以确保其质量和频度。

建议3：为减少开放式基金的期限错配问题，监管当局应考虑到正常和压力市场下资产的流动性和投资者行为，在基金的设立和运作期对基金资产和投资策略与赎回的条款的一致性提出监管要求或指引。

建议4：监管当局可适时增加开放式基金流动性风险管理工具的可用性，降低使用门槛，以增加压力市场下满足赎回要求的可能性。

建议5：在存在赎回先发优势的情况下，监管当局应允许开放式基金使用相应的流动性风险管理工具，如波动性定价、赎回费以及其他反稀释化（anti-dilution）的措施。

建议6：监管当局应就单个开放式基金的压力测试提出监管要求或提供监管指引，以强化流动性风险管理，缓释金融稳定风险。这些要求或指引应明确压力测试的必要性和具体操作方法。

建议7：监管当局应（通过监管要求或指引）推动使用特殊开放式基金流动性管理工具决策机制的透明度，这一决策机制应当向投资者和相关监管部门公开。

建议8：尽管资产管理公司应对管理的开放式基金采取特殊流动性风险管理工具承担主要职责，但监管当局应提供在压力市场下使用此类工具的监管指引。在权限范围内，监管当局在为极端情况下使用流动性风险管理工具提供方向性意见时，应从金融稳定角度兼顾考虑此类措施可能引致的成本和带来的收益。

建议9：在合适的情况下，监管当局可考虑实施全系统的压力测试，以更全面地评估基金和其他投资者集中抛售资产对金融市场稳健性的影响。

（二）投资基金中的杠杆运用

1. 潜在风险

在资产管理业务领域，对冲基金的杠杆运作最为显著，可能引发系统性风险，如1998年的长期资本管理公司（LTCM）的运作失败。投资基金的杠杆运用对全球金融系统的潜在风险传导通过以下渠道：一是交易对手渠道，即投资基金运作失败对其交易对手产生不良影响并蔓延至整个金融体系；二是关联性渠道，即投资基金的表现可能给关联方带来声誉风险，关联方可能被迫提供资金支持，例如2007年贝尔斯登两只投资基金倒闭成为危机导火索；三是资产销售渠道，即为保持流动性或者在去杠杆过程中，投资基金火速抛售资产引发市场价格下跌。此外，投资基金倾向在商业周期衰退阶段降杠杆、在繁荣阶段加杠杆，具有顺周期性。

2. 现有风险防范措施

一是对表内杠杆的限额控制和报告要求；二是在衍生业务中的集中清算要求以及非集中清算交易的抵押品要求；三是《巴塞尔协议Ⅲ》

强化银行参与衍生交易和投向基金的资本管理要求。

3. 需要监管关注的剩余风险

一是缺乏一致性的、可获得的杠杆数据。一方面，杠杆的衡量并无统一标准；另一方面，监管当局汇总和分析杠杆的能力和手段有待提高。二是不同国家对表内杠杆和合成杠杆的限额控制存在巨大差异。

4. 针对剩余风险的政策建议

建议 10：IOSCO 应确定或制定基金杠杆的一致衡量标准，以有助于对杠杆的监测和全球范围内不同基金间的比较。IOSCO 应出于提高监管当局识别和监测基金杠杆潜在风险的角度，考虑确定或制定更基于风险的测量方法以补充现有手段。在上述决策过程中，IOSCO 均应考虑合适的净额结算和风险对冲假设。

建议 11：监管当局应采集基金杠杆运作的相关数据，监测未受杠杆限额控制或可能发生引发系统性风险的基金的杠杆运作情况，适时采取监管措施。

建议 12：IOSCO 应根据其确定的一致可比的杠杆计算方法，采集成员国/地区的汇总杠杆数据。

（三）市场受压时期委托投资/客户账户转移引发的操作风险

委托投资（investment mandates）和客户账户转移引发操作风险主要通过以下三种途径：衍生交易合约的终止、更换辅助服务（包括 IT、托管、估值等）以及转移过程中可能面临的法律和监管问题。对此，FSB 提出：

建议 13：监管当局应要求或引导资产管理公司建立稳健的、全覆盖的风险管理框架和实践，尤其是针对业务可持续计划和过渡期安排，以在市场受压时有序转移委托投资和客户账户。上述风险管理框架和实践应与资产管理公司对系统风险的潜在影响相匹配。

（四）资产管理行业中的证券借贷业务

证券借贷是金融市场做市交易、投资和风险管理策略的核心，也有助于价格发现和二级市场的流动性。通常，基金在证券借贷中作为证券贷出方，实际操作通过代理人（agent lender）根据资产管理公司的指令进行。证券借贷活动对金融稳定的潜在影响表现在现金抵押再投资引发的期限和流动性转换以及杠杆问题、顺周期性引发的压力市场下抵押物抛售等。

少数大型资产管理公司承担代理人职责，并向其发行的基金提供类似保险的承诺，以补偿因证券借贷交易对手违约（未归还证券或押品价值不足）造成的损失。若上述资产管理公司偿付能力不足，将引发整体市场波动。对此，FSB 提出：

建议 14：监管当局应持续监控资产管理公司/代理人因证券借贷向客户提供的损失补偿。当监测到重大风险或监管套利可能对金融稳定产生不利影响时，监管当局应进行核查并确认资产管理公司有足够的能力对因向客户补偿引致的潜在信用损失进行风险抵补。

二、BCBS 和 IOSCO 联合发布《识别简单、透明和可比的资产证券化标准》

2015 年 7 月 23 日，巴塞尔委员会和国际证券委员会联合发布了《识别简单、透明和可比的资产证券化标准》，该标准适用于规范资产证券化，旨在识别和提升资产证券化结构的简单和透明度。简单、透明和可比的资产证券化标准根据关键风险类型划分为三类，分别是资产风险、结构化风险、受托机构和中介机构风险，共有 14 项标准。

（一）引言

巴塞尔委员会（以下简称 BCBS）和国际证券委员会（以下简称 IOSCO）发布了识别证券化资产简单、透明和可比的最终标准（以下简称 STC 标准）。这些标准的目的不在于替代投资者的尽职调查，而在于识别和提升资产证券化结构的简单和透明度。

这些标准只适用于规范资产证券化，并不详尽也不具备约束力，根据特定需求和实际运用可能需要更加细致的标准。因此，这些标准本身不能作为监管行动的指引。

（二）资产证券化简单、透明和可比标准的目标

下表展示了 STC 标准的含义：

简单	标的资产性质简单且具有同质性，交易结构也不过度复杂
透明	投资者能够得到有关标的资产、交易结构和交易参与方的足够信息，帮助其全面透彻地了解其中蕴含的风险。信息可以支持投资者评估，提升透明度
可比	可比性标准可以帮助投资者理解这些投资，使他们能对证券化资产进行更直观的比较，更重要的是，他们应当考虑不同地区带来的差异

在 2007—2009 年的金融危机中，我们吸取一个重要的教训：资产证券化结构本身代表着一大风险来源，复杂和不透明的结构使得投资者很难了解现金流的产生机制以及未来何种情况下现金流会中断。而且，金融危机表明，即便是简单透明的资产证券化产品，如果承销和治理不力，也会在市场上表现很差。因此，投资者应该对资产证券化产品进行谨慎的风险评估，包括评估标的资产本身的信用质量。

STC 标准旨在帮助交易各方——包括发起人、投资者和其他受托责任方评估特定的资产证券化产品的风险。从投资者的角度，这些标准可以协助他们尽职调查，但在任何情况下，这些标准都不能代替尽职调查。

通过提升资产和结构的透明度，STC 标准使投资者和监管者更精确地评估资产证券化产品的风险敞口。通过提高透明度，STC 标准有助于投资者对证券化资产的结构、标的资产的特点和资产在存续期内的业绩获得更全面、可靠的信息，有助于投资者对风险和收益进行更彻底的分析。通过提升资产证券化交易中某些因素的可比性，降低评估证券化资产的难度。

（三）STC 标准的具体设计

STC 标准共有 14 项，如果满足，则表明该资产证券化交易是简单、透明和可比的，能够有助于市场参与者评估这项交易的风险。

该标准按照资产证券化过程中的关键风险类型被分为三类：

资产风险：与标的资产池相关的通用标准。

结构化风险：资产证券化结构的透明度标准。

受托机构和中介机构风险：关于资产证券化过程中关键中介服务机构的治理水平的标准。

其中，资产风险类别包含标的资产池的通用标准，但不包含标的资产池的最终信用风险。

表 12 - 1 展示了这 14 项 STC 标准，并标明了属于哪一类风险，与哪项目标相关。

表 12 - 1　　　　　　　　　　　　14 项 STC 标准

序号	类别	标准	目标
1	资产风险	资产的性质	S, T, C
2		资产的历史业绩表现	T, C
3		还款状况	S, T, C
4		承销标准的一致性	S, C
5		资产选择和转移	S, T, C
6		初始和持续的财务数据	S, T, C
7	结构化风险	偿还现金流	S
8		货币和利率资产负债的不匹配	S, C
9		偿付的优先级和可观察性	S, T, C
10		投票权和执行权	S, T, C
11		文档信息披露和法律审核	T, C
12		利益的一致性	S, C
13	受托机构和中介机构风险	受托责任和合约责任	T, C
14		对投资者的透明度	T, C

注：S 代表简单；T 代表透明；C 代表可比。

1. 资产风险

（1）资产的性质

在简单、透明、可比的资产证券化交易中，其标的资产应当是同质化的债权或应收账款。在评估同质化时，应当考虑资产类型、所在地区、法律体系和货币。

债权或应收账款应该拥有经合同约定的例如租金、本金、利息收入等定期现金流。利息支出或是贴现率应该采用公允的市场利率，而不应该参照复杂的公式或是奇异衍生品。

（2）资产的历史业绩表现

为了使投资者掌握足够的信息开展尽职调查，或是使投资者获得足够的数据以更加精确地计算在不同压力情景下的预期损失，对于拟证券化的具有相似风险特征的信用债权和应收账款，应该拥有可信的损失数据，例如拖欠和违约数据，并覆盖足够长的时间以便于投资者作出有意义的评估。数据的来源和体现证券化债权或应收账款同质性的依据应该清晰地披露给所有的市场参与者。

附加的考虑因素，但不作为该项标准的内容：投资者也应当考虑资产证券化的发起机构、发行人、中介服务商和其他负有受托责任的机构是否掌握拟证券化的具有同质性的信用债权或应收账款的历史业绩表现，并且覆盖一个相对较长的时间段。

这项标准的目的并不在于设置市场新进入者的障碍，而在于提醒投资者在决定是否投资资产证券化产品时应当考虑这类资产的历史业绩表现。

（3）还款状况

不良债权和应收账款需要更加复杂和深层次的分析。债权或应收账款如果有拖欠或是违约情况，或是交易各方认为预期损失可能大幅增加，或是面临被执法的风险时，这些资产都不应被纳入证券化资产池。

（4）承销标准的一致性

当拟证券化的信用债权或应收账款实质上满足非恶化的（non - deteriorating）承销标准时，投资者的分析可以更加简化和直接。为了确保拟证券化的债权或应收账款的质量不受承销标准变化的影响，发起机构应该告知投资者所有拟证券化的债权和应收账款都是在非恶化的承销标准下，以发起机构的常规程序进行发起的。当承销标准发生变化时，发起机构应该披露变化的时间和目的。运用于拟证券化资产的承销标准不应该比运用于留在资产负债表上的信用债权或应收账款宽松。

这些情况应该被认为信用债权或应收账款实质上满足非恶化的发起标准，例如债务人有能力和意愿按时偿还借款；以及在审慎的贷款损失压力情景下，发起机构以常规程序对债务人分层设计的预期现金流可以满足证券化的既定债务。

（5）资产选择和转移

资产证券化的业绩不应依赖于对标的资产组合的任意主动持续的管理，因此对拟转移为证券化资产的信用债权或应收账款需要符合清晰界定的合格标准。由于在截止期后，转移为证券化资产的债权或应收账款不可以被随意主动地选择、管理或筛选，因此投资者在投资决策之前需要评估资产池的信用风险。

为了符合"真实出售"的原则，资产证券化的标的债权或应收账款需要符合以下条件：

对债务人具有可执行权，且该执行权包含在证券化的声明与保证中；

不受卖方、债权人或清算人的控制，避免重新定性或是回拨风险；

不受信用违约互换、衍生品或其他担保保证的影响；

对标的信用债权或应收账款享有最终债权，并且不是对其他证券化产品的再证券化。

在部分地区，如果资产证券化通过其他方式转移信用债权或是应收账款，应该充分说明不能实现"真实出售"的主要困难，并清晰说明对债务享有最终追索权的方式。在这些地区，任何可能导致债权或应收账款转移被推迟或待定的事项，以及任何影响证券化中债权及时实现的因素都应该清晰披露。

发起机构应该提供声明和保证，任何转移为证券化资产的债权或应收账款在任何条件下都不能影响其偿还的可执行性。

（6）初始和持续的财务数据

为了便于投资者在投资前做好尽职调查，在对资产证券化产品定价之前，投资者应该能够获得关于分层资产池中的贷款数据以及相关风险特征的数据。

为了便于投资者持续监测投资的业绩表现，使二级市场想要投资证券化产品的投资者获得足够的信息来进行尽职调查，应该在证券化产品的存续期内至少每季度公布及时的贷款数据、分层资产池的相关风险特征以及标准化的投资者报告。

为了保证对标的信用债权或应收账款报告的准确性，并保证其符合适当性要求，初始的投资组合应当聘请独立可靠的第三方进行评估，例如独立的会计师事务所、资产证券化计算代理人或是管理公司等。

2. 结构化风险

（7）偿还现金流

对于标的信用债权或应收账款如果有再融资风险则需要更加复杂和深入的分析。除非标的资产池充分分层并拥有足够分散化的偿付结构，否则必须要求这些债权或应收账款不能依靠出售债权或再融资去偿还负债。从这个角度来说，要求信用债权或应收账款能够获得现金流去偿付支出才应该被考虑为合格的证券化资产。

（8）货币和利率资产负债的不匹配

为了减少由于资产和负债拥有不同利率和货币结构导致的支付风

险，提升投资者对现金流的管理能力，在任何情况下合理缓释利率和外汇风险，允许用于对冲资产和负债中利率和货币不匹配风险的衍生品交易，但所有对冲交易必须按照行业标准的规定书面记录在案。

（9）偿付的优先级和可观察性

在资产证券化存续期，为了避免投资者面临不可预期的偿付风险，在任何情况下对所有负债的偿付优先级应该在证券化发行时就明确规定，并拥有合适的法律可执行性。

在整个资产证券化存续期，或是针对同一资产池的多重证券化情况下，次级持有人所拥有的偿付优先级始终都应该低于优先级持有人。证券化的偿付结构不可以设计为反向的现金流瀑布，即不可在到期偿付时先偿付次级持有人后偿付优先级持有人。

任何会触发资产证券化的现金流、偿付计划或偿付优先级更改的事项都应当在发行文件和投资者报告中充分、清晰地披露，同时在投资者报告中清晰地指出触发的情况，纠偏的能力，以及触发的后果。投资者报告中应当包含信息，使得投资者可以监测到触发指标随着时间的变动。在偿还日期间的所有触发情况应该根据交易合同的条款和条件及时向投资者进行披露。

有循环期特征的资产证券化应该包括有关提前摊销事件或是循环期终止触发因素的条款，包括但不限于：

a. 标的资产信用恶化；

b. 无法获得相同信用质量的新的标的资产；

c. 发起机构或中介服务机构出现破产相关事宜。

在一些与业绩表现相关的触发因素发生后，例如发生违约事件后，证券化产品的头寸应当按照偿付优先级顺序依次偿还，此外，不应该有要求将标的资产按照市场价值立刻变现的条款。

发起机构或发行人应该在资产证券化定价前后持续向投资者披露负债的现金流模型以及资产证券化现金流瀑布的相关条款信息。

有关标的资产债务人违规、违约或债务人重组的政策、程序、定义和补救措施都应该有清晰和持续的条款规定，便于投资者持续清楚地识别债务豁免、延期、重组和其他资产业绩补救措施。

（10）投票权和执行权

为了确保资产证券化持有人对其控制和执行的标的债权或应收账款的权利和能力明晰，即使当发起机构或发行人破产时，所有与信用债权或应收账款相关的投票权和执行权都应该转移给证券化资产。投资者对证券化产品的权利应该清晰界定，包括优先级和次级持有人的权利。

（11）文档信息披露和法律审核

为了帮助投资者在投资前完整地理解资产证券化的条款、条件、法律和商业信息，确保对所有项目和发行的信息披露清晰和有效，应该在定价前的合理时间点或是法律允许时，向投资者提供足够的关于发行的文档，例如关于法律和商业的信息以及综合风险因素等，并持续向现有投资者和潜在投资者披露。在发行截止期后，应该形成最终的发行文档以及所有相关交易的文档，并且要以便于投资者发现、理解和运用相关信息的方式编写。

资产证券化的相关条款和文档应该由合适的富有经验的独立第三方法律机构审核，例如由交易一方（托管人或安排人）指定的法律顾问担当。当这些文档的变化可能对资产证券化的结构性风险产生影响时，应该及时告知投资者。

（12）利益的一致性

为了使负责承销信用债权或应收账款的机构与投资者利益一致，发起机构或发行人应该保留一定的净敞口，并在证券化后体现与资产业绩表现相关的激励机制。

3. 受托机构和中介机构风险

（13）受托责任和合约责任

为了确保中介机构拥有足够的工作专业性，具有丰富的法律和抵押方面的知识以及控制损失的能力，这些机构要有一个专业的管理团队，充分体现其服务标的资产的专业性。服务机构应始终秉持公正、谨慎的原则，其制定的政策、程序和风险管理控制应该记录在案，并符合业内良好实践和相关监管要求，同时需要拥有强大的系统和报告能力。

受托机构应该始终维护资产支持证券持有人的利益，在首次发行的文件和工作底稿中都应该包含受托人根据相关适用法律条款及时解决不同层级持有人利益冲突的条款。受托机构应该能够证明其拥有足够的能力和资源来履行责任。

为了提升受托机构和中介机构及时完整履约的可能性，薪酬激励应当与其履职尽责的情况相挂钩。

（14）对投资者的透明度

为了给投资者提供充分的透明度，帮助投资者进行尽职调查，避免投资者遭受现金流回收以及关键交易方履职尽责的意外中断，所有受托机构和中介服务机构的责任应当在初始发行文件和工作底稿中清晰界定。当资产证券化的任意一方出现破产、业绩表现不佳或其他信用受损的情况需要更换中介服务机构、托管银行、衍生品交易对手以及清算方时，应该在相关条款中予以记录。

为了增强对收入、支出和分类账目的透明度和可视性，提供给投资者的业绩报告应该披露资产证券化以及收入和支出，例如偿还本金、赎回本金、偿还利息、预付本金、应付利息和费用、拖欠、债务违约和重组等，包括准确的本金和利息会计账户金额。

三、银行表外业务监管的国际经验

20 世纪 80 年代以来，随着金融市场的快速发展，金融工具的不断创新，国外商业银行的表外业务得到迅猛发展，成为商业银行收入的重要来源之一。但商业银行表外业务存在信用风险、市场风险、流动性风险、操作风险、缺乏有效的信息披露等固有风险点，特别是在 2008 年金融危机后，国际监管部门采取了一系列监管措施加强对表外业务的控制和管理。

（一）巴塞尔委员会对表外业务的监管要求

国际上对表外业务的监管主要以巴塞尔委员会的监管准则为指导。巴塞尔协议的产生主要因为全球范围内的金融创新和金融自由化，导致金融风险的传染性日益加剧，加之各国监管标准的差异化明显，急需一个国际统一的监管标准的出现。自 1975 年成立之后，巴塞尔委员会在表外业务监管方面陆续推出了一系列重要的银行监管规定，主要集中于表外业务的资本监管、流动性风险、信息披露、风险评估等方面，强调了表外业务是银行业风险的重要部分，以及加强表外业务的风险管理的重要性。同时，各国监管部门也积极响应，对表外业务的监管提出了各类要求。

1. 资本监管方面

1988 年推出的《巴塞尔协议Ⅰ》确定了风险加权制，即根据不同资产的风险程度确定相应的风险权重，计算加权风险资产总额，并强调将表内及表外资产均计入风险资产的考虑范围。针对表外项目，《巴塞尔协议Ⅰ》确定了 1～100 四个档次的信用转换系数区别不同风险级别资产的不同权重，以此再和资产负债表内与该项业务对应项目的风险权数相乘，作为表外项目的风险权数；同时规定资本充足率应不低于8%，核心资本部分不低于4%。

《巴塞尔协议Ⅱ》再次强调了最低资本要求作为第一大支柱，对提高金融体系的安全性和稳健性有重要意义。新资本协议虽然没有对最低资本充足率提出新的要求，但在原有的信用风险和市场风险的基础上进一步引入了操作风险，并根据银行风险管理水平提供了多种风险计量的方案，具有更高的全面性和针对性。

2010 年出台的《巴塞尔协议Ⅲ》作为全球银行业的资本新规，对商业银行资本提出了更严格、更全面的要求，同时强调了表外业务的宏观审慎监管原则，确立了微观审慎和宏观审慎相结合的金融监管模式。一是改进资本充足率的计算方法。首先，严格资本定义，从之前的两级分类修改为核心一级资本、其他一级资本以及二级资本三类；其次，优化风险加权资产的计算方法，主要包括进一步扩大资本覆盖的风险范围，采用差异化的信用风险权重方法，以及明确操作风险的资本要求；最后，鉴于2008年金融危机暴露出的表内外风险未能及时捕捉、衍生品相关产品风险巨大等问题，提高交易性业务、资产证券化业务、场外衍生品交易等复杂金融工具的风险权重。二是上调一级资本充足率下限，由之前的4%上调至6%，核心一级资本部分由2%提高到4.5%，资本充足率维持8%不变。三是在原有的资本要求基础上，增设总额不低于银行风险资产2.5%的留存超额资本、0~2.5%的逆周期超额资本以及1%的系统重要性银行的附加资本要求。根据新要求，正常条件下系统重要性银行和非系统重要性银行的资本充足率分别将达到不低于11.5%和10.5%，当出现系统性的信贷过快增长时，商业银行需要计提逆周期超额资本，进一步提高资本充足率，保证资产、资本质量。四是引入杠杆率补充风险资本要求，建立杠杆率监管标准。银行体系表内外杠杆率过度积累是造成2008年金融危机恶化的原因之一，同时造成了资产质量的恶化和流动性不足等问题，巴塞尔委员会在《巴塞尔协议Ⅲ》中规定一级资本占调整后表内外资产余额比例不低于3%，且某些表外项目将适用100%的信用风险转换系数。作为资本充足率的补充，杠杆率被纳入第一支柱，有助于控制杠杆率的过度积累，防控资本风险。五是提高对表外业务宏观审慎监管的重视，要求将跨账户、跨条线、跨风险的内部控制机制落实到表外业务管理之中。另外值得借鉴的是，《巴塞尔协议Ⅲ》对新资本监管要求设置了合理的、差异化的过渡期安排，即自2012年1月1日正式执行起，系统重要性银行和非系统重要性银行分别有2年和5年的过渡期用于满足协议对资本充足率和杠杆率方面的要求。

2. 流动性风险方面

巴塞尔委员会在提高资本监管要求之外，提出建立稳健的流动性基础对于稳定银行体系有着不可或缺的意义。由于在 2008 年金融危机中，很多具有充足资本的银行依然面临了流动性困难，表明市场良好、流动性充裕的情况下，银行和监管部门对流动性风险的管理未给予足够的重视，但是危机中流动性快速蒸发且恢复能力较弱，给金融市场的稳定造成了极大的负面影响。所以，在 2008 年巴塞尔委员会发布了《稳健的流动性风险管理与监管的原则》（以下简称《原则》），对流动性风险管理提出了具体的指导；之后又在《巴塞尔协议Ⅲ》中，引入两个流动性最低标准，进一步完善了流动性框架。

《原则》在总结 2008 年金融危机教训的基础上，对银行流动性风险的管理提出了 17 条原则，对银行和监管部门都提出了具体的要求。对银行方面，《原则》提出银行应建立有效的、统一的流动性风险管理框架，保持充足的流动性以及高质量的资产用于处理紧急事件的发生；过程中，银行董事会及高层负有流动性管理的职责，需在策略和政策方面根据风险承受能力管理流动性风险；银行应充分运用现金流预测、流动性压力测试等手段严格流动性风险管理等。对监管部门方面，《原则》提出监管当局应定期对银行风险管理框架和流动性情况进行评估，对于其中的不足应及时进行干预，要求银行采取有效措施进行改正；同时，《原则》提出各国监管部门应加强与中央银行和国内外其他监管部门的合作，更加有效地推动流动性风险管理的质量和效率。《原则》中对表外业务的具体要求主要包括：要求高级管理层在对所有重大表外业务进行内部定价、绩效考核和新产品审批的过程中应考虑流动性风险、成本和收益；要求银行应严格评估表内外每一项目主要头寸，评估所有可能导致流动性短缺的风险，控制其对流动性可能造成的影响；要求银行利用计量工具，识别正常情况和压力情形下表外业务和衍生品业务的现金流是否充足，同时，充分考虑金融衍生品合约周期内可能引发的现金流波动，以及合约规定的额外担保品潜在要求等。

作为《原则》的补充，《巴塞尔协议Ⅲ》又提出了两个流动性最低标准。流动性覆盖比率（LCR）衡量商业银行未来30天内，在压力情形下高流动性资产应对资金流失的能力，确保银行短期内有足够的高质量资产应对流动性风险；净稳定资金比率（NSFR）衡量商业银行未来1年内，用稳定资金发展各项业务的能力，目的为解决银行流动性错配的问题，提高银行资金的稳定性。除此之外，《巴塞尔协议Ⅲ》还建立了流动性比例、流动性缺口率、存贷比以及核心负债依存度等指标，形成了全方面、多维度的流动性风险管理体系。

3. 信息披露方面

巴塞尔委员会强调披露具有非常高的重要性，有利于将银行风险充分告知市场参与者，提高市场纪律性。此外，由于表外业务不反映在资产负债表中，所以风险识别更加困难，不利于投资者和监管部门判断表外交易风险，对表外业务的信息披露是有效防范风险的监管手段。

《巴塞尔协议Ⅱ》已经提出市场约束作为第三支柱对监管和防范风险具有重要的作用，并针对披露的方法和要求提出了指导性意见。一是披露要注意恰当性。新资本协议提出，各国监管当局应根据法律权限和信息缺失程度，选择合适的方法要求银行披露，例如一般性的劝说、批评或处罚，或是特殊性的制裁措施，如禁止采用低风险权数计算资本充足率等。二是对披露信息的重要性给出了明确定义。新资本协议规定，凡是信息缺失或虚假会对信息使用者作出决策产生影响的信息都属于重要信息，因此应严格披露衍生品交易活动的详细内容、风险管理方法，加强表外业务的信息披露。三是在披露频率方面，新资本协议也做出了相应的要求。通常情况下，披露应该每半年进行一次，但考虑到风险敏感度和资本市场披露频率日益增加的趋势，新资本协议适当提高了部分情况下的披露频率，如要求国际活跃大行及其分支机构应按季度披露一级资本充足率，对于风险暴露或其他项目的信息变化较快的情况，银行也应按季度披露相关信息。四是确定了定性和定量相配合的信息披露要求。新资本协议对资本中的资本结构和资本充足率，以及风险领域中的信用风险、市场风险、操作风险、银行账户利率风险和股权风险都做出了详细的定量和定性要求。例如，在信用风险方面，定性披露包括逾期及不良贷款的定义、准备金计提和统计的方法、信用风险管理政策等；定量披露包括信用风险暴露总额、风险暴露地域分布、贷款损失准备变化调整等。《巴塞尔协议Ⅲ》在《巴塞尔协议Ⅱ》的基础上，对信息披露提出了新要求，要求进一步提高资本基础的透明度，并对披露的项目做出了更加详细的说明。此外《原则》也提出了银行应定期公开披露流动性风险管理情况的要求，包括管理组织架构、流动性头寸以及其他定性信息，使市场参与者可以更好地对银行的流动性管理情况作出判断。

4. 风险评估方面

如上文中所阐述，巴塞尔委员会通过多次补充更新，将信用风险、市场风险、操作风险、流动性风险等纳入资本监管的范畴，并提供了多元化的计算评估方法，允许银行和监管当局根据各地金融市场的发展现状做出合适的选择；同时提出应高度重视表外业务、金融衍生工具的风险暴露，降低其在银行之间传染效应。《巴塞尔协议Ⅲ》进一步提出扩大风险的覆盖范围，强化了对交易对手信用风险的资本监管，提高了对交易账户和复杂资产证券化风险暴露的资本要求。

（二）国际主要国家或地区对表外业务的监管要求

美国监管当局非常重视表外业务信息披露的重要性。例如，风险评估方面，美国监管部门要求，银行的风险评估应覆盖表外业务，对表外业务的管理情况、风险控制、资本质量、违约风险等方面都应做出详细的评估。1994 年美国加强了对个人消费金融业务风险控制，要求银行非存款投资产品书面说明其销售过程中的风险及内控措施，帮助客户更好地了解产品存在的风险。针对此要求，美国花旗银行于 2010 年颁布了投资产品零售政策和标准，并成立了专门的投资产品风险管理部门对此进行管理和更新。在贸易融资和服务领域，该行表外业务主要为传统信用证、保函等产品，并以债权人为主体考核资本回报率和信贷风险；此外，对于一定规模以上的业务，需由全球业务审委会的方式进行事前审批，严格控制风险，确保价格和结构的统一。信息披露方面，美国监管机构要求美国商业银行必须披露表外业务的具体情况，并且每季度向金融当局报告表外业务的规模，不仅要将某些表外业务在资产负债表中反映，未纳入的也需要另外做详细的披露。

英国监管部门虽然没有在风险评估中区分表内表外业务，但也提出了应严格把控表外业务可能对银行流动性产生的影响，在进行正常和压力测试时，必须将表外业务对现金流的影响考虑进去，确保流动性风险管理的全面性。英国汇丰银行对金融衍生品业务设立了一套内部控制机制。首先，新业务的推出需要全行各部门审批提案，并经新产品委员会了解产品复杂程度和风险后，根据银行的战略方向和风险偏好决定是否推出。其次，在日常管理中，汇丰银行对衍生产品业务采取前、中、后台职责分离管理架构，使业务运营和风险控制相互分离、互相监督；同时，对环球市场部暴露的市场风险进行每日监测，时刻关注超限额情况的发生。最后，该行通过压力测试等方式，充分了解潜在风险和银行抵御风险的能力。在信息披露方面，英国监管部门要求银行对表外业务风险暴露、银行采取的风险管理措施，以及对表外工具风险和价值的评估方法做出详细披露。

香港金融管理局 2016 年在《监管政策手册》中更新并发布了"稳健的流动性风险管理制度及管控措施"（以下简称"措施"），对流动性风险管理作出了详尽的规定。首先，"措施"强调了董事局、高级管理层和独立审核对于流动性管理的重要性；其次，"措施"规定了流动性风险的识别、计量、监控及管控的方式，提出重视以现金流方法管理流动性风险、即日流动性管理、集团内部流动性管理、抵押品的管理、外币流动性和分散资金来源及进入市场的管理，强调充分运用压力测试，识别在受压情况下的潜在流动性压力来源及影响；最后，"措施"提出了维持流动性缓冲和制订应急融资计划的要求，强调足够的无产权负担的流动资产是抵御流动性压力能力的关键因素，以及正式的应急融资计划对处理紧急情况的重要性。香港恒生银行对表外业务的内部控制机制部分体现在对流动性风险管理之中。首先，恒生银行将准确地识别和计量流动性风险作为流动性风险管理的基础，通过额度管控及管理信息系统的辅助，对现金流可能出现的缺口进行监控；其次，该行要求现金流的预测应覆盖所有银行主要业务和活动，兼顾表内表外交易对流动性的影响；最后，通过流动性管理程序和应急预案，保证银行具备管理现金流及资金来源以及应对突发事项的能力。

2009 年 G20 匹兹堡峰会中与会各国呼吁对场外衍生品进行具体改革，以规范场外衍生品市场，并就集中清算、电子交易数据库以及向交易信息储蓄机关报告事项达成一致意见。2011 年 G20 戛纳峰会上又提出了对未通过中央清算的场外衍生产品实施保证金制度。对此，新加坡金管局实施了场外交易改革规则，包括针对非标准化的场外衍生产品的交易报告存储、资本计提和保证金要求等。同时，新加坡银行也对表外业务进行了管控。例如，新加坡星展银行加强了对外汇产品的管理，首先，要求在交易执行前应通过银行交易平台和风险系统执行实时信用额度检查，并及时确认交易明细，严防操作风险；其次，充分利用 VaR 风险价值模型，同时进行市场偏离检查并标记超出每日高/低交易范围之外执行的交易，加强对市场风险的管控；最后，采用独立的汇率来源和验证模型确保估值的客观性和准确性。

（三）监管后评价的意义

1997 年亚洲金融危机表明，在经济与金融全球化的背景下，一国金融体系的稳定影响着一国乃至全球各国宏观经济的稳健性。国际货币基金组织（IMF）和世界银行于 1999 年 5 月联合推出了金融部门评估规划（FSAP）（世界银行仅对发展中国家和新兴经济体进行评估），主要目的是评估成员经济体的金融体系发展程度和稳健性，推广良好的监管治理实践，提高应对金融危机的能力。2009 年至 2011 年，中国接受了首次 FSAP 评估，根据国际货币基金组织对系统重要性经济体每五年开展一次更新评估的要求，2016 年 10 月起，我国接受了 FSAP 更新评估，并于 2017 年 12 月顺利完成，成果报告对我国金融监管体系给予了积极评价。

FSAP 评估在评价银行监管机构的治理水平方面进行了具有借鉴性意义的探索，推进了金融改革和发展。FSAP 不仅对银行及其他金融部门的稳健性进行审查，而且对监管部门是否能够有效应对系统性风险和压力情形进行评估；同时，FSAP 也将金融部门的发展情况纳入评估重点，包括法律建设、基础设施建设、发展阻力、对经济增长和发展的贡献等。监管后评价在日常监管的基础上评价金融部门的整体稳定性，给金融业健康发展加上了双保险，有利于掌握各国金融风险状况，防范金融风险，维护金融稳定。

经过不断的探索和修正，国际上对表外业务的监管逐渐成熟，主要体现在对资本的监管、流动性的管理、充分的信息披露以及对风险进行全面的评估，我国监管部门应充分借鉴巴塞尔协议中提出的指标要求、计算方式、披露方法等，强化对表外业务的监管，并根据市场变化及时更新监管要求，保证监管的有效性。同时，各个国家监管部门立足于不同国家金融市场的特殊性，推出了更加具有针对性的监管要求，我国亦可立足于中国金融市场发展的现状提出更加具有针对性的规定，更有力地控制表外业务的风险。

尽管国际组织及各国监管部门对表外业务的监管进行了不断的探索和尝试，各大银行也通过制度建设、专业部门设置、风险系统建立等方式加强对表外业务的监管，表外业务的风险依然不能忽视。"次贷危机"中，表外业务的风险隐患迅速展现，其高杠杆的特点造成了风险和损失的过度积累。尽管利用部分金融产品可以实现风险分散的效果，但同时也意味着风险的牵涉面更广，金融交叉风险穿透性更强，增加了系统风险，造成金融冲击可以轻松涉及整个银行系统、金融体系和实体经济。此外，危机之前的监管要求未能够有效地捕捉表内外及衍生交易相关的风险，及时控制风险。所以，当基础资产问题逐渐显现后，既有的监督管理措施依然没有能够控制住交叉性风险的穿透和蔓延，危机从中心地区逐渐扩散到全球金融市场。因此，我国金融监管部门应时刻保持警醒，在主动借鉴国际表外业务的成功经验的同时，还应吸取金融危机中监管失败的教训，逐渐探索一条适合我国金融市场的表外业务监管道路。

四、金融科技风险监管的国际新要求

近年来，金融科技（FinTech）的发展在全球范围内备受瞩目，由于该行业仍处于初期阶段，且各国发展情况差异显著，金融科技这一概念尚无统一规范的定义。根据金融稳定理事会（Financial Stability Board，FSB）的初步定义，金融科技是"技术带来的金融创新，它能够产生新的商业模式、应用、过程或产品，从而对金融市场、金融机构或金融服务的提供方式产生重大影响"。目前全球对金融科技的监管尚无统一标准，但各监管部门和标准制定机构已制定了风险评估框架，确立了监管的基本原则和行动建议，具有指导意义。

二十国集团（G20）财长和央行行长会议于 2016 年 7 月通过了《G20 数字普惠金融高级原则》（*G20 High - Level Principles for Digital Financial Inclusion*），其中，在构建恰当的监管框架方面提出了以下六项行动建议。一是构建一个数字普惠金融法律框架，规定市场参与门槛、合适的审慎性条件、市场行为和诚信、消费者保护、反洗钱/反恐怖融资保障机制和破产机制等。二是允许创新尝试。在试验性项目开展早期不需完全遵守所有的监管要求，但必须确保公平、均衡的监督机制和与国际标准接轨的反洗钱/反恐怖融资的义务要求，并确保没有参与者在试点中获得不当的优势。三是确保公平。遵循技术中立原则，对同样类型的数字金融服务提供商保持监管标准的一致性。完善以风险为导向的适当的监管方法，促成公平、开放、平衡的竞争环境。四是完善法律。包括评估现有法律中所有有关数字普惠金融内容，制定简单易懂的数字普惠金融法律、法规和指引，并对监管者的职责有清晰描述。五是提升监管能力，使监管者能更好地理解数字技术，并鼓励根据需要利用数字技术改进他们的监管流程和能力。六是强化国际监管交流。在G20 成员之间建立可持续的关于数字普惠金融法律和监管框架、监管方法的定期交流和信息交换机制。

欧洲银行管理局（European Banking Authority，EBA）2017 年 6 月15 日发布报告，呼应欧盟金融科技监管立法建议，并系统阐述了 EBA对于金融科技监管的立场与举措。EBA 认为，欧盟在金融科技领域的修法在短期应明确监管原则，修订反洗钱法规，整合对金融机构使用云服务的监管要求；中期应完善金融消费者数据保护的相关法规，解决对金融科技机构的不同监管中的监管套利问题；未来可根据人工智能在金融业的运用情况再考虑是否进行法规调整。

金融稳定理事会（Financial Stability Board，FSB）于 2017 年 6 月 27日发布研究报告《金融科技对金融稳定的影响及监管关注事项》，指出金融科技对金融稳定的负面影响包括微观层面和宏观层面的金融风险，并明确了风险的传导路径。微观层面的金融风险是指那些使特定的企业、金融市场基础设施或行业遭受冲击的风险。微观层面金融风险的集聚可能会对关键服务的提供、系统重要性市场或交易对手产生影响，进而对整个金融稳定产生系统性冲击。如表 12 - 2 所示。

表 12 - 2　　　　　　　　　　　微观金融风险

潜在风险	传导路径
财务因素	
期限错配	贷款期限长于融资期限时会发生展期风险，如果涉及关键金融业务和服务，还可能引发系统性风险。网络贷款往往存在期限错配
流动性错配	资产和负债具有不同流动性时会产生"挤兑风险"，处理流动性相对较差的资产（贱卖）会扰乱市场。网络信贷平台一般不持有客户资金或将持有资金投资于流动性资产，平台本身并未进行流动性转换
杠杆	金融科技业务有时会涉及杠杆，如众筹平台借入资金为债券或股票发行临时持仓融资，或网贷平台使用自有资产为贷款提供融资。在遭受风险损失时，高杠杆意味着更低的损失吸收能力，并且使系统重要性的交易对手暴露于潜在的风险之中
操作因素	
治理和流程管理风险	金融科技发展初期通常游离在监管之外或者只受到较低标准的监管，随着其发展壮大，会对受监管的交易对手产生越来越大的影响。因此，管理如果不够完善，可能会导致金融服务和关键基础设施直接中断，引发风险
网络风险	网络攻击对整个金融体系的威胁日益严重，金融科技的广泛应用会扩大网络黑客可攻击的接入点。另外，金融科技使金融机构间的联系更为紧密，金融业务对网络攻击的敏感性也随之提高
第三方依赖风险	金融科技会增加金融体系对第三方的依赖，比如云计算服务仅由有限的第三方提供。对这些第三方的破坏会传导至整个金融体系，尤其当系统重要性机构或市场依赖于相同的第三方时，则有可能引发系统性风险
法律和监管风险	金融科技创新在一定程度上并未被现有的立法或监管覆盖。尤其当金融科技服务在发展或寻求监管套利时，法律和监管风险会更大。如果监管对风险损失的责任不能明确界定，则会对整个系统的信心造成危害
金融基础设施业务风险	一些新型金融基础设施，如支付和结算服务平台，常常由兼营科技和数据的企业提供，容易受到外界因素的影响，甚至导致金融服务的退出，削弱其作为基础设施的功能，引发风险

宏观金融风险通常指对金融体系造成冲击，从而增加金融不稳定发生概率的系统性风险，如表 12-3 所示。

表 12-3　　　　　　　　　　　宏观金融风险

潜在风险	传导路径
风险传染	声誉风险传染通常是金融科技面临的潜在风险，比如单个网贷平台出现问题可能被解释为整个行业存在问题。自动化和人工智能的使用缺乏人的监督，可能会成为新的、不可预测的金融市场传染源
顺周期性	金融科技使市场参与者采取行动的方式趋于一致，使市场呈现顺周期性的特征，在短期或长期内加剧金融体系的波动。比如，智能投顾的风险模型高度依赖类似的算法，相比传统投资组合方式更具有羊群效应，可能增加资产价格的波动幅度，进一步放大对金融体系的冲击
过度波动	许多金融科技设计的本质就是快速地对市场做出反应，这就意味着它可能造成或加剧金融系统的过度反应。现金归集系统的设计初衷是根据市场价格变化做出快速反应，促进银行现金的高效流动，这虽然为客户创造了更多的价值，但也可能因为反应过度而增加银行存款的波动性，增加银行的流动性风险，也会使金融体系对新闻信息过度敏感
系统重要性	金融科技的发展导致未来可能会出现高度关联的实体，成为系统重要性金融基础设施，如分布式技术可能在未来结算服务中发挥核心作用。因此会导致道德风险并放大风险。与其他服务提供商相比，具有系统重要性的机构更倾向于追逐超额利润，可能扼杀竞争（赢者通吃），降低了竞争者在这些机构遭遇困境时介入的可能性

FSB 提出了国际金融科技风险交叉性穿透监管的十个要点：一是管理第三方服务提供商的操作风险；二是缓解网络风险；三是监测宏观金融风险；四是跨境法律问题和监管安排；五是大数据分析的治理和披露框架；六是评估监管范围并及时更新；七是与私营部门共同学习；八是进一步拓宽公开沟通渠道；九是提升员工在新兴专业领域的能力；十是研究数字货币的政策方向。

美国国家经济委员会（National Economic Council）于 2017 年 1 月 13 日发布了《金融科技框架》白皮书。白皮书阐述了美国政府对于金融科技的六大政策目标：一是培育积极的金融服务创新和创业精神。二是促进安全、实惠和公平的融资。三是增强美国国内和海外的普惠金融和金融稳健，其中包括改进移居到发达国家的发展中国家人口的跨境支付问题。四是应对金融稳定性风险，包括在风险管理和监管中运用新技术。五是优化 21 世纪金融监管框架：首先，决策者和监管者必须去理解金融科技创新带来的好处和风险。其次，决策者和监管者必须强化与市场主体的交流合作。最后，在技术层面，决策者和监管者一要善用数据和信息系统，二要建立能适应行业快速变化的政策工具安排，三要学习外国政府或本国其他政府部门与金融科技业的互动方式，如英国和新加坡。六是保持国家竞争力，包括帮助美国金融科技公司出口产品和服务、推动跨境合作和投资环境优化等。

着眼于上述政策目标，白皮书还提出了决策者和监管者在评估金融科技生态系统时可遵循的十项原则：一是对金融生态系统给予广泛的思考；二是将消费者放在首位；三是促进安全的金融普惠和金融稳健；四是认识和克服潜在的技术偏见；五是最大限度地提高透明度；六是努力实现互操作性以及协调技术标准；七是所有的一切都必须建立在网络安全、数据安全和隐私保护的前提下；八是提高金融基础设施的效率和效能；九是维护金融稳定；十是继续并加强金融科技公司、金融机构和政府当局间的跨界接触。同样，这十大原则也可供金融科技企业以及其他相关主体参考，可用于检验某项金融科技产品或服务是否有助于建立一个健康的普惠金融体系。

巴塞尔委员会 2017 年 8 月 31 日就金融科技对银行业和监管者的影响这一问题发布了一份征求意见稿，即《有效实践：金融科技对银行业和监管者的影响（征求意见稿）》。巴塞尔委员会认为，对于银行而言，金融科技的关键风险在于战略风险、操作风险、网络风险和合规风险。这些风险存在于新的金融科技公司和传统银行业。巴塞尔委员会提出了十大监管建议：一是银行和监管当局应当确保银行体系安全稳健运行，尽量减少对于金融创新的抑制，不阻碍有益提高金融服务水平的创新，维护消费者权益。二是银行应当建立有效公司治理架构和风险管理体系，包括稳健的战略和业务规划、健全的新产品准入及变更流程、执行巴塞尔委员会《业务风险健全管理规则》（*principles for sound management of operational risk*）等，以识别、管理并监测扶持技术创新、采用新的商业模式以及由金融科技发展所采用的新系统等相关风险。三是银行应当确保其拥有有效的 IT 风险和其他风险管理流程，以应对新技术风险。四是银行应当确保对外包商的尽职调查、风险管理和持续监测程序，应当对外包商进行质量控制。五是银行业监管当局应当加强与其他监管者例如科技行为监管者、数据保护者、竞争管理当局和金融情报单位的合作，及时制定银行服务提供标准和监管目标。六是监管当局应当开展跨境协调与合作，以应对金融科技公司跨境业务的发展。七是银行业监管当局应当评估其人员配置和培训模式，以确保员工的知识、技能和监管工具在监督新技术和商业模式创新等方面继续有效。八是监管当局应当探索并挖掘新技术的潜力，以改进其监管的方法和流程。新的监管政策和做法应当在监管当局之间进行共享。九是监管当局应当审视其现行的监管、监督和准入框架，以适应技术创新和业务模式变化所带来的新风险。在现有的监管和司法管辖权内，监管当局应当考虑现有的监管框架是否能够维持适当的平衡，以确保金融系统的安全稳健，保护消费者权益，并降低新业务、新公司、新商业模式的准入门槛。十是监管当局之间应当加强沟通学习，并评估相同的方法是否有借鉴意义。

对策建议篇

　　本篇在前述篇章对交叉性金融风险和穿透式监管进行深入、细化分析的基础上，对监管理念、顶层设计、监管治理和构建穿透式监管体系提出对策建议。本篇既包括对国内最新监管理念和监管要求的梳理，对"双峰监管"在穿透监管视角下应用的系统性论述和实证研究，也包括构建应对交叉性金融风险的穿透式监管体系的一揽子建议。

第十三章　穿透监管视角下"双峰机构"竞争、协调与稳态的达成

　　随着我国金融深化的加剧，金融机构和金融业务的边界越来越模糊，分业监管的弊端也逐渐显现，如何提升监管效能越来越受到理论界和实务界的重视。"穿透监管"是近年来实现有效监管的重要手段，基于澳大利亚、荷兰等国家实行"双峰监管"，实现了在不同类监管机构间实施穿透，以及在国际经济危机中的出色表现，美英等西方发达国家纷纷基于本国国情进行了合理"嫁接"，该模式逐渐受到金融监管理论界的青睐。双峰模式本质上是监管主体打破监管壁垒，实现穿透的有益尝试，但如何处理好审慎监管机构和行为监管机构的监管竞争一直是理论界普遍讨论的焦点，本文引入生态学中经典的 Lotka – Volterra 模型进行分析论证，并通过 Chow 突变点检验进行实证检验。结果表明，在监管主体实现穿透的情形下，两类监管机构外部性作用水平是不对称的，监管机构应在政策协调方的指导下，弱化回报"对等意识"，增加政策协同性。

一、引言

　　近年来，随着金融深化的不断加剧，金融创新的步伐越来越快，各种新业态、新情况、新风险相互交织相互融合，特别是如何应对分业监

管模式下的交叉性金融风险，已成为监管机构提升履职效能的当务之急。以"实质重于形式"为核心理念的"穿透式监管"成为跨界金融业务监管的有效手段，依照监管主客体划分，穿透式监管亦有主体穿透和客体穿透，客体穿透即更加关注金融产品底层资产的真实投向，主体穿透即为监管主体完善监管体系，打破监管壁垒，有效整合监管资源。2008 年金融危机过后，行为监管（Business Conduct Regulation）被提到了与审慎监管（Prudential Supervision）相同的高度，其目标在于金融消费者与金融机构之间的交易公平。随着对金融危机期间监管效果的深入分析，不少学者认为，为实现对金融市场主体和金融产品的科学监管，首先要合理配置监管资源，特别是监管主体之间的竞争和冲突。随着金融一体化发展，如何实现有效监管在很大程度上取决于如何包容监管竞争，消弭监管冲突。

竞争和冲突在生物界中最为常见，通常表现为两个种群之间为满足自身发展需要适应自然选择，最后达到一种均衡状态。20 世纪 40 年代，美国生态学家 Lotka（1925）和意大利生物学家 Volterra（1926）在研究物种关系时发现了捕食者和饵料之间的种群数量关系趋势，奠定了种群竞争关系的理论基础，这种种群竞争关系方程对现代生态学发展产生了重大意义。随后，沿着 Lotka – Volterra 的研究思路，后辈学者又陆续研究了完全竞争、共生模型等。金融市场的理论基础可充分借鉴生态学的部分成果，抽象出共性部分，通过数理分析的方式进行理论研究分析，本文即对传统的 Lotka – Volterra 模型进行适当调整，研究金融监管部门的竞争合作关系。

二、相关文献回顾

（一）监管模式的四种形态

根据三十人集体（G30）的报告，从世界范围看金融监管模式大致可以分为四类，第一种是机构监管（Institutional Approach）。这种模式以机构的法律地位进行分类，法律形式重于经济实质，随着金融机构已不再从事单一属性金融活动，这种模式正面临严重监管压力。第二种是功能监管（Functional Approach）。此种模式监管视角取决于其业务类型不在于法律地位。监管者既对其审慎监管也进行行为监管，但这必须要求各业务类型足够清晰以便于监管。第三种是综合监管（Integrated Approach）。这种模式下存在一个全能型监管机构负责对所有金融部门的审慎监管和行为监管，在过去的二十年中这种模式非常受欢迎，由于英国的金融服务局（Financial Services Authority，FSA）最能体现该模式的特点，故又称为 FSA 模式。第四种是"双峰监管"（Twin Peaks Approach）。这种模式基于"目标为本"，将监管功能分为审慎监管和行为监管。在这种模式下，两种不同目的的监管目标被分置于不同监管机构。上述四种监管模式的有效性都受不同国家政治、经济多方面因素影响，不存在某一种模式能够"包打天下"（one size fits all）。

（二）监管竞争的两种观点

监管机构间的竞争是不可避免的，资本的逐利性和金融体系的开放性使得金融机构很难在某一体系发展保持始终不变，即使是最为严苛的分业监管体制，监管竞争都广泛存在。在混业监管模式下，无论银行机构是以何种形式展业，不同类型金融业务间的渗透使得监管竞争越发凸显。

1. 监管竞争的"积极论"

按照公共物品理论，金融监管是政府部门向社会提供公共服务产品，社会公众以纳税形式向政府购买监管服务，社会公众享有金融体系优质服务便是政府监管的产出，居民在不同金融领域内（银行、证券、保险等）进行金融投资选择，以"用脚投票"的方式对政府监管行为予以消费选择，类似于一般产品市场的消费选择行为，政府作为监管服务提供方也会存在危机感，不同监管部门在提供服务过程中的竞争会达到动态均衡，在这个均衡点上的监管服务是帕累托最优的，这种理论认为监管竞争具有积极意义，既带来了监管效率提升也能够实现监管创新。

依据"分权—制衡"理论，不同监管机构面对日益细分和复杂的专业化金融市场，多种监管机构肯定比寡头监管模式要高效，这既有利于提升监管效率，也可以较好地避免因"一刀切"而形成的监管失误。此外，单一监管机构可能因为不存在相互制衡而陷入"监管狂热"，不同监管机构间能够在协作中取长补短，提升各自监管有效性，类似于公共物品理论，此种理论亦认为监管竞争能够激发市场主体参与改革的热情。

2. 监管竞争的"消极论"

依据政府的行为"怪兽模型"（Leviathan Model）的观点，监管机构只是一个由很多官僚组成的经济实体，这些人在任期内的目的只是追求预算收入最大化。监管机构总是从自己的部门利益出发，尽可能地扩大自己的权力。此外，监管是有成本的，会给市场主体带来各种费用支出，若不对这种监管冲动加以约束，政府就会不断扩大监管职责边界，干扰市场的正常运行，增加被监管机构的经营压力，监管竞争的目的本质上就是多个监管部门在一种无序状态下的巧取豪夺。

监管机构很可能存在"竞次"现象（race to the bottom），当监管机构能够因其监管行为从被监管机构获益，或者政府部门对其预算资金投入是以被监管机构经营业绩衡量的，这种情况下的监管效果是很脆弱的。监管机构很可能为了提升被监管机构业绩而使自身获益，会在很大程度上降低监管标准以取悦被监管机构，最终损害投资者和社会公众利益。此外，在多部门监管竞争环境下，势必还可能存在"监管套利"（regulatory arbitrage），对开展相同金融业务的机构可能受到不同的监管，这势必会存在监管规则和理念以及执法标准上的差异，金融机构很可能从中找寻对自己最为有利的监管模式，使得监管失败。

（三）监管协调下的"双峰监管"

1933 年美国颁布《格拉斯—斯蒂格尔法案》（*Glass - Steagall
Act*, 1933），确立了商业银行和投资银行分离经营的原则，正式奠
定了分业经营的法理基础，在随后的几十年中分业经营模式在西方
国家广泛采用，与此相对应，监管机构分别对应银行、证券等，实
行一对一的贴身监管，以"守土有责，跨界不管"的原则进行机构
监管。但实际上，当金融机构的经营活动超越其"机构标签"（in-
stitutional labels）时，机构监管模式就难以维系了①，同时，这种监
管方式也会面临群龙无首的状态，缺少一个强力部门能够采取行动
缓解系统性风险。②

为打破不同监管者之间的监管鸿沟，强化金融部门间沟通交流，各
国政府不约而同地在强化监管机构之间的协调合作。有学者认为，为减
少现有监管方案的变动，在现有监管结构基础上设立联合监督委员会，
是一种替代完全统一监管的有效方式。这种委员会的首脑既可以由各
监管机构的主要负责人共同担任，也可以由财政部或者央行充任。委员
会可以设立一个论坛或者牵头会议进行各机构间的信息沟通和监管情
况通报，实现监管政策意图的事实。鉴于澳大利亚、荷兰等实行"双
峰监管"的国家在本轮金融危机中的表现，许多国家在金融监管体制
改革过程中均或多或少吸收了"双峰监管"的理念，2013 年美国财政
部在其蓝皮书中指出"双峰监管模式可能会是未来最理想的监管结
构"。

1995 年，美国学者迈克尔·泰勒（Michael Taylor）博士在《双峰
监管：新世纪的监管结构》一文中首次提出了"双峰监管"的概念。

---

① In practical terms, the Institutional Approach may be the most difficult to maintain given how
much financial services firms and products have evolved from their institutional labels—banking, insur-
ance, and securities.

② It also suffers from not having a single regulator that can mandate actions designed to mitigate
systemic risk.

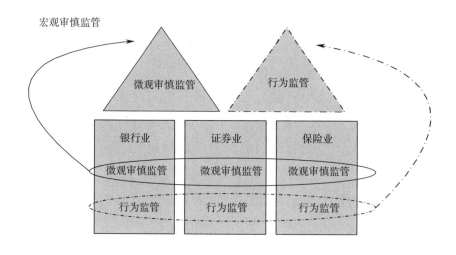

图 13 - 1　传统的"双峰监管"模式

他认为，金融监管应当存在两类目标：一类是通过审慎监管维护金融系统稳定，另一类则是通过行为监管来保护金融机构的合规运行和金融消费权益保护。这种观点将整个金融监管行为划分为目标清晰的"双峰"。基于此，应当将监管机构设置为两类相互独立机构：审慎监管机构和行为监管机构。由于目标不同，两类机构在监管理念、监管方式和人才选择上应当各有侧重，审慎监管需要具有宏观视野的金融专门人才，而行为监管需要具有某方面特长的会计师或者律师。由此可见，"双峰监管"不是将机构简单地合并重组，而是对原先监管体系重新整合。这种监管模式既可以弥补传统监管模式下的不足，又能进一步消除传统综合监管的弊病，让专业的人做专业的事。当然"双峰监管"也不能"包打天下"（one size fits all），两类监管目标的分治虽在一定程度上可消除监管空白和监管重叠，但两者的监管领域一致，监管竞争仍然是不可避免的。

三、"双峰监管"模式下改进的 Lotka – Volterra 模型

（一）理想状态下单机构监管效能方程

理想化的单机构监管效能方程是指数模型，记基期的监管效能值为 x_0，k 期后的效能水平为 x_k，设恒定的期增长率为 r，则 $x_0(1 + r)^k$。这个初等数学关系表明了若金融生态体系中只存在一个监管机构，且该机构的监管能力提升是呈指数增长状态的。为便于研究效能变化随时间的函数关系，不妨设时刻 t 的业绩指标为 $x(t)$，现实世界中这样的函数是离散的，为了便于研究，不妨假设 $x(t)$ 为连续、可微函数，并记初始时刻（$t = 0$）的效能为 x_0，同样设监管效能增长率为常数 r，则监管效能与时间的关系为 $dx/dt = rx$，在 $x(0) = x_0$ 的初始条件下解得该微分方程有 $x(t) = x_0 e^{rt}$。

在实施监管初期，监管效能的增长率可视为常数，但随着社会金融环境的日益完善，以及被监管机构的内生合规水平提升，监管效能的增长率随之减小。可见增长率不是固定常量，而是关于 x 和 t 的函数，即 $r = r(x,t)$，且 $dr/dx < 0$，为简化运算，假定 $r(x)$ 是 t 的线性函数，则 $r(x) = r - sx$（$r > 0, s > 0$），其中 r 为实施监管初期监管效能提升率。为确定 s 的值，引入理论上监管效能最大值 x_m，当 $x = x_m$ 时监管效能水平不再增长，即 $r(x_0) = 0$，则有 $s = r/x_m$，改进后的微分方程有如下形式：

$$\frac{dx}{dt} = rx\left(1 - \frac{x}{x_m}\right), x(0) = x_0$$

上述表达式中 rx 体现了监管措施实施后效能提升趋势，$(1 - x/x_m)$ 体现了效能提升的阻滞作用。解这个微分方程能够得到一般解：

$$x(t) = \frac{x_m}{1 + \left(\dfrac{x_m}{x_0} - 1\right)e^{-rt}}$$

该解即为理想状态下单机构监管效能方程，通过 Matlab 软件可简要地画出该函数图像。

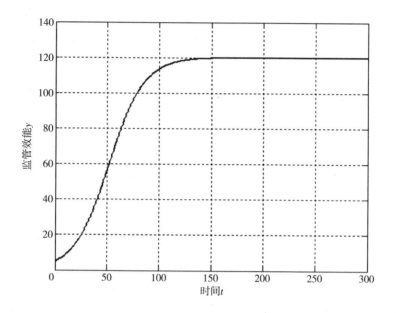

图 13 - 2　Logistic 方程曲线

上述方程表示阻滞增长模型，该模型最初是荷兰生物数学家 Verhulst 在 19 世纪中叶为描述人口和种群数量提出的，学术界称之为 Logistic 模型。笔者研究中发现在成熟金融市场下的监管效能提升也符合"S 形"发展趋势，即监管当局在实施了系列措施后监管效能在快速提升后应趋于一个极限值，该图形具有一般性意义。

（二）改进后的 Lotka - Volterra 模型

生态学中的 Lotka - Volterra 模型是研究捕食者和饵料之间的种群变化关系，假设捕食者有充足的食物供给，即有稳定的内禀增长率，饵料因遭受捕食使种群减少，种群减少影响对捕食者的食物供给，使捕食者种群数量减少，最终达到物种间的动态均衡。该模型可以抽象为

$$dx_i/dt = x_i\left(b_i + \sum_{j=1}^{n} a_{ij}x_j\right), x_i \geq 0, i = 1,2,\cdots,n$$

　　事实上，金融监管领域当存在两个或两个以上的监管者在同一金融市场中，也存在类似种群关系，但这种关系不是呈现捕食者与饵料之间的完全竞争关系。在"双峰监管"模式下，审慎监管机构和行为监管机构是相互促进的共生关系，故构建如下关系模型：

$$
\begin{cases}
\dfrac{dx_1}{dt} = r_1 x_1 \left(1 - \dfrac{x_1}{n_1} + \tau_1 \dfrac{x_2}{n_2} \right) \\[4mm]
\dfrac{dx_2}{dt} = r_2 x_2 \left(1 - \dfrac{x_2}{n_2} + \tau_2 \dfrac{x_1}{n_1} \right)
\end{cases}
$$

　　其中，x_1 和 x_2 分别表示两类监管机构的监管效能；r_1 和 r_2 分别为两类监管机构的效能提升增长率；因监管效能不可能无限增长，n_1 和 n_2 为两类监管机构在各自监管领域内的效能阈值；$(1 - x/n)$ 体现了效能增长阻滞作用。τ_1 为监管协调效应系数，即审慎监管机构效能提升对行为监管机构效能提升的倍数，因两类监管机构为相互促进关系，故该项前为 + 号。

　　（三）模型稳定性分析

　　依据微分方程解析理论，令上述方程组的右边为零，可得四个不动点解集：

$$
P_1(0,0); \quad P_2(n_1,0); \quad P_3(0,n_2);
$$

$$
P_4\left(\frac{n_1(1 + \tau_1)}{1 - \tau_1\tau_2}, \frac{n_2(1 + \tau_2)}{1 - \tau_1\tau_2} \right)
$$

　　由稳定性理论，构建该系统的雅可比（Jacobi）系数矩阵，可判定当且仅当 $\tau_1\tau_2 < 1$ 时，P_4 稳定，两类监管机构分别趋向非零有限值，否则不动点不稳定，两类监管机构效能分别趋向无穷，缺乏实际意义。

　　利用 Matlab 软件，基于 P_4 点的稳定条件，可计算上述微分方程组的数值解，并画出相轨线曲线，可直观反映空间曲面在时间平面上的投影。

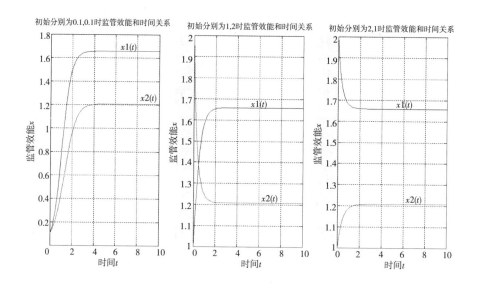

图13-3 各初始状态下监管效能和时间关系

由图13-3可知,在初始值(0.1,0.1)、(1,2)和(2,1)下,随着时间 t 的增加,两类机构的监管效能水平分别会趋向于各自的稳定值,且保持不变。在左图中,当初始值为(0.1,0.1)时,无论从事审慎监管机构还是行为监管机构,监管效能水平都相对较低,随着时间推移,两类监管机构的效能都在逐步提升,并分别趋于监管均衡值。在中图中,当初始值为(1,2)时,审慎监管机构(或行为监管机构)处于较高的监管效能,而行为监管机构(或审慎监管机构)相对效能水平较弱,随着时间增加,两者沿着相反趋势协同发展,同样趋于各自的监管绩效值。在右图中,当初始值为(2,1)时,两类机构监管效能发展趋势和中图原理类似。由此可见,无论初始值在什么位置,随着时间推移,两类监管机构的监管效能终将收敛于各自的稳定值,达成稳态。

在图13-4的相平面分析中,表征两类监管机构初始监管效能水平的三个初始值(粗圆点标记),分别落在由相轨线将平面分割的三块区域中,随着时间变化,三个点终收敛于一点(三角点标记),该点即为分业监管下审慎监管机构和行为监管机构的稳态。

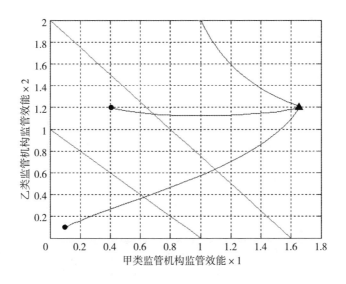

图 13-4　两类监管机构效能趋势相平面分析

在上述的稳定性分析中，只有满足 $\tau_1\tau_2 < 1$ 时 P_4 才能构成稳定点。由于 $\tau_1 > 0, \tau_2 > 0$，故而 $\tau_1 < 1/\tau_2$ 或者 $\tau_2 < 1/\tau_1$，说明在同一金融环境中的两类监管主体欲达到监管效能稳态，一类监管机构对另一类监管机构的贡献率应小于受到监管贡献率的倒数，故而两类监管机构在监管获益中处于不对称状态，需要一类监管机构有"宽容"之心，允许另一类机构机构收益更多。这也正好解释了此轮金融危机后美国和英国对传统"双峰监管"模式加以改进。如美国的"伞 + 双峰"监管模式。由美联储充当"伞 + 双峰"的骨架，审慎监管局和行为监管局充当"双峰"来执行其目标性监管执行，主要是由美联储（FR）帮助监管机构能够进行"宽容"合作。金融危机后，英国启动了两轮金融监管体制改革，2012 年的《金融服务法案》（*Financial Service Act*, 2012），将原"金融服务局"（FSA）拆分为负责微观审慎监管的"审慎监管局"（PRA）和负责行为监管的"行为监管局"（FCA），完成了从综合监管到双峰监管的转变。2015 年 10 月提出修改《英国金融服务法 2012》，将金融审慎监管局吸收进英格兰银行，成为"金融审慎委员

会"（Prudential Regulation Committee），不再作为独立的组织，也能帮助审慎监管类机构培养"大局意识"。

四、实证分析

为研究我国银行监管效能的动态趋势，本文采用 Chow 突变点检验银行监管效能变化对银行经营绩效的改变，该检验的思路是将原数据分为两个集合，通过检验整体估计与分组估计的差异，判断模型稳定性，当两个集合有较大差异时，说明模型在该点出现了突变，表征宏观形势发生改变。

本文认为，金融监管能够影响银行自身发展水平，最能反映银行发展水平的指标是可比经济增加值（EVA/亿元），影响该值水平高低的因素包括银行的总资产规模（ASSET/万亿元），不良贷款率（NPL/%），银行业同业拆借利率（SHIBOR/%），利润总额（PI/亿元）。

构建模型：$EVA = C + \alpha ASSET + \beta NPL + \delta PI + \mu$

从中宏经济数据库和商业银行监管统计指标中取得 1996—2016 年的数据进行分析，由于不同解释变量之间的量纲不同，为更好地表征数据趋势，通过如下公式对数据进行归一化处理。

$$x' = \frac{x - \min X}{\max X - \min X}$$

通过计量经济学软件 Eviews 6.0，可得到如下回归方程：

$$\widehat{EVA} = 0.0123 + 0.2387ASSET - 0.4476NPL + 0.1980PI + 0.0768$$
$$\quad\quad\quad (12.55) \quad\quad\quad (-24.67) \quad\quad (18.99)$$

$R^2 = 0.9874 \quad \overline{R^2} = 0.9929 \quad D.W. = 1.9126$

在 2013 年时间点进行突变点检验。

H_0：样本以 2013 年为界分成的两个子样本回归系数无显著变化；

H_1：样本以 2013 年为界分成的两个子样本回归系数有显著变化。

构造 F 统计量：

$$F = \frac{[RSS_N - (RSS_{n1} + RSS_{n2})]}{(RSS_{n1} + RSS_{n2})/(N - 2k - 2)} - F(k - 1, N - 2k - 2)$$

利用 Eviews 6.0 在 2013 年进行 Chow 突变点检验结果如下：

Chow Breakpoint Test：2013			
Null Hypothesis：No breaks at specified breakpoints			
Varying regressors：All equation variables			
Equation Sample：1996—2016			
F – statistic	16. 43198	Prob. F（4，13）	0. 0227
Log likelihood ratio	7. 593012	Prob. Chi – Square（4）	0. 0421
Wald Statistic	15. 572792	Prob. Chi – Square（4）	0. 0303

上述实证数据结果说明，由于 F 值的伴随概率 $P < 5\%$，说明有大于 95% 的概率能够保证我国银行业发展水平在 2013 年发生了突变。本文认为，2013 年由于市场流动性紧张造成银行经济增加值发生减损，而银行业流动性紧张很大程度上由于商业银行违规开展各种同业业务进行监管套利，未受到有效监管的资金跨市场跨部门套利造成系统性风险，不同监管机构需要在监管协作中提升整体金融监管效能。

五、政策性建议

（一）制定适合新时代发展的金融监管框架体系

我国尚未建成明晰的金融监管框架体系，运行中的监管法律带有鲜明的"机构监管"烙印，监管主体间实施穿透更多集中在实践层面。对单类型机构的宏观审慎、微观审慎以及行为监管的要求散见于《银行业监督管理法》《商业银行法》《保险法》《证券法》《证券投资基金法》等法律中，即使《中国人民银行法》也是以央行履职为主线，欠缺具有较高层次的赋予其宏观审慎管理职责的条款，这种各自为政的监管文本，缺乏内在统一的监管逻辑和监管准则。在交叉性金融业务不断做大的背景下，亟待制定具有监管框架基石性质的《金融业监督管理法》，该法律应将建立具有中国特色的"双峰监管"体系作为核心监管精神，明确宏观审慎管理、微观审慎监管、行为监管的实施机构、监管目标及要求，并对各监管机构的"一致行动"和"相机抉择"作出明确要求，为内在统一的监管实践奠定法律基础。

（二）明确各类监管机构的履职目标

从上文模型推导和实证分析可知，随着金融跨界不断加强，"九龙治水"式的监管模式很难实现真正意义上的监管穿透，给市场主体提供了诸多监管套利机会。在第五次全国金融工作会议上，中央作出重大决策，决定成立"国务院金融稳定发展委员会"。对此本文建议，该委员会应主要承担宏观审慎管理职责，宏观审慎管理应当站在更加超然的地位维护金融安全网的稳健和审慎，既需关注宏观审慎的金融稳定方向，又要关注微观审慎的政策制定和行为监管的有效性。在此之下的两类监管机构应当基于各自理念和职责开展监管实践，涉及单体机构稳健经营职责的应当由负责微观审慎监管的机构实施综合管理，涉及消费者权益保护职责的应当由承担行为监管的机构单独实施。在设置具体内设部门和职责划分时应基于目标导向，特别强调现阶段履职中存在的监管缺失，机构设置应在顶层设计上缓解监管缺失。此外，"国务院金融稳定发展委员会"不应该插手双峰机构的具体事务执行，即微观审慎和行为监管应当由相应机构独自执行，故"国务院金融稳定发展委员会"应当起到协调各监管部门的政策制定和政策执行，防止不同类别监管机构因为政策叠加或者政策对冲产生的监管不足或政策超调。

（三）平衡两类金融监管机构监管行为

目前在分业监管模式下，金融监管机构多数在从事微观监管活动，但从国内金融发展的大众化和网络化趋势来看，行为监管的重要性日益明显。从实效性来看，无论宏观审慎管理还是微观审慎监管都具有一定滞后性，只有等问题出现或危机爆发后才能有所行动。金融体系的试错成本较高，市场中各类创新型金融产品与市场的联系紧密，风险传染性和危害程度更强，应当强化行为监管的靶向作用，通过对金融机构行为管控提前介入违规行为防控。此外，基于上述模型分析，为实现审慎监管和行为监管两类机构监管效能的均衡，需满足 $\tau_1\tau_2 < 1$ 的条件，即两类监管机构正外部性的溢出作用是不平衡的，两类监管机构应当弱化回报"对称式回报"，增强政策协同性。同时"国务院金融稳定发展委员会"需具有足够的权威，一旦发现不同监管部门间存在不当竞争应立即协调纠正，使金融监管体系效能回归稳态。

（四）全面加强金融控股公司监管

随着我国国内金融发展步伐的不断加快，具有全牌照的金融控股公司已实质形成，我国目前的分业经营体制的格局将逐步加大品牌。应充分关注系统重要性金融机构的大而不能倒（too big to fail），"国务院金融稳定发展委员会"应加强与审慎管理机构和行为监管机构的沟通，制定前瞻性混业经营管理的顶层设计，在发挥宏观审慎管理职能的同时，要让微观审慎监管机构制订详尽的监管方案，行为监管要迅速跟进，打破不同监管部门的个体监管利益，强化金融管理部门间的政策耦合，实现系统性监管绩效综合提升。

第十四章　我国风险穿透
监管政策比较

随着金融创新工具不断推出，金融分业的界限越来越模糊，监管难度加大，原有的监管体系已不能满足金融新形势下发展的需要，穿透式监管孕育而出。本章从穿透式监管的起源谈起，从资产管理业务角度剖析我国穿透式监管发展及相关政策。

一、穿透原则的起源

20 世纪末，美国金融创新工具层出不穷，金融分业的界限越来越模糊，金融业务交叉愈加明显，原有的监管体系已不能满足金融新形势下发展的需要。功能性监管应时而出。

功能性金融监管（Functional Regulation）的概念最早由哈佛商学院罗伯特·默顿（Robert Merton）在 1993 年提出[①]，是指基于金融体系基本功能而设计的更具连续性和一致性，能实施跨产品、跨机构、跨市场协调的监管。其认为金融创新使得金融体系不断变化发展，金融机构不断突破其业务范围的市场边界，在机构监管理念下始终面临监管真空和监管套利问题，但金融体系承担支付清算、集中和分配资金、管理风

[①] Operation and Regulation in Financial Intermediation：A Functional Perspective. In P. Englund, ed. , Operation and Regulation of Financial Market, Stockholm：The Economic Council. 1993. 22 Robert C. Merton.

险、价格发现、降低信息搜寻成本等基本功能则保持不变，只要按照金融产品的功能和金融业务的性质，对于任何跨行业、跨市场金融产品和业务，都可以明确划分监管主体和确定监管规则，对不同类型金融机构的相同或类似业务实行统一的或相对统一的监管标准，避免监管重叠和监管真空，消除监管套利。

穿透式监管作为功能性监管的一种监管方法，解决了当金融业务或金融行为具有跨行业、跨市场交叉性特征时，特别是经过多个通道或多次层套时，如何判断其功能类型或行为类型，如何才能对其实施有效监管的难题。

穿透式监管要求透过金融产品的表面形态，把握金融业务和行为的实质，按照"实质重于形式"的原则甄别金融业务和行为的性质，根据产品功能、业务性质和法律属性明确监管主体和适用规则，对金融机构的业务和行为实施全流程监管，与功能性监管一脉相承。

金融领域穿透监管的概念最早体现在美国私募基金《1940 年投资公司法》（*Investment Company Act of* 1940）中 Sec. 3（c）（1）（A）条款。在满足一定条件下，穿透将持有证券之机构投资者的股权所有人计算为基金受益人，透过机构投资者的表象实际计算间接持有人的总数，打破成立公司或机构代持从而规避投资人数限制的表象。[1] 1996 年的《全国证券市场促进法》（*National Securities Market Improvement Act*）中的 Section209（a）（2）对穿透条款进行了修改，对于私募基金持有人个数的限定更加严格。[2]

---

① Investment Company Act of 1940, Sec. 3（c）（1）（A）Beneficial ownership by a company shall be deemed to be beneficial ownership by one person, except that, if the company owns 10 per centum or more of the outsganding voting securities of the issuer, and id or, but graph（7）, would be an investment company, the beneficial ownership shall be deemed to be that of the holders of such company's outstanding securities（other than short – term paper）.

② 废除两个限制条件中的第二条：（1）机构投资者拥有基金 10% 以上的具有投票权的证券（voting securities）；（2）所拥有的基金证券占该机构投资者总资产的 10% 以上时将持有证券之机构投资者的股权所有人计算为基金受益人。

而对"穿透"应用最为普遍的在于美国税务领域的 LLC tax look through。LLC 公司本身无联邦税，由 LLC 的成员（即对应公司股东）个人进行公司税务申报。

总体来看，尽管穿透式监管在国际监管实践中仍处于摸索阶段，尚未形成相对成熟的理论与操作框架，但其思想理念吸取了过往监管理论的优点，弥补了其不足，是对金融监管理论的创新与发展，不仅在互联网金融领域，在资产管理等所有涉及跨市场、跨行业的交叉性金融产品和业务监管方面，都具有十分重大的理论和实践价值。

二、2018 年之前我国穿透式监管的发展

从国内看，随着金融业综合经营和金融创新的快速发展，跨行业、跨市场的交叉性产品不断涌现，实行穿透式监管对于统一监管标准、消除监管套利和防范系统性风险尤为重要。穿透式监管是基于我国金融业发展和金融监管的现实需要提出的。穿透式监管有利于金融监管理念的转变，促进实质化监管，提升金融监管的有效性，促进金融创新与金融安全的协调共进，有效防范系统性金融风险。

（一）银行系资管业务风险穿透监管政策分析

银行业监督管理机构对穿透式监管要求按照"实质重于形式"的原则。对于商业银行各类表内外业务以及实质上由银行承担信用风险的业务，明确要求按照纳入统一授信管理。对于银行理财产品，理财新规明确对理财业务实行穿透式监管，向上识别理财产品的最终投资者，向下识别理财产品的底层资产，并对理财产品运作管理实行全面动态监管。对信托类资管产品，监管中实施"穿透式"监管要求，包括对信托计划的向上和向下穿透原则，"向上"穿透识别信托产品最终投资者，不得突破合格投资者各项规定，防止风险蔓延；"向下"识别产品底层资产，资金最终投向应符合银、证、保各类监管规定和合同约定，将相关信息向投资者充分披露。

（二）证券公司资产管理业务监管政策分析

2018 年资管新规发布前，较为重要的证券公司资产管理业务监管法规有以下七部。

1. 监管法规

序号	发布时间	标题	文号
1	2012 年 10 月	证券公司定向资产管理业务实施细则	证监会公告〔2012〕30 号
2	2013 年 3 月	关于加强证券公司资产管理业务监管的通知	证监办发〔2013〕26 号
3	2013 年 6 月	证券公司客户资产管理业务管理办法	证监会令第 93 号
4	2013 年 6 月	证券公司集合资产管理业务实施细则	证监会公告〔2013〕28 号
5	2013 年 7 月	关于规范证券公司与银行合作开展定向资产管理业务有关事项的通知	中证协发〔2013〕1 号
6	2013 年 10 月	关于发布《证券公司客户资产管理业务备案管理工作指引 1～8 号》的通知	市场监测发〔2013〕28 号
7	2014 年 2 月	关于进一步规范证券公司资产管理业务有关事项的补充通知	中证协发〔2014〕33 号

2. 具体监管要求

（1）基本要求

业务种类	定向资管	集合资管
资格与备案	客户资产管理业务资格向证监会申请；资产管理计划成立 5 个工作日内向基金业协会备案	
投资范围	由证券公司与客户通过合同约定，不得违反法律、行政法规和中国证监会的禁止规定	股票、债券、股指期货、商品期货等证券期货交易所交易的投资品种；央行票据、短期融资券、中期票据、利率远期、利率互换等银行间市场交易的投资品种；证券投资基金、证券公司专项资产管理计划、商业银行理财计划、集合资金信托计划等金融监管部门批准或备案发行的金融产品

续表

业务种类	定向资管	集合资管
产品规模	—	不低于 3000 万元人民币，上限 50 亿元人民币
客户数量	单一	合格投资者①，至少 2 人，上限 200 人
起投金额	接受单个客户的资产净值不得低于 100 万元人民币	单个客户参与金额不低于 100 万元人民币。只能接受货币资金形式的资产
托管	由负责客户交易结算资金存管的指定商业银行、中国证券登记结算有限责任公司或者中国证监会认可的证券公司等其他资产托管机构托管	由取得基金托管业务资格的资产托管机构托管
权利行使	客户自行行使其持有证券的权利	证券公司代表客户行使集合计划所拥有证券的权利

（2）与自营之间的交易

a. 证券公司的定向/集合资产管理账户与证券自营账户之间或者不同的证券资产管理账户之间不得发生交易，有充分证据证明已依法实现有效隔离的除外。

b. 证券公司不得以自有资金参与本公司的定向资产管理业务。

c. 证券公司自有资金参与单个集合计划的份额，不得超过该计划总份额的20%。

d. 集合计划存续期间，证券公司自有资金参与集合计划的持有期限不得少于6个月。参与、退出时，应当提前5日告知客户和资产托管机构。为应对集合计划巨额赎回，解决流动性风险，在不存在利益冲突并

---

① 合格投资者是指具备相应风险识别能力和承担所投资集合资产管理计划风险能力且符合下列条件之一的单位和个人：（1）个人或者家庭金融资产合计不低于 100 万元人民币；（2）公司、企业等机构净资产不低于 1000 万元人民币。依法设立并受监管的各类集合投资产品视为单一合格投资者。

遵守合同约定的前提下，证券公司以自有资金参与或退出集合计划可不受前款规定限制，但须事后及时告知客户和资产托管机构，并向住所地、资产管理分公司所在地中国证监会派出机构及中国证券业协会报告。

（3）银证合作定向业务（纯通道业务）

a. 银证合作定向业务，是指合作银行作为委托人，将委托资产委托证券公司进行定向资产管理，向证券公司发出明确交易指令，由证券公司执行，并将受托资产投资于合作银行指定标的资产的业务。

b. 禁止通过证券公司向委托人发送投资征询函或投资建议书，委托人回复对投资事项无异议的形式开展银证合作定向业务。

c. 合作银行的规模条件：最近一年年末资产规模不低于500亿元，且资本充足率不低于10%。

d. 委托人应当明确委托资产的来源和用途，并承诺资产来源和用途合法，不得将自有资金和募集资金混同操作。

e. 明确约定合同期限届满、提前终止或合作银行提取委托资产时，证券公司有权以委托资产现状方式向委托人返还。

f. 委托人应当承诺对证券公司根据投资指令从事的投资行为承担完全后果，自行承担投资风险，并处理相关纠纷。

（4）集合资管的其他监管要求

a. 集合计划参与证券回购应当严格控制风险，单只集合计划参与证券回购融入资金余额不得超过该计划资产净值的40%，中国证监会另有规定的除外。

b. 集合资产管理计划未经许可不得投资票据等规定投资范围以外的投资品种；不得以委托定向资产管理或设立单一资产信托等方式变相扩大集合资产管理计划投资范围。

c. 证券公司办理集合资产管理业务，不得违规将集合资产管理计划资产用于资金拆借、贷款、抵押融资或者对外担保等用途；不得将集合资产管理计划资产用于可能承担无限责任的投资。

3. 证券公司资产管理业务的风险控制指标体系

2016 年 6 月，证监会发布《关于修改〈证券公司风险控制指标管理办法〉的决定》（证监会令第 125 号），建立以净资本和流动性为核心的风险控制指标体系。

（1）风险控制指标标准

一是净资本规模。根据证券公司经营业务范围，设置了不同净资本要求。如证券公司同时经营证券承销与保荐、证券自营、证券资产管理业务的，其净资本不得低于人民币 2 亿元。

二是各项比例标准。包括：

a. 风险覆盖率不得低于100%；

b. 资本杠杆率不得低于8%；

c. 流动性覆盖率不得低于100%；

d. 净稳定资金率不得低于100%。

其中：

风险覆盖率＝净资本/各项风险资本准备之和×100%；

资本杠杆率＝核心净资本/表内外资产总额×100%；

流动性覆盖率＝优质流动性资产/未来 30 日现金净流出量×100%；

净稳定资金率＝可用稳定资金/所需稳定资金×100%。

（2）资产管理业务对风险控制指标的影响

我们专门研究了证券公司开展资产管理业务（不包括证券公司自营投资各类券商资管计划）对上述风险控制指标的影响，主要体现在资本范畴的风险资本准备和表内外资产总额[①]这两项，具体如下。

a. 风险资本准备

风险资本准备指证券公司在开展各项业务等过程中，因市场风险、信用风险、操作风险等可能引起的非预期损失所需要的资本。证券公司

---

① 表内外资产总额为表内资产余额与表外项目余额合计。

资产管理业务主要影响操作风险资本准备和特定风险资本准备：一是证券资产管理业务净收入乘以 15% 计入操作风险资本准备；二是证券公司资产管理业务中的结构化集合资管计划、投资非标资产的定向资管计划、各类私募投资基金（含各类直投基金)①、其他定向资管计划分别按规模乘以 1%、0.9%、0.7%、0.5% 的比例计入特定风险资本准备。

b. 表内外资产总额

证券公司资产管理业务作为表外业务，按规模乘以 0.2% 的转换系数计入表内外资产总额。

（三）基金管理公司及其子公司特定客户资产管理业务监管政策分析

资管新规发布前，较为重要的基金管理公司及其子公司特定客户资产管理业务监管法规有以下七部，监管法规及其业务具体要求见下文。

1. 监管法规

序号	发布时间	标题	文号
1	2012 年 9 月	基金管理公司特定客户资产管理业务试点办法	证监会令第 83 号
2	2012 年 9 月	关于实施《基金管理公司特定客户资产管理业务试点办法》有关问题的规定	证监会公告〔2012〕23 号
3	2013 年 11 月	关于加强专项资产管理业务风险管理有关事项的通知	中基协发〔2013〕29 号
4	2014 年 4 月	关于进一步加强基金管理公司及其子公司从事特定客户资产管理业务风险管理的通知	证监办发〔2014〕26 号

① 各类私募投资基金（含各类直投基金）是指证券公司控股的从事私募证券投资及私募股权投资业务的子公司开展的各类私募投资基金，包括各类直投基金（含合伙制）、并购基金等。

续表

序号	发布时间	标题	文号
5	2016 年 7 月	证券期货经营机构私募资产管理业务运作管理暂行规定	证监会公告〔2016〕13 号
6	2016 年 11 月	基金管理公司子公司管理规定	证监会公告〔2016〕29 号
7	2016 年 11 月	基金管理公司特定客户资产管理子公司风险控制指标管理暂行规定	证监会公告〔2016〕30 号

2. 主要监管要求

（1）产品分类（依据：投资人数）

名称	客户数	初始认购资金
一对一	单一	3000 万元人民币
一对多	多个，但不超过 200 人（单笔委托金额在 300 万元人民币以上的投资者数量不受限制）	100 万元人民币。专户成立规模下限为 3000 万元人民币，上限为 50 亿元人民币

（2）产品备案

一对一：资产管理人应当在 5 个工作日内将签订的资产管理合同报基金业协会备案。一对多：资产管理人应当在开始销售某一资产管理计划后 5 个工作日内将有关材料报基金业协会备案。

（3）投资要求

严格禁止同一投资组合在同一交易日内进行反向交易。

基金管理公司办理特定资产管理业务的投资经理与证券投资基金的基金经理不得相互兼任。

子公司专户产品不得投资于高污染、高能耗等国家禁止投资的行业；审慎投融资平台、房地产、矿业、产能过剩行业、影子银行业务等潜在风险隐患较高的领域。

（4）其他要求

资产管理人从事特定资产管理业务，应当将委托财产交托管机构进行托管。

资产管理人可以自行销售资产管理计划，或者通过有基金销售资格的机构销售资产管理计划。

资产委托人可以通过交易所交易平台向符合条件的特定客户转让其持有的资产管理计划份额。

3. 专户子公司的风险控制指标体系

2016 年 11 月，证监会发布《基金管理公司特定客户资产管理子公司风险控制指标管理暂行规定》（证监会公告〔2016〕30 号），建立起专户子公司的风控指标体系和风险准备金制度。目前，证监会体系下实施净资本等风控指标体系的有证券公司、期货公司和专户子公司。公募基金需计提风险准备金，基金管理公司专户无须计提。

（1）风险准备金

专户子公司应按照管理费收入的 10% 计提风险准备金，风险准备金达到专户子公司所管理资产规模净值的 1% 时可不再计提。

（2）风控指标体系

①四项指标

（a）净资本绝对指标：不低于 1 亿元。

（b）净资本相对指标：净资本不得低于各项风险资本准备之和的 100%。

（c）净资本流动性指标：净资本不得低于净资产的 40%。

（d）杠杆率指标：净资产不得低于负债的 20%。

②风险资本准备

风险资本准备是指专户子公司为抵御各项业务可能引起的非预期损失所需要的资本。专户子公司风险资本准备计提项目包括固有资金投资市场风险资本准备、受托资产管理业务特定风险资本准备、其他业务风险资本准备三类。各类业务风险准备 = 该类业务规模 × 风险资本准备计算系数。下表列示了受托资产管理业务特定风险资本准备系数。

受托资产管理业务特定风险资本准备:	
1. 一对一特定客户资产管理业务风险资本准备:	
(1) 投资类资产管理计划	
标准化金融工具	0
投资类资管产品	0.20%
未上市股权	0.40%
其他投资	0.80%
(2) 债权融资类资产管理计划	
贷款、非标债权资产	0.80%
融资类资管产品	1.00%
(3) 其他	1.50%
2. 一对多特定客户资产管理业务风险资本准备:	
(1) 投资类资产管理计划	
标准化金融工具	0
投资类资管产品	0.40%
未上市股权	0.60%
其他投资	1.00%
(2) 债权融资类资产管理计划	
贷款、非标债权资产	
融资主体信用外部评级 AA + 级以上（包含 AA + 级）	1.50%
融资主体信用外部评级 AA + 级以下即未评级	
其中：抵押、质押类	1.50%
保证类	2.00%
信用类	3.00%
融资类资管产品	2.00%
(3) 其他	3.00%

续表

3. 资产证券化业务风险资本准备：	
（1）交易所挂牌资产支持专项计划	0.40%
（2）其他资产支持专项计划	0.80%
4. 附加风险资本准备：	
（1）开展跨境投融资的资管计划	0.50%
（2）结构化资管计划	1.00%
（3）委托第三方机构提供投资建议的证券投资资管计划	0.50%

③净资本

净资本是根据专户子公司资产负债的流动性特点，在净资产的基础上对资产负债表项目及其他项目进行风险调整后得出的综合性控制指标。净资本调整项目包括应收账款、其他资产、或有负债和其他调整项目四类。具体公式为

净资本 = 净资产 – 相关资产余额 × 扣减比例 – 或有负债调整项目 + / – 中国证监会认定或核准的其他调整项目

（四）保险资产管理业务监管政策分析

较为重要的保险资产管理业务监管法规有以下五部，见下表。

序号	标题	文号
1	保险资产管理公司管理暂行规定	原保监会令〔2004〕2 号
2	关于调整《保险资产管理公司管理暂行规定》有关规定的通知	保监发〔2011〕19 号
3	关于保险资产管理公司有关事项的通知	保监发〔2012〕90 号
4	关于保险资产管理公司开展资产管理产品业务试点有关问题的通知	保监资金〔2013〕124 号
5	关于加强组合类保险资产管理产品业务监管的通知	保监资金〔2016〕104 号

（1）产品分类（依据：投资人数）

名称	投资人数	初始认购资金
定向产品	单一	3000 万元人民币
集合产品	多个，但不超过 200 人	100 万元人民币

（2）产品投资的基础范围

①集合产品或产品资金涉及保险资金的：

（a）境内流动性资产，主要包括现金、货币市场基金、银行活期存款、银行通知存款和剩余期限不超过 1 年的政府债券、准政府债券、逆回购协议。

（b）境内固定收益类资产，主要包括银行定期存款、银行协议存款、债券型基金、金融企业（公司）债券、非金融企业（公司）债券和剩余期限在 1 年以上的政府债券、准政府债券。

（c）境内权益类资产，主要包括公开发行并上市的股票（不含新三板股票）、股票型基金、混合型基金。

（d）保险资产管理公司发行的基础设施投资计划、股权投资计划、资产支持计划等。

②定向产品且产品投资人为非保险机构的：

产品的投资品种可以按照与投资人约定的产品契约及相关法律文件执行。

（3）产品分类（依据：基础资产类别和规模比例）

名称	投向比例
单一型产品	全部资产或90%以上的资产投资于某只金融产品或某一特定形式的投资工具
固定收益类产品	80%以上的资产投资于固定收益类资产
权益类产品	60%以上的资产投资于权益类资产

名称	投向比例
另类产品	60%以上资产投资于基础设施投资计划、股权投资计划、资产支持计划
混合类产品	不能分类为上述四种情形的产品

（4）禁止行为（"八条底线"）

a. 发行具有"资金池"性质的产品，主要是指投资于非公开市场投资品种，且具有滚动募集、混合运作、期限错配、分离定价、未单独建账或未独立核算等特征的产品。

b. 发行具有"嵌套"交易结构的产品，包括产品主要投资于单只非公开市场投资品种，或产品定向投资于另类资产管理产品，或产品定向投资于同一管理人设立的产品等情形。

c. 向非机构投资者发行分级产品。

d 向机构投资者发行分级产品，权益类、混合类分级产品杠杆倍数超过1倍，其他类型分级产品杠杆倍数超过3倍。

e. 在产品下设立子账户形式进行运作。

f. 未明确产品投资的基础资产具体种类和比例，笼统规定相关资产的投资比例为0～100%。

g. 以外部投资顾问形式将产品转委托。

h. 委托托管银行分支机构作为产品托管人（该机构已获得托管银行总行授权除外）。

三、2018 年后我国资管产品穿透式监管要求

（一）搭建统一监管架构

2018 年 4 月 27 日，中国人民银行、中国银行保险监督管理委员会、中国证券监督管理委员会、国家外汇管理局联合发布《关于规范金融

机构资产管理业务的指导意见》（银发〔2018〕106 号，以下简称资管新规），对同类资管产品适用统一的监管规则。

资管新规的配套实施细则密集出台，资管统一监管架构不断完善。各资管配套实施细则在与资管新规监管要求保持高度一致的同时，细化了各类金融机构资管业务监管要求。商业银行理财需遵循资管新规和理财新规要求。2018 年 7 月 20 日，中国人民银行发布《关于进一步明确规范金融机构资产管理业务指导意见有关事项的通知》。中国银保监会 2018 年 9 月 28 日发布《商业银行理财业务监督管理办法》，10 月 19 日发布《商业银行理财子公司管理办法（征求意见稿）》。2018 年 10 月 22 日，证监会发布《证券期货经营机构私募资产管理业务管理办法》正式稿及其配套细则。

（二）明确穿透式监管规则

首先，统一监管标准，加强监管协调，消除监管套利。资管新规全面覆盖并统一规制了各类金融机构的资产管理业务，施行公平的市场准入和监管，最大限度地消除监管套利空间。资管新规从募集方式和投资性质两个维度对资产管理产品进行分类，分别统一投资范围、杠杆约束、信息披露等要求。强化宏观审慎管理和功能监管。同时统一同类资管产品的监管标准，也从根源上消除多层嵌套的动机。

其次，明确穿透式监管要求。例如，对银行理财产品的监管上，明确向上识别理财产品的最终投资者，向下识别理财产品的底层资产，并对理财产品实行全面动态监管。

最后，限制多层嵌套。法规统一负债和分级杠杆要求，消除多层嵌套，抑制通道业务；规范嵌套层级，允许资管产品再投资一层资管产品，但所投资的产品不得再投资公募证券投资基金以外的产品；禁止开展规避投资范围、杠杆约束等监管要求的通道业务。

第十五章 上海银行业风险穿透监管对策研究

对交叉性金融风险的监管必须始终坚持科学的认识观与实践论，坚持将宏观思维与科学实践的统一，坚持全国一盘棋的顶层设计与因地制宜属地监管的统一，坚持对接国际监管标准与解决中国特色问题的统一。本章遵循这个思路，从穿透监管的顶层设计入手，基于上海银行业在全国金融体系中的重要地位和特殊作用，自上而下地进行监管治理架构探索，提出一揽子操作建议。

一、对金融风险穿透监管顶层设计的认识

目前，我国交叉性金融工具的风险已经得到金融市场和监管当局高度重视，金融监管体制改革也已经列入议事日程。党的十九大报告提出，要"健全金融监管体系"。这就需要在国务院金融稳定发展委员会的领导下，正视金融业综合经营趋势，加快推进和深化监管体制改革，强化监管统筹协调，实施综合监管和穿透式监管，强化监管制度建设，补齐监管短板，做到监管全覆盖、无死角。目前现有监管体制导致监管主体间协调缺失，易造成监管真空。交叉性金融产品的多样性与创新性造成了多方不同监管主体"并驾齐驱"，监管主体之间缺乏有效协调沟通机制造成对混合型创新产品的监管真空，亦或对部分交叉性金融产

品的过度监管。因此，应建立高效协调的金融监管体系，并充分运用现代化信息技术和监测分析方法，消除监管冲突、避免监管真空、促进监管合作、提高监管效率，以防止因部门间协调效率低下爆发不应产生的系统性风险。

（一）宏观层面

一是深化金融监管协调机制。在目前分业监管的体制下，建议进一步明确宏观审慎管理职能的边界和归属。在信息共享、定期沟通之外，建议赋予宏观审慎管理部门在跨市场、交叉性金融风险的监管职责与手段，并赋予协调机制一定的决策权，可以在异常情况下适时进行干预，阻止风险的升级和扩散。同时可以考虑赋予其对金融控股公司监管职责，充分发挥金融监管协调部际联席会议制度作用。这样不仅可以形成在统一系统性风险监管下各专业监管当局在各自专业领域实施微观审慎监管的"伞形"架构，实现重大事项的协同监管和执法，加强彼此之间的协调合作，以实现对交叉金融业务的全面监管，有效避免因交叉业务发展造成的监管真空、监管不足及监管套利问题，也能促进金融监管合作，减少重复监管。

二是统一金融监管规则。目前，在各类机构均大力发展的资产管理行业，不同类型资管机构的监管环境存在较大差异，这也是引发监管套利的重要原因。建议尽快制定交叉性金融产品监管制度，从资金来源、产品投向、杠杆比例、风险计提等方面统一交叉性金融产品的监管规则。同时，在"分业经营"规则不变的情况下，建议加快推动商业银行资管部门成立专业化子公司，以便与保险公司和证券公司的改革进程保持一致。与其他组织架构相比，成立资产管理业务子公司具有多方面优势：其一是把与资本市场关联度较高的资产管理业务与金融机构传统业务独立开来，有助于实现风险隔离，破除刚性兑付风险；其二是解决业务独立主体资格问题，成立资产管理子公司有助于获得更多的业务资格，扩大业务边界，拓展投资方向；其三是有助于建立更为灵活的经营机制和激励约束机制，不断提升市场竞争力。在此基础上，可以考虑将各类资管公司的监管统一到同一个监管机构，或制定基本相同的监管规则。

三是加大对重点业务的监管力度。尤其关注银行资金与资本市场的交叉业务。因为银行风险具有较大的外部性，一旦被资本市场的波动所传染，容易引发系统性危机。建议相关部门加强在此类产品监管上的协调、配合，共同制定相关政策、法规，共同监督执行。其中，监管部门侧重资金"源头"的监管，严控与资本市场相关的产品和业务规模，更严格地把握信贷资金的发放标准和流向监管，降低挪用信贷资金的可能性，降低业务复杂程度，审慎控制杠杆水平，确保业务发展状况与风险管理能力相匹配。

四是建立独立的中国金融研究办公室，对目前各监管机构、金融机构和金融市场的数据发布格式进行协调统一，推进各类金融统计数据的并网联网，并在具体的数据收集、数据标准制定和数据的应用分析方面，发挥关键性作用。同时，丰富监管手段，建立风险应急处置机制。明确风险处置主体，按照"谁批设机构，谁负责风险处置"的原则，将审批权和处置责任相统一，从制度层面明确风险处置各方权责。完善交叉性业务风险应急机制，联合各监管机构制定交叉性金融业务争端处理机制，出台统一的大额风险处置预案及危机应急处置预案。

（二）实践层面

在规范性文件中首次提出防范交叉性金融风险，始见于《关于金融支持经济结构调整和转型升级的指导意见》（国办发〔2013〕67号）。"67号文"要求："防范跨市场、跨行业经营带来的交叉金融风险，防止民间融资、非法集资、国际资本流动等风险向金融系统传染渗透"；支持银行开展不良贷款转让，扩大银行不良贷款自主核销权，及时主动消化吸收风险；稳妥有序处置风险，加强疏导，防止因处置不当等引发新的风险。监管部门明确提出"穿透"原则的则是《关于进一步加强信托公司风险监管工作的意见》（银监办发〔2016〕58 号），"58 号文"要求信托公司按"穿透"原则识别信托产品的最终投资者（向上穿透）和底层资产（向下穿透），资金池穿透管理是重点。系统性加强银行业资管业务风险穿透监管的则是 2016 年理财新规征求意见稿。2017 年原银监会陆续出台的"三三四"治理等一系列文件则提出了全方位加强银行业金融业务交叉性风险穿透监管的体系、框架、目标、细则与操作要求。

全国金融工作会议明确了金融风险穿透监管的理念、目标与顶层设计。金融健康发展是金融风险穿透监管的核心理念与最高目标。金融健康发展的三大支柱是服务实体经济、防控金融风险和深化金融改革。国务院金融稳定发展委员会是金融监管体制的重大改革突破，是全新的顶层制度设计。全国金融工作会议高度重视宏观系统性金融交叉风险防范，国务院金融稳定发展委员会将成为全国金融发展协同、宏观风险监管协同与深化金融改革开放协同的首脑机构，人民银行将牵头宏观审慎监管和系统性风险防范，银证保将集中强化综合监管、突出功能监管和行为监管。中央决策层面已经高度警醒并严厉提示，要求全国上下严正对待"经济灰犀牛"与"金融灰犀牛"；金融部门要大力去杠杆，经济部门也同时要大力去杠杆，经济金融部门要协同一致去杠杆；金融监管要全覆盖，影子银行与互联网金融是最大的监管套利"痛点"。根据人民银行《2017 年中国金融稳定报告》，金融交叉业务风险穿透监管的思路与重点应是：以人民银行牵头、原银监会为辅，加强流动性风险管控，控制杠杆水平；银证保协同，引导资产管理业务回归本源，有序打破刚性兑付；银证保协同，财政部与人民银行支持，逐步消除监管套利；银证保协同，消除多层资管嵌套，抑制通道业务；人民银行牵头，银证保协同，防范影子银行风险；人民银行牵头，建立综合统计制度，为金融业务交叉风险穿透式监管提供金融基础设施。

对应于2012年以来的大资管浪潮和2014年以来的互联网浪潮，2016年是风险穿透监管的"冲锋年"，2017年则是"搏斗年"。反思资管乱象与互联网金融乱象中的监管协同不紧密，"一行三会"痛定思痛、拾遗补阙、一致行动，紧锣密鼓地围绕补短板、管通道、治乱象、强服务、重治理、严处罚等方面，协同打造宏观审慎与微观审慎紧密结合的风险穿透监管治理框架体系，单独及合作制定出台了一系列穿透治理文件。比如，原银监会2016年下发了《进一步加强信托公司风险监管工作的意见》，意在加强资金池监管，确立"向上"穿透与"向下"穿透原则；原保监会也分别针对保险通道业务、组合类资管产品中的资金池下发了"八大禁止"监管意见；证监会则针对结构化产品与集合资管产品下发了"八条底线"等监管意见。2017年原银监会出台了"三三四"等一系列监管文件，财政部等六部门联合发布约束地方政府杠杆融资的政策规范文件，"一行三会"都公开发布了弥补监管制度短板与漏洞的自查文件。总体上看，政府行为治理、监管行为治理、金融行为治理与市场乱象治理多管齐下，监管者与被监管者共同检讨，集体向金融消费者、金融投资者以及社会各界展示了坚定的决心、共同的声音和高强的动作。

与中国人民银行宏观审慎评估（MPA）聚焦于宏观审慎风险穿透监管相对应，原中国银监会"三套利"治理、"三违反""四不当""十乱象""十防控""补监管短板""提升服务实体经济质效"与"商业银行押品管理指引"等一系列文件则从制度穿透（补短板）、功能穿透（治套利）、行为穿透（罚违章）、责任穿透（抓不当）、平台穿透（理乱象）、管理穿透（守底线）、服务穿透（升质效）、资质穿透（看押品）等方面，全方位、多维度地构建形成了微观审慎视角的交叉性风险穿透监管体系。

二、中国风险穿透治理与现状

（一）优化金融杠杆结构治乱象持续推进

1. 从全方面去杠杆到结构性优化杠杆

杠杆作为现代金融的重要工具，本身对于实体经济的发展具有良性的促进作用，但杠杆本身也与风险并存，因此合理地管控杠杆，控制风险就显得尤为重要。2017 年，中国企业杠杆率一度达到 160%，远超其他主要经济体，积聚了大量风险，且由于表外业务等存在，更是导致金融体系抗风险能力脆弱，去杠杆任务刻不容缓。金融加强监管始终在路上，未曾停歇。2017 年上半年，监管部门掀起银行业委外监管风暴，年内政治局会议、全国金融工作会议、十九大、中央经济工作会议多次强调防控金融风险，11 月国务院金融稳定发展委员会经党中央、国务院批准正式成立，标志着对金融统筹监管和监管协调建立了顶层设计。2018 年初，监管部门再次密集出台金融监管举措，4 月"一行两会一局"联合发布《关于规范金融机构资产管理业务的指导意见》（以下简称《资管新规》），金融统一监管新实践正式拉开大幕。

在监管部门一系列监管举措下，2017 年金融去杠杆取得了明显成效，而进入第二阶段"结构性优化杠杆"是去杠杆的升级版，释放了分类对待、市场决定的明确信号，也有助于稳定各类企业的预期。在这一过程中，一方面对于金融空转等现象依旧持续，但手段更加成熟；另一方面，对于部分领域则采取了定向的扶持政策。

此外，下一步杠杆调整将体现稳中求进的特征。一方面，目前中国宏观杠杆率尤其是企业杠杆率仍然较高，去杠杆有利于缓释金融风险，提高经济中长期可持续发展能力，必须毫不动摇地坚持到底；另一方面也要看到，去杠杆已取得明显成效，重心转向结构性优化杠杆，叠加资管新规温和落地，充分表明金融监管和去杠杆都要毫不例外地贯彻稳中求进的工作总基调。所谓稳中求进，也就是稳字当先、稳而后进，循序渐进和稳妥有序推进各项工作，确保不发生"处置风险的风险"。守住不发生系统性金融风险的底线是中共十九大对金融业发展和改革提出的重要目标和现实要求，而成立国务院金融稳定发展委员会及合并原银监会和原保监会则是金融监管体制改革的重要举措。

2. 出台规范要求表外业务回表

2018 年以来，原银监会通过多项举措出手规范表外业务，主要包括不得将表内资产虚假出表、不得违规投向房地产、地方政府融资平台，包括规定商业银行在银信类业务中，应按照实质重于形式原则，将商业银行实际承担信用风险的业务纳入统一授信管理并落实授信集中度监管要求。商业银行应对实质承担信用风险的银信类业务进行分类，按照穿透管理要求，根据基础资产的风险状况进行风险分类，并结合基础资产的性质，准确计提资本和拨备，并规定商业银行不得利用信托通道掩盖风险实质，规避资金投向、资产分类、拨备计提和资本占用等监管规定，不得通过信托通道将表内资产虚假出表。商业银行应当根据客户和自身的风险偏好和承受能力，选择与之相适应的信托公司及信托产品；在选择信托产品时，应注意期限、金额等方面的安排，与自身流动性管理相匹配。此外还要求商业银行和信托公司开展银信类业务，应贯彻落实国家宏观调控政策，遵守相关法律法规，不得将信托资金违规投向房地产、地方政府融资平台、股票市场、产能过剩等限制或禁止领域。

规定同时要求原银监会及其派出机构应加强银信类业务的非现场监管和现场检查，对业务增长较快、风险较高的银行和信托公司进行窗口指导和风险提示，依法对银信类业务违规行为采取按业务实质补提资本和拨备、实施行政处罚等监管措施。这些规定的出台，从顶层设计层面规范了表外业务，配合资管新规的出台，完成了顶层法律框架的建设。

3. 治乱象逐步深入

监管中，逐步注重主体管理与资产负债表管理，监管整个资产负债表。美国次贷危机前,金融机构通过设立特殊目的载体(SPV)将风险资产转移至表外,风险长期被忽视。危机后新修订的《巴塞尔协议Ⅲ》将监管从表内扩展到全面监管表内和表外。类似地,由于监管套利和金融创新,中国衍生出庞大的影子银行体系,为控制风险,2017 年初人民银行宏观审慎评估体系(MPA)将银行表外理财业务纳入广义信贷指标进行考核。基于资产负债表的前提下,以资本充足率作为考核重点。针对当前我国银行业尤其是中小商业银行的公司治理仍存不足,且各银行面临的挑战也存在差异。监管部门已将中小银行股权和股东行为作为重点监管内容,进一步完善银行业公司治理机制,从强化风险治理、健全利润分配政策和薪酬激励制度着手。相关规定主要包括加强董事会建设、明确监事会法定地位、规范高管层履职、完善发展战略规划、加快建立有利于可持续发展和战略目标实施的业绩考核机制、完善风险管理机制等。

此外,市场治理力度也逐步加强,原上海银监局采取了多项措施,重点治理金融乱象,包括:构建自评机制,强化质量控制;召开监管推进会,强调主体责任;印发督察方案,突出下沉监管;加快处罚落地,发挥监管威慑;扩展现场检查分析系统应用,丰富检查手段。对风险穿透起到了有效的监管。

(二)系统性金融风险仍不可忽视

当前,随着美欧主要经济体陆续退出量化宽松,全球新兴经济体所面临的风险都在逐步扩大,2018 年,包括土耳其、阿根廷等拉美国家货币均发生大幅度贬值,也体现了国际环境的脆弱性。

在本轮去杠杆中,银行信贷收紧,企业各个融资渠道都面临价格上涨、额度紧张。目前企业的非金融机构融资成本已经达到20%,而一些小微企业更是面临无钱可借的境地。这对我国经济增长十分不利。在我国当前的去杠杆过程中,如果各方面政策叠加导致用力过猛,经济增速则可能由于信贷萎缩而下降,由于金融体系的脆弱性,这可能引发金融市场和金融机构风险暴露。因此应合理把握去杠杆的节奏，避免过快压缩信贷和投资可能引发的对经济增长的损害，引发"债务—通缩"风险。

在政府债务中，地方政府债务大概占三分之二，是政府债务的核心。这其中，土地财政是重要原因。2018 年 4 月召开的中央财经委员会第一次会议提出，在打好防范化解金融风险攻坚战方面，要坚持底线思维，坚持稳中求进，抓住主要矛盾，要以结构性去杠杆为基本思路，分部门、分债务类型提出不同要求，地方政府和企业特别是国有企业要尽快把杠杆降下来，努力实现宏观杠杆率稳定和逐步下降等。而地方政府和企业特别是国有企业之所以成为 2018 年去杠杆政策落地的核心领域，主要是因为这两个领域的债务问题不仅集聚了引发局部系统性风险和突发性财政金融风险的潜在因素，给宏观经济稳定运行带来压力，而且还造成国有经济资源配置不合理，制约了国民经济发展的活力和质量。相关问题主要表现在：一是积累了引发局部系统性风险和突发性财政金融风险的潜在因素。特别是当前地方债"隐性化"和复杂化加剧趋势，使一些债务通过"黑箱"或"暗箱"形成并运转，增加了债务监管的难度，加大了债务风险的传染和冲击效应。二是不利于提升国有企业核心竞争力，做强做优做大的目的是提升企业的主导力、控制力和全球竞争力，这要靠提升核心竞争力来实现，而不是靠"铺摊子""扩业务"。以数量扩张为特征的"大"实际上是一种"虚胖"，不利于国有企业发展主业、聚焦于提升核心竞争力。三是地方政府和国有企业杠杆率过高且结构不合理，造成国有经济资源配置不合理，制约了经济发展的活力，削弱了中期经济增长动能。如果大量的信贷等国有经济资源被一些"僵尸企业"、低效国有企业和地方融资平台占据，必然对民营企业、中小企业的融资产生"挤出效应"，抬升资金成本，加剧中小企业融资难。

三、上海银行业穿透监管治理研究

上海担负着六大国家任务，"5+1"综合体系建设对上海银行业全面健康发展和全面风险监管寄予厚望，探索上海特点的银行业交叉性金融风险监管模式是不能推卸的改革开放责任大计。

上海银行业要高举全国金融工作会议确立的金融改革开放大旗，贯彻落实中央银行宏观审慎评估体系要求和中国银保监会交叉性风险穿透监管要求，参考借鉴国际上银行表外业务监管、交叉金融业务风险治理的经验做法，协同推进金融治理、银行治理与监管治理以及经济金融综合治理，统筹兼顾资产端风险穿透监管与负债端风险穿透监管，重点强化功能监管系统整合与行为监管区域协同，平行推进风险监管与合规监管，坚持制度穿透导向与问题穿透导向结合、机构问责处罚与弥补监管短板并举，高度重视并积极应对资管业务脆弱性问题，全面加强资产证券化监管标准的辖内一致、区域协同并贯彻落实STC（简单、透明、可控）原则，优化、细化风险预警监测体系及其区域共建、风险监管后评价及其区域协商，积极推动金融科技创新与监管科技创新，鼓励支持金融创新实验室建设与监管科技创新区域平台建设，重点围绕资本计提穿透监管、负债风险穿透监管、同业嵌套穿透监管、信托通道穿透监管、过度创新穿透监管与科技风险穿透监管等制订上海银保监局风险穿透监管治理工作方案。

（一）确立上海银行业金融交叉性风险穿透监管的"全景思维"

传统的风险监管，或者是短焦监管思维，或者是长焦监管思维，最多是广焦监管思维，一体化、国际化、互联网情境下的交叉性金融风险监管需要具备"全景式"监管思维。当今环境下，上海银行业金融风险交叉穿透监管的关联方或合作方可以划分为五个主体圈层和两个悬浮圈层：金融机构法人分支业务运行体系交叉性风险圈层、银行机构与非银行机构及类金融机构间跨机构合作的交叉性风险圈层、银证保之间跨行业合作及跨机构产品嵌套中交叉性风险圈层、包括银行业在内的金融机构同金融中介机构和金融交易平台（场所）之间业务合作及产品嵌套的交叉性风险穿透圈层、包括银行业在内的全部金融业机构同国有企业和地方政府之间的投融资业务交叉合作与复杂金融产品设计中的交叉性风险穿透圈层；在这五个主体圈层之外，还有国家与地方法律法规政策执行效果的银行业监管后评价圈层以及银行业金融机构同新经济形态、新商业模式和新技术平台之间隐蔽型合作的交叉性风险穿透圈层。

毋庸置疑，上海银行业金融交叉性风险穿透监管的全景式布局，必须同国际经济中心建设、国际金融中心建设、国际贸易中心、国际航运中心、全球科创中心建设和中国上海自贸试验区建设六个维度无缝对接，这既是复杂而艰巨的任务，也是发展规律使然和市场原则使然。

（二）探索上海特点的银行业交叉性风险穿透监管模式

上海银行业交叉性风险穿透监管的路线方针是"双轮驱动"：推动构建上海银行业全方位金融创新协同监管体系与全球性金融开放试验基地建设。方式方法是"四大协同"：全面金融监管与全面风险监管统一、透明创新监管与普惠金融监管一致、业务功能监管与市场行为监管协同、产业金融监管与商业模式监管相容。行动纲领是"四管齐下"：同业监管治理、理财监管治理、资产证券化监管治理与金融服务交叉合作治理齐抓共管。突破重点是"四个领先"：风险协同监管、透明创新监管、普惠金融监管与数据科技监管先行先试。

1. 交叉性风险穿透监管的"双轮驱动"

当今世界国家之间的市场联系越来越紧密，任何行业都不能孤立存在、封闭发展，金融与银行作为经济与产业的血液、社会与市场的桥梁，风险与危机作为野蛮创新通病、盲目发展敌人，都是发展规律的体现。这就是说，风险交叉穿透只会更复杂、更多变、更危险。事实上，金融再也不能为金融而金融，银行再也不能为银行而银行，金融风险监管是维护稳定与发展的助手。银行业作为金融业的最支柱行业，在防范金融交叉性风险穿透的系统性过程中必须冲锋在前。经济史证明，发展要靠银行业支持。金融危机证明，风险处置与市场救治必须信任银行业。

上海"5＋1"综合发展体系建设不仅对产业、行业与企业的结构现代化提出了与时俱进的要求，而且对市场、业务与产品的创新国际化提出了先进规范的要求。与此同时，风险异化也就不可避免，交叉性风险穿透监管将面临更多新挑战。应对策略是，集中围绕交叉性创新风险穿透监管与交叉性开放风险穿透监管，持续做好交叉性风险穿透的识别、度量、预警、处置与模拟等各项工作，有方案和计划，有流程和机制，有平台和规范。简而言之，遵循简单、透明和可比要求，集中管好多层产品嵌套，着力管住跨境交叉风险。

2. 交叉性风险穿透监管的"四大协同"

风险的本质没有变，但是风险的形式在加速衍生、演变和异化。传统风险与交叉性风险的巨大差别根源于产品、业务、市场等微观结构的叠合，特别是企业、行业与产业结构等中观结构的巨变。对上海银行业而言，不仅要坚持优化微观审慎层面（银行业维度）的交叉性风险穿透监管，而且要加强、加大中观审慎层面（区域金融系统维度）的穿透监管协同，特别要积极参与宏观审慎层面（健全完善法律法规）的穿透监管行动。"5＋1"宏大战略进程中，上海银行业要在方式方法上，从"全面性""透明性""普惠性""科技性"四个要点上大做文章，有大突破，才能推动并实现全面金融监管与全面风险监管的"统一"、透明创新监管与普惠金融监管的"一致"、业务功能监管与市场行为监管的"协同"以及产业金融监管与商业模式监管的"相容"。

3. 交叉性风险穿透监管的"四管齐下"

风险穿透源于产品与业务交叉，后者源于同业业务、理财业务、资产证券化业务和跨业合作业务之间多维关联、隐蔽交叉及其复杂结构。

摸清风险交叉穿透底数，包括风险穿透点、风险穿透源、风险穿透度、风险穿透结构以及风险穿透趋势，必须对同业、理财、资产证券化与跨业合作四管齐下、齐抓共管，厘清七大风险交叉圈层的不同穿透主体、穿透范围、穿透力度和穿透表现。为此需要抽丝剥茧、从简至繁，方能层层穿透、由表及里。其中，投资套利是要害，特别要重点针对同业投资中的委托贷款、理财投资中的嵌套投资、资产证券化中的 SPV 等典型渠道及其复杂结构，进行深入风险排查和交叉比对，掌握关键穿透点、典型穿透形式和主要穿透路径。

4. 交叉性风险穿透监管的"四个领先"

上海银行业一直敢于率先、敢于创新、敢于开放。一是在金融交叉性风险穿透监管的全国大行动中，只有敢于协同、善于协同、乐于协同，才能更快速全面摸清风险穿透点、更广泛深刻厘清风险穿透形式与路径。与传统风险检查与处置不同，交叉性风险穿透监管唯有跨行业、跨部门、跨地区监管多维协同，才能找准风险、摸清结构、发现典型并提供范例。二是紧抓透明度这个创新监管"秘诀"，这是发展可持续、实体能增长、金融能普惠的关键。监管干预重在维护消费者权益，而充分的创新透明度才更有效力。风险穿透的一个主要原因就是因为产品形式不透明、业务结构不透明和机构行为不透明，透明度监管不仅仅是国际经验、市场惯例，也是依法监管、依法行政的要求。三是提升金融社会责任意识，把交叉性风险监管提升到普惠金融的更高政治境界。交叉性风险穿透是监管的难点，是社会的大敌。以庞氏金融为代表模式的一系列投资诈骗不仅损害广大金融消费者的利益，关键在于其破坏经济稳定，阻碍社会发展。金融业的特殊性、规模性、关联性决定了金融行为的两面性，机构行为与高管行为是影响社会金融普惠质量的重要因素，因此，风险穿透监管必须穿透到行为之中。四是率先探索科技监管新模式，在大数据监管工程建设方面先行先试。科技监管既是交叉性风险穿透监管的得力助手，也是普惠金融的好朋益友。上海银行业有更好的数据条件、市场条件和人才条件，监管科技协同与金融科技协同二者既是风险预警与危机应对体系建设的唯一选择，也是"5+1"综合大体系建设的政治要求和科技要求。

（三）一揽子对策及操作建议

1. 转变监管理念，完善监管治理

建议一：加强党的领导是银行业"强监管"的第一要务。十九大报告指出，中国特色社会主义道路最本质特征和最大优势是党的领导。这也是经过近百年实践证明的成功经验。加强党的领导，提高决策水平与执行力，是两次"强监管"的重要举措。加强党的领导，要求监管部门始终贯彻"为民监管"的宗旨，要求银行业金融机构树立并不断强化"为民经营"的理念，树立风险防范的宗旨意识和责任意识。

历次检查发现，银行是非常清楚各类交易实质的，从银行端追踪交易资金流即能够做到完全穿透管理，不存在因为分业监管和跨机构、跨市场不能穿透的问题，根本原因在于银行有无穿透意愿，是不是愿意付出穿透的成本。因此，做好交叉性金融风险防范首先要"党指挥枪"，督促银行树立为民经营的宗旨意识，强化银行履行主体责任的责任意识，矢志不渝地督促银行业金融机构严格落实穿透和拉直管理要求。

建议二：在监管治理架构上求突破。根据全国金融工作会议加强综合监管、突出功能监管和行为监管的指示精神，机构监管应深化、细化分类监管，而在功能监管上，必须突出扁平化治理。原上海银监局多年来持续加强监管架构治理，在功能监管方面有成绩、有经验（参看三维一体监管治理架构图）。在监管架构治理特别是在功能监管架构治理方面，仍待进一步深化、优化和细化。其中，功能监管的制度突破是关键，涉及机构监管作为处室与功能监管行政地位的关系问题。

建议三：加强监管协同，包括区域协同、行业协同和国际监管交流与合作。一是在当前属地监管的基础上，建立中央地方金融监督管理部门交叉性金融业务监管联席会议，减少乃至消弭金融机构、业务、产品跨区域交叉造成的监管套利和监管真空。二是建立统一的跨行业监管信息平台，及时交流交叉性产品与交叉性业务相关统计信息、创新动态。建立监管部门制度性例会，协调交叉性风险穿透监管操作规范与操作方式，统一及协同风险提升规范。督促各个金融行业协会加强交叉性金融业务与人员自律规范协同管理，奖励先进者，惩戒违法违规者。三是更加突出上海银行业国际监管交流与合作。借力上海"5＋1"国际名片和环球商标的声誉优势，积极主动学习交叉性金融业务监管新知识、新实践，科学借鉴国际同行对交叉性金融风险的有效监管经验。

2. 加强金融基础设施建设

建议四：建立全国领先的金融大数据监管体系。一是重视交叉性业务分析风险模型研发，助力压力测试。二是不断提升大数据模型的"查虫"功能，确保提升现场检查的精确度。三是加强信息技术风险监管及区域协同。上海银行业要在科技金融（FinTech）研发上领先，在监管科技（RegTech）区域协同上率先。四是切实落实预期监管。

建议五：组建国际一流的监管人才队伍。金融是高度专业化的行业，世界范围内看，金融领域囊括了最顶尖的人才，为了应对当前高度复杂、不断发展变化的交叉性金融业务和风险，需要既有监管视野、理论功底和市场实操经验的监管人才方能胜任。吴晓求总结了金融人才的五个要素：深厚的理论逻辑，卓越的专业能力，创新动力和风险意识的平衡能力，开放的态度和国际化视野，法治理念和道德底线。实际上，金融监管部门纷纷进行了组建专业化监管人才队伍的探索，证监会组建了飞行检查大队，独立于其他部门，原中国银监会也设立了现场检查局，专门负责全国范围内的大型现场检查项目。这是非常有益的探索，也是未来监管发展的一个方向。

建议六：统一监管标准。银行业市场整治应与证券保险等领域市场整治相配合，监管协调性强。监管部门相互配合可以避免"逐底竞争"的出现：2012年原银监会因信托通道诸多乱象而加强监管，此时证监会则鼓励证券行业开展创新、放开资产管理业务，结果原先信托业老客户转往证券行业继续套"通道"，整体监管效果大打折扣。在本次"强监管"统筹下，人民银行、银保监会等四部委制定了《关于规范金融机构资产管理业务的指导意见》，对银行、证券、保险、基金、信托等行业的资产管理业务进行统一约束，充分显示了一体化整治的优势。

建议七：补齐制度短板。"强监管"的成果需要制度巩固。与其他行业不同，银行业存在大量规则，这些规则如复杂管道网，引导资金从富余者精准地流向需求者。利率和汇率自由化、资本充足率制度、存款保险制度、各类风险监控指标等，经实践锻造成为该管道网的基础架构。还有更多、更细节的规则成为管道网的支管，在细微处发挥引流作用。每一次危机或乱象治理后，原有规则都会加以改进，进而让整个管道网络更加高效、精密、耐用。中国两次"强监管"中，一项重要的工作就是改进规则。1998 年前后，监管部门针对存贷款及外汇等领域，先后出台了近百项指导意见，有效推动了银行业改革、巩固了"强监管"成果。今年以来，监管部门先后推出关于银行股权、委托贷款、大额授信、融资担保等领域管理办法（详见附录），针砭时弊，有效巩固了"强监管"阶段性成果。

3. 具体执行层面

建议八：落实"四个穿透"。高举功能监管大旗，做大做强功能监管，开辟拓宽四条道路。一是对高风险产品，坚定资本监管穿透（向下穿透、纵向穿透），明晰基础资产投向、层级、结构及转型。贯彻产品设计简单性原则，严格期限匹配，限制多层嵌套。二是对高风险投资者，严格监管投资者穿透（向上穿透/纵向穿透），把合格投资主体确认与风险提升、风险承担工作做实、做细。三是对高风险业务与风险管理机构，加强交易行为穿透（横向穿透/过程穿透）。严格评估并警惕监测交易对手风险，打击合同欺诈与交易舞弊，落实市场风险监管要求。四是对风险穿透监管者，突出制度穿透（行政监管），加强监管部门之间、监管与地方之间、区域之间的多维协同，突出监管透明度。

建议九：整合同业监管、理财监管和票据监管。防套利与空转"两手抓两手硬"，严防"金融灰犀牛"与"经济灰犀牛"交叉传染。严格落实房地产金融宏观调控。做细、做实债委会工作，积极应对各类"灰犀牛事件"。需要指出的是，应更加重视票据业务交叉性风险监管。对应于同业业务交叉性风险穿透与理财业务交叉性风险穿透的更高市场关注度，票据业务的交叉性风险穿透问题的严重性可能被低估了。其实，票据业务已经广泛涉及资产证券化业务、资管业务、票据买入返售业务、票据托管业务、票据税收问题、新金融会计准则调整等一系列风险交叉因素。

建议十：重视辖内银行业金融机构第三方业务合作与跨业服务合作等行为规范的统一监管。一是由交易场所清理整顿牵头部门建立交易平台"白名单"制，便于商业银行根据名单实施业务准入，开展向违法交易场所提供的金融业务进行自查自清。二是加强顶层监管，明确业务性质。引导各商业银行总行层面建立规范的业务合作模式。对于设立合法、业务合规的交易所，按照业务实质与银行职责相统一原则进行合作。三是对商业银行予以窗口指导。商业银行应严格根据国办发〔2012〕37号文和清整联办〔2016〕12号文的有关规定，确认拟合作交易场所的机构、业务和客户的合法性，严格执行准入标准。

建议十一：更加重视对金融中介服务机构的监管。会计师事务所、评级机构、律师事务所等金融中介服务机构主要从事财务审计、信用评级、信用增级等业务，在交叉性金融业务尤其是资产证券化过程中扮演了重要角色，也是整个金融市场信用体系中的重要一环。此前中介服务机构基本上依赖于行业自律，缺乏刚性有效的监管，引发多起乱象，助推市场泡沫。推动建立交叉性金融业务会计、审计、律师、评级、税务等中介机构大联席会议制度。SPV已经纳入同业投资范畴，重点加强SPV叠加产品监管与风险提示。

建议十二：应对地方债务交叉风险与穿透监管。杠杆具有顺周期性，控制住杠杆才能控制住资产泡沫，在打好防范化解金融风险攻坚战方面，要坚持底线思维，坚持稳中求进，抓住主要矛盾。要以结构性去杠杆为基本思路，分部门、分债务类型提出不同要求，推动地方政府和企业特别是国有企业尽快把杠杆降下来，努力实现宏观杠杆率稳定和逐步下降等。

四、中国风险穿透监管的未来展望

（一）资管新规与统筹管理

1. 功能监管日益受到重视

2017 年，第五次全国金融工作会议提出了要加强功能监管，强调金融服务实体经济的原则，设立了国务院金融稳定发展委员会，强化中国人民银行宏观审慎管理和系统性风险防范职责。随后，资管新规明确了统一同类资产管理产品监管标准的方向，也明确了资产管理行业未来"机构监管与功能监管相结合"的监管理念。结合 2018 年两会上公布的《国务院机构改革方案》，可以看出，在对资产管理产品统一标准的基础上，国务院金融稳定发展委员会和中国人民银行有望强化对整个资产管理行业的一致监管，银保监会和证监会有望同时对监管对象的资产管理业务实施监管，即实现"机构监管与功能监管相结合"，监管体系将从注重机构监管逐步过渡到机构监管与行为监管相统一，跨部门与跨地区联动监管的重要性将日益显现。

资管新规的颁布是在"金稳会"成立，原银监会、原保监会合并成立银保监会之后，首个由人民银行牵头，银保监会、证监会、外汇管理局共同参与制定、实施的跨行业混业监管的规范性文件，文号为银发〔2018〕106 号，从中也可以看出，金融行业监管法律法规文件的起草逐步转由人民银行实施。人民银行与"二会"的分工，人民银行更主要从宏观审慎的角度进行监管。二者均体现了"一行二会"的分工。

未来监管将加强监管协调，强化宏观审慎管理，按照"实质重于形式"原则实施功能监管，是规范资管业务的必要举措。中国人民银行负责对资管业务实施宏观审慎管理，按照产品类型而非机构类型统一标准规制，同类产品适用同一监管标准，减少监管真空，消除套利空间。金融监督管理部门在资管业务的市场准入和日常监管中，要强化功能监管。

2. 资管新规下监管体系将日趋统一

资管新规对未来资管行业的发展，将会带来积极的变化。从市场结构来看，商业银行、券商、保险、信托、基金，接下来都会站在同一竞争起跑线上，这有利于市场公平竞争，最大限度消除监管套利的空间。

2018 年以前"一行三会"金融监管格局已经形成多年。从我国金融业的发展来看，分业监管比较适合于体量小、发展不均衡的金融业发展初期。从鼓励发展金融市场来看，分业监管顺应了历史发展规律。但随着我国金融业的快速发展，体量的迅速扩增，分业监管的弊端逐渐显现：一是监管空白，日异月新的金融产品或金融机构不能及时纳入法律的规制下，出现大量不受监管的影子银行活动；二是由于各自设定标准，带来监管套利机会。资管新规未颁布前，银行、信托、证券、基金、期货、保险、金融资产投资公司等金融机构对资产管理产品的理解各不相同，监管要求和力度均不一致，例如，当房地产出现泡沫，原银监会发文要求银行资金不得投资于金融房地产行业，而实际情况却是银行资金出表后借道券商、基金等通道进入房地产行业，以此规避监管，实现套利。近年来发生的钱荒、股灾以及期货暴炒和债券违约潮等，均从不同层面、角度反映出分业监管已经不适合金融混业经营的新局面，金融监管体系改革呼声越来越高。2018 年初，银保监会的合并，预示着监管体系将随之改革。

2016 年 6 月，社科院国家金融与发展实验室发布《中国金融监管报告（2016）》称，金融监管框架调整不能盲目照搬国外模式，不宜妄动，建议采取"三层 + 双峰"模式。所谓"三层"指顶层的金稳会，中间层的具体金融监管机构，底层的地方监管部门；所谓"双峰"指中间层内部将具体的监管职能分为审慎监管机构和行为监管机构。整体布局为"一委、一行、一会、一局"模式，即在"金稳会"领导下的中央银行、金融监管委员会、中小投资者和金融消费者保护局。

我国金融监管体系已经初步确立了"三层＋双峰"的框架。首先，顶层已经没有悬念，"金稳会"是金融监管最高机构，目前更多的功能在于协调，资管新规的出台，显示了"金稳会"的政策协调力度，通过逐步梳理各监管机构之间的冲突、重叠和真空地带，为进一步调整和理顺"三层"中的"中间层"做好基础。其次，中间层目前的格局是"一行二会"，即人民银行、银保监会、证监会，人民银行与"二会"之间的分工将会更加明确，宏观审慎监管和微观审慎监管相分离、审慎监管与行为监管相分离，使"双峰"格局更加明显。最后，作为"三层"中的最底层，各地金融办变革的金融监管局承担更加重要的职责。

资管新规明确界定了资产管理业务、资产管理产品的定义，由原来的分别定义变成了统一口径，目的是按照党中央、国务院决策部署，规范金融机构资产管理业务，统一同类资产管理产品监管标准，有效防控金融风险。

最后，资管新规相较于征求意见稿给予了较长的过渡期，使得改革过程循序渐进，避免操之过急，引发金融行业动荡，保证金融市场稳定和发展。

3. 资管新规下资管市场将有效规范

在我国资产管理业务中，由于刚性兑付和融资扭曲的双重影响，"找钱"比"管钱"更重要，这扭曲了我国资产管理产业链的分布。从资金来源看，来自机构的短期资金，由于体量优势和相对成本较低，成为资管体系中最渴求的资金资源；从而使得资源容易集中在销售渠道、客户维护、通道设置等业务线上。而随着中国证券登记结算有限公司发布新版《特殊机构及产品证券账户业务指南》，统一了各类机构的投资范围，使得银行理财产品投资范围不再受限。本次业务指南修改，去除了理财委外投资账户开立的障碍，配合资管新规要求资管产品只允许投资一层资管产品的规定，将有效减少银行理财委外的嵌套操作，有利于资管行业的长期健康发展。

（二）科技在穿透式监管中的应用

科技与金融存在许多潜在的结合点，这其中包括大数据、区块链技术与人工智能技术在金融领域中的应用，未来有着广阔的前景。

随着中国金融领域的发展，金融穿透现象的普遍，大数据分析、人工智能将是穿透监管的重要手段。通过大数据收集和分析，能够协助监管部门厘清资金脉络，穿透多层嵌套，分析风险点和及时发现问题。

区块链技术能够在一定程度上减少信息不对称，增加信息透明度，有利于实时信息的传递，也能使得管理层更好地掌握资金流向，从而有效化解风险，使金融更好服务实体经济。人工智能技术对于更好地分析金融潜在风险，进行压力测试模拟等有着强大的优势。金融是一种信用交易，信用是金融的基础，而金融最能体现信用的原则与特性。目前，为了解决交易中的信用问题，基本都是采取第三方信用中介，比如银行、政府等。某种程度上，这样的机构是有存在的价值的，它们为我们降低交易的信用成本，保障交易正常进行，但是我们需要为此付出一些成本，常见的就是各类手续费。而区块链作为一种分布式账本技术，其账本信息公开透明、不可篡改，可作为一种征信、授信的手段，降低信任成本，将传统的对中心化信用机构的信任转变为对区块链账本的数据信任。区块链技术可作为货币提供价值流通的功能，更好地融入金融行业体系。因此区块链技术与泛金融行业具备强适配性。最后，在技术层面，现代泛金融行业的业务活动本身即具有数据的性质，如账户管理、交易操作等本身就是数据的修改、传输，属于区块链技术易于产生应用的行业。

（三）金融回归服务实体经济本质

随着去杠杆进入尾声，让金融杠杆更好满足服务实体经济这一根本目的是国家未来的重中之重。2018 年 8 月，银保监会按照党中央、国务院决策部署，坚持防范化解金融风险和服务实体经济相结合，通过推动机制创新、加大政策扶持、完善激励措施，畅通货币政策传导机制，增强银行保险机构服务实体经济的能力和意愿，提高金融资源配置效率，促进实体经济与金融良性循环。推出一系列有效举措：

引导银行保险机构加大资金投放力度，保障实体经济有效融资需求。指导银行保险机构准确把握促进经济增长与防控风险的关系，正确理解监管政策意图，充分利用当前流动性充裕、融资成本稳中有降的有利条件，加大信贷投放力度，扩大对实体经济融资支持。推动机制创新，提高服务实体经济能力。

调整贷款损失准备监管要求，鼓励银行利用拨备较为充足的有利条件，加大不良贷款处置核销力度，上半年共处置不良贷款约 8000 亿元，较上年同期多处置 1665 亿元，腾出更多信贷投放空间。合理确定市场化债转股风险权重，推动定向降准资金支持债转股尽快落地，盘活存量资产，提高资金周转效率。督促银行适当提高利润留存比例，夯实核心资本，积极支持银行机构尤其是中小机构多渠道补充资本，打通商业银行补充一级资本的渠道，增强信贷投放能力。

健全激励机制，增强服务实体经济的意愿。指导银行健全内部激励机制，加强对不良贷款形成原因的甄别，落实尽职免责要求，进一步调动基层信贷投放积极性。着力缓解小微企业融资难融资贵问题，优化小微金融服务监管考核办法，加强贷款成本和贷款投放监测考核，落实无还本续贷、尽职免责等监管政策，提高小微企业贷款不良容忍度，有效发挥监管考核"指挥棒"的激励作用。2018 年前 7 个月，银行业小微企业贷款增加 1.6 万亿元，增速持续高于同期全部贷款增速。督促银行机构综合分析民营企业风险状况，加大对主业突出、信誉良好的民营企业授信支持，合理确定贷款价格，适度降低融资成本。

附　　录

一、重要法规

理财：

1. 中国人民银行、中国银行业监督管理委员会、国家外汇管理局关于发布《商业银行开办代客境外理财业务管理暂行办法》的通知（银发〔2006〕121 号）

2. 中国银行业监督管理委员会办公厅关于商业银行开展代客境外理财业务有关问题的通知（银监办发〔2006〕164 号）

3. 中国银监会办公厅关于调整商业银行代客境外理财业务境外投资范围的通知（银监办发〔2007〕114 号）

4. 中国银监会办公厅关于进一步调整商业银行代客境外理财业务境外投资有关规定的通知（银监办发〔2007〕197 号）

5. 中国银监会办公厅关于进一步加强商业银行代客境外理财业务风险管理的通知（银监办发〔2008〕259 号）

6. 中国银监会关于进一步规范银信合作有关事项的通知（银监发〔2009〕111 号）

7. 中国银监会关于印发《银行业个人理财业务突发事件应急预案》的通知（银监发〔2009〕115 号）

8. 中国银监会关于规范银信理财合作业务有关事项的通知（银监

发〔2010〕72 号)

9. 中国银行业监督管理委员会关于进一步规范银信理财合作业务的通知(银监发〔2011〕7 号)

10. 中国银监会办公厅关于规范银行业金融机构信贷资产收益权转让业务的通知》(银监办发〔2016〕82 号)

11. 金融资产投资公司管理办法(试行)(中国银行保险监督管理委员会令 2018 年第 4 号)

12. 商业银行理财业务监督管理办法(中国银行保险监督管理委员会令 2018 年第 6 号)

13. 中国人民银行、中国银行保险监督管理委员会、中国证券监督管理委员会、国家外汇管理局关于规范金融机构资产管理业务的指导意见(银发〔2018〕106 号)

票据:

1. 中国人民银行关于印发《商业汇票承兑、贴现与再贴现管理暂行办法》的通知(银发〔1997〕216 号)

2. 中国人民银行关于印发《支付结算办法》的通知(银发〔1997〕393 号)

3. 中国人民银行关于切实加强商业汇票承兑贴现和再贴现业务管理的通知(银发〔2001〕236 号)

4. 中国人民银行关于完善票据业务制度有关问题的通知(银发〔2005〕235 号)

5. 中国银行业监督管理委员会关于票据业务风险提示的紧急通知(银监通〔2006〕10 号)

6. 电子商业汇票业务管理办法(中国人民银行令〔2009〕第 2 号)

7. 票据管理实施办法(2011 修订)(中华人民共和国国务院令第 588 号)

8. 中国银行业监督管理委员会办公厅关于银行承兑汇票业务案件

风险提示的通知（银监办发〔2011〕206 号）

9. 中国银监会办公厅关于信托公司票据信托业务等有关事项的通知（银监办发〔2012〕70 号）

10. 中国银监会办公厅关于加强银行承兑汇票业务监管的通知（银监办发〔2012〕286 号）

11. 中国人民银行关于银行票据风险案件的通报（银发〔2013〕148 号）

12. 中国银监会办公厅关于银行业信贷资产流转集中登记的通知（银监办发〔2015〕108 号）

13. 票据交易管理办法（中国人民银行公告〔2016〕第 29 号）

14. 中国人民银行、中国银行业监督管理委员会关于加强票据业务监管促进票据市场健康发展的通知（银发〔2016〕126 号）

15. 中国人民银行关于规范和促进电子商业汇票业务发展的通知（银发〔2016〕224 号）

16. 中国人民银行关于加强电子商业汇票交易管理有关事项的通知（银发〔2017〕165 号）

17. 中国银行保险监督管理委员会办公厅关于规范银行业金融机构跨省票据业务的通知（银保监办发〔2018〕21 号）

同业：

1. 中国银行业监督管理委员会办公厅关于规范同业代付业务管理的通知（银监办发〔2012〕237 号）

2. 中国人民银行、中国银行业监督管理委员会、中国证券监督管理委员会等关于规范金融机构同业业务的通知（银发〔2014〕127 号）

3. 中国银行业监督管理委员会办公厅关于规范商业银行同业业务治理的通知（银监办发〔2014〕140 号）

4. 中国人民银行关于加强银行业金融机构人民币同业银行结算账户管理的通知（银发〔2014〕178 号）

信托：

1. 中国银行业监督管理委员会关于进一步规范银信理财合作业务的通知（银监发〔2011〕7 号）

2. 中国银监会、财政部关于印发《信托业保障基金管理办法》的通知（银监发〔2014〕50 号）

3. 中国银行业监督管理委员会办公厅关于信托公司风险监管的指导意见（银监办发〔2014〕99 号）

4. 证券期货经营机构私募资产管理业务运作管理暂行规定（中国证券监督管理委员会公告〔2016〕13 号）

5. 全国社会保障基金信托贷款投资管理暂行办法（2016 年修订版）（社保基金厅发〔2016〕97 号）

6. 中国银监会关于印发信托登记管理办法的通知（银监发〔2017〕47 号）

7. 中国银监会关于印发商业银行委托贷款管理办法的通知（银监发〔2018〕2 号）

资产证券化：

1. 证券公司及基金管理公司子公司资产证券化业务管理规定（中国证券监督管理委员会公告〔2014〕49 号）

2. 中国证券投资基金业协会关于发布《资产支持专项计划备案管理办法》及配套规则的通知（中基协函〔2014〕459 号）

3. 中国银监会关于印发金融资产管理公司资本管理办法（试行）的通知（银监发〔2017〕56 号）

治理金融市场乱象：

1. 中国银行业监督管理委员会关于进一步规范银行业金融机构信贷资产转让业务的通知（银监发〔2010〕102 号）

2. 中国银监会关于进一步加强信用风险管理的通知（银监发〔2016〕42 号）

3. 中国银监会办公厅关于规范银行业金融机构信贷资产收益权转让业务的通知（银监办发〔2016〕82 号）

4. 中国银监会关于提升银行业服务实体经济质效的指导意见（银监发〔2017〕4 号）

5. 中国银监会关于集中开展银行业市场乱象整治工作的通知（银监发〔2017〕5 号）

6. 中国银监会关于银行业风险防控工作的指导意见（银监发〔2017〕6 号）

7. 中国银监会关于切实弥补监管短板提升监管效能的通知（银监发〔2017〕7 号）

8. 中国银监会关于规范银信类业务的通知（银监发〔2017〕55 号）

9. 中国人民银行、银监会、证监会、保监会关于规范债券市场参与者债券交易业务的通知（银发〔2017〕302 号）

10. 商业银行股权管理暂行办法（中国银行业监督管理委员会令 2018 年第 1 号）

11. 中国银监会关于印发衍生工具交易对手违约风险资产计量规则的通知（银监发〔2018〕1 号）

12. 中国银监会关于印发商业银行委托贷款管理办法的通知（银监发〔2018〕2 号）

13. 中国银监会关于进一步深化整治银行业市场乱象的通知（银监发〔2018〕4 号）

14. 商业银行大额风险暴露管理办法（中国银行保险监督管理委员会令〔2018〕1 号）

15. 商业银行流动性风险管理办法（中国银行保险监督管理委员会令〔2018〕3 号）

16. 中国银行保险监督管理委员会关于印发银行业金融机构数据治理指引的通知（银保监发〔2018〕22 号）

二、典型案例

严监管、重处罚是目前金融领域的执法关键词。本部分收集了近几年国内外部分金融业处罚案例，通过这些案例可以看出，当前金融案件总体上呈现出处罚金额巨大化、处罚对象多样化、违规行为复杂化等特点，违规问题包括内控管理缺失、绩效考核机制不合理、销售不当、内外勾结、违规担保、欺诈行为等。

（一）银行业处罚案例

以下列举了部分国内外银行业监管处罚案例，这些银行机构出现违规的主要原因在于：一是对于交叉销售缺少管理；二是建立不切合实际的绩效考核机制；三是松散失效的内部管理体系。这些案例存在的风险点有：违规办理业务、开立虚假账户、伪造合同和印章、激进的交叉销售策略、扭曲的激励制度导致的操作风险；误导、承诺固定回报、违规担保的合规风险、声誉风险；欺诈行为的法律风险；非法套取和挪用资金、授信违规、信贷违规的信用风险；未按规定做好审核调查的操作风险、合规风险；价格同盟引发市场风险、系统性风险、合规风险。

我国银行机构要充分、审慎开展各类交叉销售业务。一是重视宏观监管，提高风控意识，及时做到发现问题，防范问题。二是进一步强化产品的销售管理，不断地完善跨业代销产品的准入制度、考核制度和销售制度，对于产品信息做到充分披露，不得进行误导和过度销售。三是建立完善的员工行为管理制度，不断完善激励约束机制，防止过度追求短期目标而忽视内控和风险的行为，对违反制度的人员及责任人予以严肃惩罚并对发现的问题及时进行整改。

案例 1：美国富国银行案

美国富国银行（Wells Fargo）因违反《消费者金融保护法》和

《联邦贸易委员会法案》，被美国消费者金融保护局（CFPB）和货币监理署（OCC）处以10亿美元罚款。这是特朗普上任以来，针对金融服务公司最严厉的执法。

富国银行违规行为包括：一是开立虚假账户。该行员工在未经客户授权的情况下，为客户开立普通支票账户和信用卡账户。二是捆绑销售。将信用卡、保险和跨境收支等业务打包销售，并强制消费者购买不必要的汽车保险。三是违规收费，采取延长抵押贷款利息锁定期等行为以收取客户费用扩大收入。

随着银行规模的扩张，业务范围的扩大，金融服务领域的延伸，交叉销售策略给不当销售可乘之机。同时，银行疏于对销售人员行为的管理，员工借助为客户开展多种业务的便利，进行捆绑和欺诈等不正当销售行为。该行曾在2012年发现销售问题，但并未采取行动及时整改，也未调整激进的交叉销售策略和扭曲的激励制度，导致违规行为愈演愈烈。

（资料来源：杨东. 从富国银行10亿美元罚单看美国金融消费者保护［EB/OL］. 金融时报－中国金融新闻网，2018－05－16.）

案例2：巴克莱银行、苏格兰皇家银行、美国银行、花旗银行、瑞银集团、摩根大通、汇丰控股等LIBOR操纵系列案件

2012年，巴克莱银行因操纵LIBOR，向美国当局缴纳了3.6亿美元罚款，向英国金融管理局缴纳了5950万英镑罚款。同年，瑞士联合银行集团向多国监管机构支付了约合15.3亿美元的罚款，这是其为6年间操纵日元LIBOR和欧元兑日元期货合约付出的代价。2013年2月，苏格兰皇家银行因操纵日元和瑞士法郎的LIBOR报价，被美国当局处以共计4.75亿美元的罚款。2014年11月，欧美监管机构以未能阻止旗下交易员操纵LIBOR为由，决定对苏格兰皇家银行、美国银行、花旗银行、瑞银集团、摩根大通、汇丰控股六家银行处以43亿美元的

罚款。

（资料来源：金满涛. 欧美国家银行处罚案例的启示［J］. 中国外汇，2016 年第 3～4 期合刊.）

案例 3：摩根大通、花旗集团、通用电气等
违规销售金融产品系列案件

2013 年 10 月，摩根大通承认其在 2005—2007 年，违规把住房抵押贷款债权销售给房利美、房地美及其他投资者。为此，摩根大通交付了 130 亿美元的巨额和解费，其中的 90 亿美元作为罚款，40 亿美元用于救济经济条件困难的购房者。一同受到起诉的花旗集团、通用电气等机构，也与联邦住房金融局实现和解；而瑞士联合银行集团则于 2013 年 6 月向该监管机构缴纳了 8.85 亿美元罚款。

（资料来源：金满涛. 欧美国家银行处罚案例的启示［J］. 中国外汇，2016 年第 3～4 期合刊.）

案例 4：法国农业信贷银行、汇丰银行及
摩根大通操纵欧元利率

2016 年 12 月，欧盟委员会反垄断部门对法国农业信贷银行、汇丰银行及摩根大通三家大银行处以累计 4.85 亿欧元（约合 5.2 亿美元）的罚款，因其涉嫌操纵欧元基准利率。这三家银行于 2005 年至 2008 年参与了一项由七家银行组成的价格同盟，以此操纵反映银行借贷成本的欧元银行间同业拆借利率（Euribor）。摩根大通被罚款 3.37 亿欧元、法国农业信贷银行被罚 1.15 亿欧元、汇丰银行被罚 3360 万欧元。

欧盟表示，这些银行违法地交换了敏感信息，并从特定金融产品的交易中获得了巨大的利润。

（资料来源：欧洲三大银行被开出 4.85 亿欧元罚单，涉操纵欧元利率［EB/OL］.

中国台湾网，2016－12－09.）

案例5：广发银行违规担保案

2017年，银监系统开出了3452张罚单，涉及1877家机构和1547名被处罚责任人员，罚没金额近30亿元，这个数额是2016年的十倍！平均每张罚单金额86.9万元，而最大的罚单来自广发银行违规担保案，罚没金额高达7.22亿元。

2016年12月20日，广东惠州侨兴集团下属的2家公司在"招财宝"平台发行的10亿元私募债到期无法兑付，该私募债由浙商财险公司提供保证保险，但该公司称广发银行惠州分行为其出具了兜底保函。之后10多家金融机构拿着兜底保函等协议，先后向广发银行询问并主张债权。由此暴露出广发银行惠州分行员工与侨兴集团人员内外勾结、私刻公章、违规担保案件，涉案金额约120亿元，其中银行业金融机构约100亿元，主要用于掩盖该行的巨额不良资产和经营损失。

这是一起银行内部员工与外部不法分子相互勾结、跨机构跨行业跨市场的重大案件，涉案金额巨大，牵涉机构众多，情节严重，性质恶劣，社会影响极坏，为近几年罕见。

（资料来源：程婕.7.22亿元！原银监会开出史上最大罚单［EB/OL］.搜狐财经，2017－12－11.）

案例6：民生银行飞单案

2017年4月17日上午，已经有120多名投资者签名登记，要求民生银行按期兑付理财产品，并查处违法违规行为。这些客户表示，他们在2016—2017年通过民生银行航天桥支行行长、副行长、理财经理强力推荐，在柜台内购买了"非凡资产管理保本理财产品"。工作人员向他们推荐该产品时称，该产品保本保息，由于"原投资人急于回款，愿意放弃利息，一年期产品原本年化收益率4.2%，还有半年到期，相当于年化8.4%的回报"。这些产品以"非凡"系列××期命名，跟民生银行正常在售的理财产品从名称上十分接近。工作人员还说，这个产品是好不容易从总行申请到的，只给鲸钻高尔夫俱乐部的大客户。

民生银行北京分行根据客户反映的信息排查发现，航天桥支行行长张颖涉嫌伪造保本保息理财产品向该行鲸钻高尔夫俱乐部的逾150名私人银行客户销售，使用伪造的理财合同和银行印章，骗取客户的理财资金，涉案资金总规模可能高达30亿元。该理财产品从未在民生银行总行备案，通过官方渠道无法追查投资资金的具体流向。《北京银监局行政处罚信息公开表》显示，民生银行北京分行下辖航天桥支行涉案人员销售虚构理财产品以及北京分行内控管理严重违反审慎经营规则。责令中国民生银行北京分行改正，并给予合计2750万元罚款的行政处罚。

（资料来源：民生银行假理财案［EB/OL］.百度百科.）

案例7：邮储银行挪用客户资金和违法办理票据业务

邮储银行武威文昌路支行因挪用客户资金和违法办理票据业务，被罚合计9050万元；案件中其他的违规交易机构包括绍兴银行、南京银行、镇江分行、厦门银行、河北银行、长城华西银行、湖南衡阳衡州农商行、河北定州农商行、广东南粤银行、邯郸银行、乾安县农村信用联社在内的10家银行合计被罚1.28亿元。

2016年12月末，邮储银行甘肃省分行对武威文昌路支行核查中发现，吉林蛟河农商行购买该支行理财的资金被挪用，由此暴露出该支行原行长以邮储银行武威市分行名义，违法违规套取票据资金的案件，涉案票据票面金额79亿元，非法套取挪用理财资金30亿元。

这是一起银行内部员工与外部不法分子内外勾结、私刻公章、伪造证照合同、违法违规办理同业理财和票据贴现业务、非法套取和挪用资金的重大案件，牵涉机构众多，情节十分恶劣，严重破坏了市场秩序。

（资料来源：原银监会依法查处邮储银行甘肃武威文昌路支行违规票据案件［EB/OL］. 中国银行业监督管理委员会网站，2018－01－27.）

案例 8：浦发银行内控失效、不配合检查、授信违规、信贷违规等

通过编造虚假用途、分拆授信、越权审批等手法，违规办理信贷、同业、理财、信用证和保理等业务，违规向 1493 个空壳企业授信 775 亿元，以换取相关企业出资承担浦发银行成都分行不良贷款，浦发银行成都分行被四川银监局依法罚款 4.62 亿元。

这是一起浦发银行成都分行主导的有组织的造假案件，涉案金额巨大，手段隐蔽，性质恶劣，教训深刻。此案暴露出浦发银行成都分行存在诸多问题：一是内控严重失效。该分行多年来采用违规手段发放贷款，银行内控体系未能及时发现并纠正。二是片面追求业务规模的超高速发展。该分行采取弄虚作假、炮制业绩的不当手段，粉饰报表、虚增利润，过度追求分行业绩考核在总行的排名。三是合规意识淡薄。为达到绕开总行授权限制、规避监管的目的，该分行化整为零，批量造假，以表面形式的合规掩盖重大违规。此外，该案也反映出浦发银行总行对分行长期不良贷款为零等异常情况失察、考核激励机制不当、轮岗制度执行不力、对监管部门提示的风险重视不够等问题。

（资料来源：原银监会依法查处浦发银行成都分行违规发放贷款案件［EB/OL］. 中国银行业监督管理委员会网站，2018－01－19.）

案例 9："农行—美的"萝卜章案

2016 年 3 月初，美的集团金融中心安徽分部负责人李某向其大学同学聂某介绍公司投资理财业务的具体要求，其中最重要的就是要有银行的兜底；3 月中旬，聂某向李某推荐了上海中信建投证券投资经理

王某手头的一个 7 亿元成都理财项目，而该项目有农业银行的担保。这个 7 亿元的理财项目，投资期限两年，预期年化收益率为 6.7%。美的通过认购单一资管计划投资，进而委托信托公司向农行成都武侯支行的 3 个"授信客户"发放委托贷款，农业银行成都武侯支行向投资人美的出具保本保收益的《承诺函》。借道资管计划和信托产品，最终流向 3 家借款公司。另有 3 亿元的涉案银行为重庆银行贵阳分行。

据悉，2016 年 3 月 22 日，美的一行几人，由一名自称为"农行成都武侯支行客户经理"的陈某接待来到支行办公室，陈某称一名中年男子为"黄行长"，双方进行了商谈后，"黄行长"便从办公桌抽屉里拿出"农行成都武侯支行"的公章，在李某和朱某仔细核对后进行了盖章。

直到放款后两个月美的方面进行投后核查时，才发现这个 7 亿元项目中最核心的《承诺函》上的印章是伪造的，盖章的"黄行长"、负责接待的"客户经理"陈某都是假冒的。3 个借款企业的授信资料是伪造的，上面盖的公章也全是非法私刻的。

案件侦查在进行之中，主要涉案人员正在或已抓捕归案，美的公司已收回部分委托理财资金，冻结和查扣了大部分涉案资金或资产，部分涉案人员资产在进一步追缴中。

（资料来源．葛佳·揭秘"农行·美的"10 亿骗局内幕细节：真行长办公室内，假行长谈笑中盖章 [EB/OL]．澎湃新闻，2017 – 07 – 01.）

案例 10：工行黑龙江分行违规销售对公理财

黑龙江银监局发布的公告显示，2015 年 6 月以来，工行黑龙江分行辖内 13 家分支机构多次违规销售对公理财，对工行黑龙江分行及所辖 13 家二级分行及责任人予以累计 3400 万元罚款。检查中发现，工行黑龙江分行 6 只理财产品金额 54.7 亿元涉嫌违规，原银监会遂责成黑龙江银监局和工行进行全面核查。通过监管部门检查和该行自查发现，自 2015 年 6 月以来，工行黑龙江分行辖内 13 家分支机构多次违规销售对公理财，虽已全部结清，未形成实质损失，但暴露出省分行及其辖内分支机构经营管理存在严重问题。

黑龙江银监局按照过罚相当原则，依法对工行黑龙江分行及所辖 13 家二级分行及责任人予以累计 3400 万元罚款，其中机构罚款 3310 万元，高管人员罚款 90 万元，给予 15 名高管人员取消任职资格、警告等处罚，并责令工行黑龙江分行按照党规党纪、政纪和内部规章，对有关责任人给予纪律处分。此外，黑龙江银监局对内部监管履职不力人员进行了执纪问责。

（资料来源：程维妙. 工行黑龙江分行违规销售理财产品被罚 3400 万元［EB/OL］. 新浪财经，2018 - 01 - 16. ）

案例 11：花旗银行贷款违规

2015 年 1 月至 10 月，花旗银行辖下部分分行在发放房地产贷款时，违反利率规定。此外，该行对低风险客户的信用卡发卡授信管理不审慎，截至 2015 年末逾期未改正。

原上海银监局决定，对花旗银行（中国）有限公司责令改正，罚没合计人民币 10640134. 43 元。

（资料来源：花旗银行房贷利率违规被原上海银监局罚款 1064 万元［EB/OL］. 和讯网，2017 - 08 - 11. ）

案例 12：中国农业发展银行骗贷案

2016 年 8 月，农发行河北省保定市徐水区支行（以下简称徐水农发行）发生两起骗取贷款案件，从 2015 年开始，徐水两家大型粮食收购企业从徐水农发行获取了 18 亿余元的购粮贷款，其中一家企业将 10 多亿元贷款挪用，建设了房地产项目，给贷款带来重大风险。

从法院宣判结果来看，涉案的两家企业总计十多名相关人员均被认定构成骗取贷款罪。由于严重违反审慎经营规则，徐水农发行也已经被监管部门处罚。

在这两起案件中，透过农发行系统的多份贷款流程管理文件，可以清晰地看出农发行在此类贷款发放后的审查流程中，出现了层层失守的情况，致使并不难发现的挪用贷款问题未被发现，酿成重大风险。

（资料来源：农发行特大骗贷案细节曝光　风险管理值得深思［EB/OL］．新北青财知道，2018－06－25．）

（二）类金融机构处罚案例

当前，非法集资类案件呈现案件总数和涉案金额大幅攀升，涉案面广、影响大的特点，近年来，互联网金融领域涉嫌非法集资乱象频出，据统计，2017 年全国新发涉嫌非法集资案件 5052 起，涉案金额 1795.5 亿元，案件总量仍在高位运行，参与人数持续上升，并且跨省案件多发、全国的重特大案件仍时有发生。在国家相关部门加大整治力度的背景下，2018 年以来，网贷平台出现了"连环爆雷"现象。以下选取了中晋资产、e 租宝、善林金融等民间非法集资案件以及联璧金融这一民间高返平台的案例，这些案件涉案人以投资理财名义承诺超高收益率及零风险吸引投资者，利用架构线上平台与扩张线下平台双管齐下的集聚效应，以进行非法敛财，加速了风险的蔓延。投资者大多对金融产品风险认识不足，往往会掉进陷阱，被高额返利吸引后进行投资。这些高返利平台由于所给予的投资回报太高，使得必须不断用新债去填旧债，同时，对于借款方风险评估体系不够到位，在坏账不断出现的同时短时间内无法收回，若出现投资者挤兑的情况，则平台必然就会瞬间崩塌。国家相关部门也一直在加大整治，为进一步减少此类事件的发生，一是完善法律监管，二是提高执法规范性，三是加大执法力度，四是突出执法重点，五是提高执法有效性。

案例 1：中晋资产

2016 年初，一场起于中晋系美女高管在网上炫富的照片，最终牵涉出庞大的中晋非法集资系列案。通过以"中晋合伙人计划"的名义变相承诺高额年化收益，中晋系向不特定公众大肆非法吸收资金，诈骗金额高达人民币 400 余亿元。其合伙人的种类名目繁多，包括一般合伙人、高级合伙人、明星合伙人、超级合伙人、战略合伙人，以及永久合伙人，并吸引了九球天后潘晓婷等明星加入；其中，高级、永久、超级合伙人各自的出资规模分别为 1 亿元。这些资金除了用于支付员工佣金外，还用于虚增业务收入，额外支付贸易补贴及奖励，同时个人挥霍近 5 亿元。最终以涉嫌非法吸收存款和集资诈骗遭立案，"中晋系"多家公司累计向 2.5 万名投资者非法吸收存款近 399 亿元。

（资料来源：管清友，朱振鑫. 从 1 亿到 1 万：中国式投资陷阱全梳理［EB/OL］. 猎云网，2018 - 04 - 26.）

案例 2：善林金融

自 2013 年 10 月起，善林金融在未经批准的情况下，在全国开设 1000 余家线下门店，通过广告宣传、电话推销及群众口口相传等方式，以允诺年化收益 5.4% ~15% 不等的高额利息为诱饵，向社会不特定公众销售所谓的"鑫月盈""鑫季丰""鑫年丰""政信通"等债权转让理财产品。直到 2017 年，善林相继大量砍掉线下门店，将业务转向线上，成立了善林财富、善林宝、幸福钱庄、广群金融销售，它们都被警方定性为非法的理财产品。涉案金额 600 余亿元。

（资料来源：谢水旺. 善林金融启示：清理线下理财骗局须合力［EB/OL］. 21 世纪经济报道，2018 - 04 - 27.）

案例 3：e 租宝

e 租宝号称由集团下属的融资租赁公司与项目公司签订协议，然后在 e 租宝平台上以债权转让的形式发标融资，融到资金后，项目公司向租赁公司支付租金，租赁公司则向投资人支付收益和本金。其打着"网络金融"的旗号上线运营，实际却以高额利息为诱饵，虚构融资租赁项目，持续采用借新还旧、自我担保等方式大量非法吸收公众资金，累计交易发生额达 700 多亿元，实际吸收资金 500 多亿元，涉及投资人约 90 万名，遍布全国 31 个省市区。

根据 e 租宝总裁张敏交代，"e 租宝就是一个彻头彻尾的庞氏骗局"，利用假项目、假三方、假担保三步障眼法来制造骗局，超过 95% 的项目都是虚假的。2018 年 2 月 7 日，北京市第一中级人民法院已对被告单位安徽钰诚控股集团、钰诚国际控股集团有限公司、被告人丁宁、丁甸、张敏等 26 人犯集资诈骗罪、非法吸收公众存款罪、走私贵重金属罪、偷越国境罪、非法持有枪支罪一案立案执行。

（资料来源：管清友，朱振鑫. 从 1 亿到 1 万：中国式投资陷阱全梳理［EB/OL］. 猎云网，2018 - 04 - 26.）

案例 4：联璧金融

近日，作为四大高返平台之一的联璧金融的运营主体——上海联璧电子科技（集团）有限公司因涉嫌违法犯罪被公安部门立案，相关高管被带走协助调查。

近日，上海市公安局松江分局陆续接到群众报案，称上海联璧电子科技（集团）有限公司相关人员涉嫌违法犯罪。松江警方已立案侦查，目前，张某等 15 名犯罪嫌疑人已被依法采取刑事强制措施，案件正在进一步调查中。

联璧金融的官网资料显示，联璧科技成立于 2012 年，注册资本

1 亿元，是较早提出场景互联网整体解决方案的运营商。2014 年，其组建成立互联网金融事业部，并投入研发力量进行互联网理财平台的开发，微信版理财平台"联璧钱包"及 APP 产品"联璧金融"借此而生。

联璧科技被立案调查，直接原因在于近日联璧金融被发现平台出现提现困难问题。从 6 月 20 日开始，部分投资人发现联璧金融 APP 客户端无法进行正常提现，有的显示余额为零，从而引发投资人维权。

对于提现困难问题，联璧金融 APP 客服曾回应称，受互联网金融大环境影响，近日联璧金融用户集中兑付的现象较为严重，不排除有恶意挤兑情况，后续将配合监管部门解决当前问题，最新进展将于 6 月 21 日下午 3 点统一回复。然而，6 月 21 日下午至晚上，联璧金融并未按时公布兑付方案。同日，上海市公安局松江分局告示称，根据投资人报案，立案侦查上海松江联璧金融非法吸收公众存款案，目前该案件正在侦查过程中。

（资料来源：又一家爆雷　民间四大高额返利平台全军覆没！［EB/OL］.中国证券报，2018 – 06 – 25.）

（三）其他机构处罚案例

以下列举了 4 个其他机构被处罚的案例，其中包括泛亚、泛鑫、安邦、香港恒丰环球集团等对社会影响重大的案件，这些案件存在的风险点有：制作虚假财务报表、伪造保单、披露虚假信息、虚假增资、虚构偿付能力、瞒报并隐匿保费收入引发的合规风险、法律风险、操作风险；利用假项目、假三方、假担保的合规风险、非法自融、发布虚假借款标的、操纵价格的操作风险；非法集资诈骗、虚假广告宣传引发的法律风险。

此类案件反映了金融交易市场的混乱，这些企业借助互联网金融工具的便利性，用高收益吸引投资者，试图通过"庞氏骗局"取得不义之财，最后资金链断裂难以兑付造成投资者的巨大损失。杜绝此类事件重演，要加强制度建设，强化监管，对跨领域、跨行业的交叉风险，进一步明确职责，相关部门充分落实沟通协调，形成工作合力，切实保护消费者合法权益。

案例1：泛亚事件

在交易所非法集资案件中，涉案规模和影响最大的是昆明泛亚有色金属交易所。昆明泛亚通过金属现货投资和贸易平台，自买自卖，操控平台价格，维持泛亚的价格比现货市场价高25%～30%，每年上涨约20%，制造交易火爆的假象，然后借此包装所谓"日金宝"等诱人的高收益产品。

但实际上每年涨价20%只是为了让泛亚的价格永远高于现货市场价格，因此也永远不会有真正的买方，并没有带来实际增量资金；而交货商也因此无须补交保证金，投资者年化13.5%的日金宝理财收益，都是自己的本金或者新增投资者的本金。当新增资金放缓或者停止进入时，整个体系就会崩盘，投资者基本血本无归。

泛亚模式就是利用新投资人的钱来向老投资者支付委托日金费和短期回报，制造赚钱的假象进而骗取更多的投资。2015年12月，昆明泛亚兑付危机爆发，涉及28个省份的22万人，非法集资金额总计超过430亿元，上千名泛亚投资者聚集在证监会门口集会抗议。

（资料来源：管清友，朱振鑫. 从1亿到1万：中国式投资陷阱全梳理［EB/OL］. 猎云网，2018－04－26.）

案例2：泛鑫事件

2013年8月15日，上海最大保险中介机构泛鑫保险公司的美女高管陈怡携5亿元巨款外逃加拿大，该事件震惊了国内整个保险业。

2010年1月至2012年12月，陈怡分别伙同被告人江杰和谭睿

（另案处理）以挂靠、收购等方式，先后实际控制了泛鑫保险、浙江永力和中海盛邦三家保险代理公司。上述保代以泛鑫模式运作，将20年期的保险产品虚构为年收益率10%左右的1~3年期的保险理财产品，骗取投资人资金，并将骗取资金谎称为泛鑫保险公司代理销售的20年期寿险产品的保费，通过保险公司手续费返还的方式套现。擅自销售自制的固定收益理财协议，通过期缴变趸缴、收取高额佣金、佣金再投保等手段，迅速做大规模套取资金的"庞氏骗局"。2013年7月28日，陈怡、江杰在将5000万港元转至香港后，携带83万余欧元等巨额现金和首饰、奢侈品等潜逃境外，在我驻斐济使馆的大力支持下，中国警方与斐济执法部门通力合作，在斐济成功抓获涉嫌经济犯罪的上海泛鑫保险代理有限公司实际控制人陈怡，并于8月19日晚将陈怡押解回国。

陈怡被判死刑，缓期两年执行，剥夺政治权利终身，没收个人全部财产；原泛鑫保险高级顾问江杰被判无期徒刑，剥夺政治权利终身，没收个人全部财产。

泛鑫案影响巨大，数据显示，由代理人或通过银行员工在江、浙、沪等地向4433人推销上述虚假的保险理财产品共计约13亿元，并利用上述手续费返还方式套取资金约10亿元；至案发造成3000多名被害人实际损失约8亿元。

（资料来源：上海泛鑫保险跑路美女老板因集资诈骗被判死缓［EB/OL］. 新华网，2015－02－11.）

案例3：安邦虚假注资

2011年1月起，安邦财产保险股份有限公司创始人、原董事长吴小晖以安邦财险等公司为融资平台，指令他人使用虚假材料骗取原保监会批准和延续销售投资型保险产品。2011年7月至2017年1月，吴小晖指令他人采用制作虚假财务报表、披露虚假信息、虚假增资、虚构偿付能力、瞒报并隐匿保费收入等手段，欺骗监管机构和社会公众，以承诺还本付息且高于银行同期存款利率为诱饵，超过原保监会批准的规模向社会公众销售投资型保险产品非法吸收巨额资金。其间，吴小晖以虚假名义将部分超募保费转移至其个人实际控制的百余家公司，用于其个人归还公司债务、投资经营、向安邦集团增资等，至案发实际骗取652亿余元。此外，法院还查明，吴小晖利用职务便利非法侵占安邦财险保费资金100亿元。案发后，公安机关查封、冻结吴小晖及其个人实际控制的相关公司名下银行账户、房产、股权等资产。

（资料来源：吴小晖一审被判18年，"跌落神坛"的安邦为何无法成为中国版 AIG？[EB/OL]．商业周刊/中文版，2018 – 05 – 10.）

案例4：香港恒丰环球集团

香港恒丰环球集团是一家打着被摩根士丹利收购的旗号、从事黄金外汇代理操盘保本业务的平台，并聘任银行、证券、期货、基金公司等金融机构资深从业人员组成核心专家分析团队。但实际上，所谓的香港恒丰环球集团只是通过中介公司注册的空壳公司，该集团官网上介绍其位于香港中环的环球总部以及北京中关村的客服中心经证实均为虚假地址，客服接线人员均外包给了中介公司。

投资者的钱根本没有被用来投资，而是放在诈骗分子手上原封不动，挪作他用。该公司每天虚构数据，假装有赢有亏，到了月底就从投资者的本金当中拿出一部分当作盈利来分成，最后一次爆仓则是诈骗分子为了卷款跑路而编造的借口。

由于香港恒丰环球集团在香港注册及在香港开展经营活动，投资者最直接的方法是向香港当地监管机构报案、寻求帮助。由于主要交易行为都发生在境外，所以境内的监管机构只能通过与境外对应监管机构进行沟通，通过双边合作渠道提请对方妥善处理有关案件以保护境内投资者。最终要境内司法机关通过司法协助去调查取证，从实际操作来讲非常困难。

（资料来源：薛皎. 骗局！香港恒丰环球集团上亿资金一夜消失［EB/OL］. 搜狐财经，2016 - 05 - 13；管清友，朱振鑫. 从 1 亿到 1 万：中国式投资陷阱全梳理［EB/OL］. 猎云网，2018 - 04 - 26.）

三、重要名词解释

ABS（Asset Backed Securities）：资产支持证券，是抵押支持债券的推广和应用，其本意是风险隔离，但由于 SPV、CDS、CDO 等工具运用的滥觞导致在事实上助推了风险交叉重叠。资产证券化（Asset Securitization）始于 20 世纪 60 年代末 70 年代初美国的住房金融市场，作为一种新兴金融工具创新，其初衷是盘活金融资产以拓宽流动性来源。但由于滥用金融衍生工具，拉伸金融交易链条，拉长金融杠杆和经济杠杆，加之经济金融化野蛮扩张所导致的抵押资产质量不断下降，金融交易严重脱离实体经济有效增长的支持，最终导致金融泡沫破裂，催生 2008 年国际金融大危机。问题的关键和要点在于，资产证券化一方面提升了市场融资的空间、速度和交易规模，创新了融资方式和流动性渠道，另一方面又因金融业务过度交叉、金融杠杆日趋复杂而造成了金融风险交叉重叠，助推了系统性风险积聚，包括一系列"黑天鹅"和"灰犀牛"事件，最终催生金融大危机。

BCBS（Basel Committee on Banking Supervision）：巴塞尔银行监管委员会，亦称"巴塞尔委员会"，银行业监管领域中的最重要的国际组织，主导国际银行业监管治理的主要机构之一。

BCDI 指数：美国经济学家卡门·M. 莱因哈特与肯尼斯·S. 罗格夫于 2015 年提出的衡量危机严重程度的指标，分别代表银行危机（bank crisis）（仅包含系统性危机）、货币危机（currency crisis）、债务危机（debt crisis）（国内债务和外债）和通货膨胀危机（inflation crisis）指数。如考虑到股市崩盘，则标注为 BCDI + 指数。

拨备： 周期性监管的一个指标，是提前预防周期性风险和系统性风险的监管工具。

标准化产品： 银行传统业务的金融产品，比如贷款、债券、证券、贸易融资等。此类产品可以在市场上公开交易，监管和风险衡量都比较成熟。

CDS（Credit Default Swap）： 信用违约互换，一种与特定违约风险相挂钩的信用衍生品。交易双方分为信用保护买方（也称信用违约卖方）和信用保护卖方（也称信用违约买方），买方定期向卖方支付一定的费用，当参考资产出现约定状况时，买方有权从卖方获得一定的补偿。由于 CDS 是场外双边交易，缺乏交易所产品的标准性，其存在严重的交易对手风险隐患。

CDO/CDO^2/CDO^3：CDO（Collateralized Debt Obligation），担保债务凭证，把所有的债务抵押打包在一起，并且进行重新包装，再以产品的形式投放到市场的凭证。CDO 经过再次打包后称为 CDO^2/CDO^3。

抽屉协议： 银行与企业签订的私下协议，双方签字盖章具有法律效应，银行可以据此追索。签订抽屉协议是规避监管的违规行为。

侧袋账户： 当基金组合中某一项或几项资产流动性缺失时，因无法有效地对这些资产估值，可以将这部分资产另袋存放，称为侧袋，剩余正常资产称为主袋。其风险是虚高基金净值。

多层嵌套： 多层嵌套是重复叠加证券化工具，使金融产品更加复杂的套利手段。证券化工具资管产品就是存在两层或两层以上结构化设计的资产管理产品，其背后是一系列各种协议、募集说明、契约、承诺、声明、合同及类似法律文件，以及这些文件中设计的权利、义务及各种新的交易结构来规避法律规定。多层嵌套是导致风险交叉和风险

异化的首要原因。［参看戚庆余. 分业监管体制下多层嵌套资管产品的法律规制［J］. 现代管理科学，2018（2）.］

多德—弗兰克法案（Dodd – Frank Wall Street Reform and Consumer Protection Act）： 2008 年金融危机后，美国推出的金融监管改革法案，是自 1929—1933 年大萧条以来美国最大规模的金融修法活动。与近年来国际上大多数国家采取更加严格的监管措施有所不同的是，美国为了推动经济转型，恢复制造业强国地位，强化金融市场的影响力，于 2018 年通过了该法案的改革议案，旨在放松一部分国际金融危机以来对银行业采取的偏严监管要求。该法案侧重于促进更好的监管而非更强的监管。

FSB（Financial Stability Board）： 金融稳定理事会，是全球金融治理的领导机构，为应对 2008 年经济危机而于 2009 年 4 月 2 日在伦敦举行的 20 国集团（G20）金融峰会决定成立。其职责是监督各国实施国际金融监管改革的进度，其成员包括 20 多个国家的央行、财政部和监管机构以及主要国际金融机构和专业委员会。

风险敞口（risk exposure）： 衡量各类风险的监管指标。因债务人违约行为导致的可能承受风险的信贷余额，指实际所承担的风险。

飞单： 银行工作人员违规销售不属于银行自己的理财产品，从中获得高额的佣金提成，隐含风险交叉和风险异化。

非标准化产品： 对应于标准化产品，是指未在银行间市场及证券交易所市场交易的债权性资产，包括但不限于信贷资产、信托贷款、委托债权、承兑汇票、信用证、应收账款、各类受（收）益权、带回购条款的股权性融资等。这类资产一般不公开发行，风险隐患较大，是风险交叉和风险穿透的主要载体。

功能监管： 强化金融功能专业化，打破机构监管的条线封闭性，实施跨产品、跨机构、跨市场的规范协同监管、标准一致监管和可持续监管。着力于促进金融创新，强化金融服务质效。

灰犀牛： 由美国学者米歇尔·渥克在《灰犀牛：如何应对大概率危机》一书中提出，主要指那些经常被提示却没有得到充分重视的大概率风险事件。如影子银行、房地产泡沫、国有企业高杠杆、地方债务、非法集资等庞氏骗局。

黑天鹅： 一般指那些出乎意料发生的小概率风险事件，其实质根源于风险交叉穿透，其市场危害性较突出。

监管一致性： 金融监管的标准一致，投资起点和估值方法、统计口径、标准统一。监管一致性是防范、应对系统性交叉性风险的制度条件。

假结构性存款： 由于期权触发的可能性极小，对应的产品并未与衍生品建立真实挂钩的结构性存款。假结构性存款属于不合规的、不利于市场公平竞争的银行产品。

假结构化融资： 借证券化工具多层嵌套，违规通过融资套利，规避监管，扭曲风控原则，催生交叉性风险。

金融衍生工具： 基于一种或多种基础资产或指数所设计的一种或多种特征的混合金融工具，包括远期、期货、掉期（互换）和期权等。金融衍生工具通常具有派生性、杠杆性、高风险性和虚拟性等特点。

金融异化： 金融异化与金融风险交叉相互作用，使得风险圈层更加复杂，降低了金融市场透明度。金融异化包括金融产品异化、金融创新异化、金融工具异化、金融市场异化以及金融机构异化等，都表现为金融行为背离金融服务宗旨和价值规律，扭曲了风险管理的原则和金融的中介本质，导致金融模式扭曲和金融制度扭曲。从外部性而言，金融风险异化是与经济风险异化、产业风险异化与市场机制异化相互交织的。

夹层投资、夹层基金、夹层融资：夹层投资是指，对处于成长、扩张阶段，仍需大量资金进行扩张的风险企业的投资。夹层基金是指，并购业务中紧随股权资金、普通债权资金之后的缺口补充资金。夹层融资是指，在风险和回报方面介于优先债务和股本融资之间的一种融资形式。夹层投资、夹层基金、夹层融资都可能触发交叉性风险。

监管套利：利用多种交易策略规避监管的投机行为。监管套利与监管创新之间存在相互融合和此消彼长的关系。

MBS（Mortgage-Backed Security）：抵押支持债券或者抵押贷款证券化，最早产生于20世纪60年代的美国，主要由美国住房专业银行及储蓄机构利用其贷出的住房抵押贷款发行的一种资产证券化商品。2008年，由于MBS等债务工具与CDS、CDO等衍生工具的交易滥觞催生了信用违约的连环危机引致国际金融危机。

明斯基时刻（Minsky Moment）：以美国经济学家海曼·明斯基命名的，描述的是资产价值突然崩溃的时刻，也就是经济泡沫的破裂。明斯基认为在经济长期稳定发展之下，逐步显现的金融投机主义可能会导致国有债务增加、杠杆比率（公司负债和收入比率）上升，进而引爆一场金融危机和后续漫长的去杠杆化风险周期。

逆周期监管：基于历史经验，为了预防经济周期的萧条和危机阶段可能产生的巨大经济冲击而形成的金融监管制度安排以及相关政策措施。主要内容有资本充足率、不良贷款率、动态拨备覆盖率、流动性比率、混业经营、薪酬激励机制。

庞氏骗局：利用新投资人的钱来向老投资者支付利息和短期回报，以制造赚钱的假象进而骗取更多的投资。庞氏骗局是一种典型的欺诈行为，是催生"黑天鹅"的主要祸害。

P2P（**person to person 或 peer to peer**）：点对点网络借款，借助互联网的民间借贷新金融模式，是将小额资金借贷给有资金需求人群的民间借贷模式。由于大多数平台风控水平不高，且部分平台存在自融、资金池等风险，投资者容易陷入庞氏骗局。

期限错配：如果风险缓释的期限比当前的风险暴露的期限短，则产生期限错配。

审慎加强型监管标准（**Enhanced Prudential Standards，EPS**）：美国于 2016 年 7 月正式实施，强化了对并表资产在 500 亿美元以上的银行控股公司和相同资产规模的外国银行机构（FBO）的审慎监管标准，涉及资本、流动性、压力测试、内控等多个方面。

STC 标准：2015 年 7 月 23 日，巴塞尔委员会和国际证券委员会联合发布《识别简单、透明和可比的资产证券化标准》。该标准适用于规范资产证券化，旨在识别和提升其可操作性、一致性和信息透明度。

私募：国际债券发行的一种方式。债券私募发行时，筹资人不必将债券公开销售，而是由银行、保险公司或信托投资公司等机构认购。由于其流动性差，风险也较大。

审慎例外：服务贸易总协定（General Agreement on Trade in Services，GATS）金融服务附件的中心条款，只有特别授权成员方可基于审慎目的、援引审慎例外采取特别监管措施，这些措施不受 GATS 其他条款的限制。

特殊目的载体（**Special Purpose Vichele，SPV**）、**特殊目的信托**（**Special Purpose Trust，SPT**）、**特殊目的实体**（**Special Purpose Entity，SPE**）、**特殊目的公司**（**Special Purpose Company，SPC**）：资产证券化实践中，依据资产性质、管理机构不同，SPV 具体采取 SPT、SPE、SPC 三种形式。SPT 多用于信托管理信贷资产，SPE 多用于证券公司、

基金子公司管理项目资产。SPC 较少使用，主要是指美国房利美（Federal National Mortgage Association）、房地美（Freddie Mac）、吉利美（Government National Mortgage Association）三大住房抵押贷款公司。SPV 作为一种金融工具创新，既助推了资产证券化的广泛开展，又因其重复叠加诱发和催生了金融交叉风险和严重的风险异化。

行为监管：是双峰监管的支柱之一，侧重于对金融机构的经营活动实施监管，对其交易行为及时干预。行为监管主要是针对金融市场信息不对称和羊群效应所导致的消费者作为弱势方权益受到侵害、不能得到有效保护。行为监管是防范交叉性、系统性风险的有力手段。

银行理财产品：由商业银行和正规金融机构自行设计并发行的产品，将募集到的资金根据产品合同约定投入相关金融市场并购买金融产品，根据合同约定分配给投资人一定收益。银行理财产品是顺应银行结构转型、创新业务模式而推出的。但由于其法律边界不清，难以规避刚性兑付的风险。

阴阳合同：合同当事人就同一事项订立两份以上的内容不相同的合同。一份对内，一份对外，其中对外的一份并不是双方真实意思，而是以逃避国家税收等为目的；对内的一份才是真实目的，可以是书面或口头。

综合性资本分析评估（Comprehensive Capital Analysis and Review，CCAR）：美国监管当局开展的一种监管压力测试。

自由贸易账户：上海自贸区内金融开放体系的重要组成部分、金融创新的主要形式之一。试验区内的居民可通过设立本外币自由贸易账户实现分账核算管理，开展投融资创新业务；非居民可在试验区内银行开立本外币非居民自由贸易账户，按准入前国民待遇原则享受相关金融服务。

资产托管：具备一定资格的商业银行作为托管人，与委托人签订委托资产托管合同，履行托管人相关职责的业务。

四、参考文献

［1］吴敬琏，刘鹤，樊纲. 中国经济新方位：如何走出增长困境［M］. 中信出版社，2017.

［2］巴曙松. 新周期与新金融［M］. 厦门大学出版社，2018.

［3］［美］卡门·M. 莱因哈特，肯尼斯·S. 罗格夫. 这次不一样：八百年金融危机史［M］. 机械工业出版社，2012.

［4］［英］布莱恩·斯诺登，霍华德·R. 文. 现代宏观经济学：起源、发展和现状［M］. 江苏人民出版社，2009.

［5］阎庆民，李建华. 中国影子银行监管研究［M］. 中国人民大学出版社，2014.

［6］金立群，林毅夫，李稻葵，余永定. 世界金融新秩序［M］. 中信出版社，2015.

［7］刘鹤. 两次全球大危机的比较研究［M］. 中国经济出版社，2013.

［8］米歇尔·渥克. 灰犀牛：如何应对大概率危机［M］. 中信出版社，2017.

［9］德隆·阿西莫格鲁，詹姆斯·A. 罗宾逊. 国家为什么会失败［M］. 湖南科学技术出版社，2015.

［10］威廉·戈兹曼. 千年金融史［M］. 中信出版社，2017.

［11］中国人民银行金融市场司. 中国资产证券化探索与发展：信贷资产证券化试点十年发展回顾和展望［M］. 中国金融出版社，2017.

［12］吴清，张洪水，周小全，夏晨等. 美国投资银行经营失败案例研究［M］. 中国财政经济出版社，2010.

［13］李凤云. 金融危机深度解读［M］. 人民邮电出版社，2009.

［14］弗朗索瓦·沙奈等. 突破金融危机［M］. 中央编译出版社，2009.

［15］富兰克林·艾伦，道格拉斯·盖尔. 理解金融危机［M］. 中国人民大学出版社，2010.

［16］李文红，王场. 资管业务监管的国际经验［J］. 中国金融，2017（5）.

［17］丹尼尔·塔鲁洛. 后危机时代金融监管改革与重塑［J］. 当代金融家，2017（2）.

［18］张景智. "监管沙盒"的国际模式和中国内地的发展路径［J］. 金融监管研究，2017（5）.

［19］苟文均. 穿透式监管与资产管理［J］. 中国金融，2017（8）.

［20］李安安. 金融监管与国家治理——基于监管治理的分析框架［J］. 经济法学评论，2016（2）.

［21］海梅·卡鲁阿纳. 金融监管：巩固危机后的改革成果［J］. 银行家，2016（8）.

［22］叶林，吴烨. 金融市场的"穿透式"监管论纲［J］. 法学，2017（12）.

［23］梁继江. 美国资产证券化市场的发展经验与教训［J］. 财会研究，2011（1）：68－71.

［24］李永，田志鹏，何亚琴，张水泉. 国际信用评级机构监管探讨［J］. 征信，2012（1）：62－64.

［25］马红霞，孙国华. 美国投资银行危机及其转型剖析［J］. 国际金融研究，2009（3）：43－51.

［26］傅穹，于永宁. 金融监管的变局与路径：以金融危机为背景的法律观察［J］. 社会科学研究，2009（6）：8－13.

［27］钟震，董小君. 双峰型监管模式的现状、思路和挑战——基

于系统重要性金融机构监管视角 ［J］. 宏观经济研究，2003 （2）：17 – 23.

［28］钟震，宏观审慎监管相关研究综述 ［J］. 经济理论与经济管理，2012 （7）：49 – 55.

［29］廖凡. 竞争、冲突与协调——金融混业监管模式的选择 ［J］. 北京大学学报（哲学社会科学版），2008 （5）：109 – 115.

［30］吴云，张涛. 危机后的金融监管改革：二元结构的 "双峰监管" 模式 ［J］. 华东政法大学学报，2016 （3）：106 – 121.

［31］巴曙松. 金融监管机构是分是合：这并不关键——谈当前监管框架下的金融监管协调机制 ［J］. 西部论丛，2006 （11）：38 – 40.

［32］温涛，白继山，王小华. 基于 Lotka – Volterra 模型的中国农村金融市场竞争关系分析 ［J］. 中国农村经济，2015 （10）：42 – 54.

［33］廖岷，林学冠，寇宏. 中国宏观审慎监管工具和政策协调的有效性研究 ［J］. 金融监管研究，2014 （12）：1 – 21.

［34］王剑. 银行同业业务八十年：逻辑与演进 ［J］. 清华金融评论. 2018 （2）.

［35］黄奇帆. 130 多万亿企业债务，才是去杠杆重中之重？［J］. 中国经济周刊. 2018 （14）.

［36］邵宇，陈达飞. 理解中国式影子银行 ［J］. 财经杂志，2018，5 （1）.

［37］刘向民. 我国金融机构风险处置的思考 ［J］. 中国金融，2018 （11）.

［38］李海涛. 金融去杠杆 ［N］. 经济观察报，2018 – 06 – 11.

［39］李锐. 互金行业大浪淘沙　金融科技进入新时代 ［N］. 新闻晨报，2017 – 11 – 01.

［40］陈莹莹，徐昭. 金融监管迈向新格局，多项新规料加速落地 ［N］. 中国证券报，2018 – 04 – 09.

［41］欧阳剑环，陈莹莹．监管再亮剑，中小银行股权透明度持续提升［N］．中国证券报，2018-04-27．

［42］中国人民银行有关负责人就《关于规范金融机构资产管理业务的指导意见》答记者问［EB/OL］．中国人民银行官网，2018-04-27．

［43］刘胜军．刘鹤求解"金融风险"，高质量发展闯关［EB/OL］．新浪财经，2018-05-17．

［44］德勤．《巴塞尔协议Ⅲ》完成修订，全球金融监管重点有何变化？［EB/OL］．搜狐财经，2018-02-11．

［45］徐忠．现代金融体系框架已明确［EB/OL］．搜狐财经，2017-11-06．

［46］周小川．高杠杆是宏观金融脆弱性的总根源［EB/OL］．中国人民银行官网，2017-11-05．

［47］巴曙松．商业银行如何将贷款隐匿在表内同业科目和其他科目下规避监管？［EB/OL］．金融读书会，2018-04-02．

［48］高善文．中财委首提"结构性去杠杆"基本思路，一文看懂中国企业部门杠杆率之谜［EB/OL］．中国金融四十人论坛，2018-04-03．

［49］国务院办公厅印发《关于全面推进金融业综合统计工作的意见》［EB/OL］．中华人民共和国中央人民政府网，2018-04-09．

［50］任泽平，马家进．中国杠杆周期研究：理论、现状与展望［EB/OL］．泽平宏观，2018-06-03．

［51］彭文生．结构性去杠杆的路径［EB/OL］．中国经济信息，2018-04-19．

［52］银保监会印发银行业金融机构联合授信管理办法，抑制多头融资、过度融资行为［EB/OL］．大河财立方，2018-06-01．

［53］孙国峰．如何用银行会计信息防止监管套利？［EB/OL］．中

国金融四十人论坛，2018 – 05 – 19.

[54] 夏斌. 大资管本质是信托，现在最难的是杠杆怎么办 [EB/OL]. 中国首席经济学家公众号，2018 – 05 – 31.

[55] 孙海波. 35 个经典资管模式 [EB/OL]. 37 阅读网，2018 – 05 – 04.

[56] 张明. 九论中国金融系统性风险 [EB/OL]. 中国社会科学网，2014 – 06 – 18.

[57] 任泽平，甘源. 站在中国金融周期的顶部：风险与应对——金融周期和防范风险系列研究 [EB/OL]. 搜狐财经，2018 – 06 – 04.

[58] 孙海波. 一文读懂：银行如何通过 ABS 非标转标 [EB/OL]. 网易财经，2017 – 10 – 29.

[59] 杨荣. 深度解析 200 多万亿银行业表外业务 [EB/OL]. 搜狐财经，2017 – 10 – 28.

[60] 杨荣. 银基合作七大新模式 [EB/OL]. 轻金融，2018 – 06 – 12.

[61] 朱一梵. 证监会副主席两周三提"看穿式监管" [EB/OL]. 人民网，2018 – 06 – 10.

[62] 巴曙松教授在线问答：银行委外资金是如何管理的？[EB/OL]. 搜狐财经，2017 – 10 – 20.

[63] 王毅. 资本金不到位、资本金穿透以后都不是自有资金的 PPP 项目未来将被清理出库 [EB/OL]. 搜狐财经，2017 – 11 – 05.

[64] 马久云. 国外负面清单管理模式的经验借鉴及启示 [EB/OL]. 搜狐财经，2017 – 11 – 08.

[65] 袁志刚. 中国金融风险的积聚与化解 [EB/OL]. 上海金融观察，2017 – 12 – 26.

[66] 公司治理"补短板"股权管理办法强调穿透式监管 [EB/OL]. 上海金融官微，2018 – 01 – 09.

［67］曾刚，栾稀. 降杠杆不只是减负债就行了　盈利能力才是关键［EB/OL］. 金融混业观察，2018 – 01 – 11.

［68］拉加德. 金融科技的监管方法［EB/OL］. 国际货币基金组织网站，2018 – 06.

［69］黄志凌. 金融监管的作用、定位与改革方向（上）［EB/OL］. 亚太未来金融研究院，2018 – 03 – 01.

［70］黄剑辉，应习文. 监管升级下的银行重塑［EB/OL］. 互联网金融法律评论，2018 – 02 – 26.

［71］李延霞. 金融监管的"篱笆"怎么扎紧——走进监管政策制定的大门［EB/OL］. 新华网，2018 – 02 – 11.

［72］胡伟俊. 一文读懂百万亿债务危机，去杠杆路在何方［EB/OL］. 大国金融，2018 – 02 – 13.

［73］RegTech：监管者是否准备好应对数字革命？［EB/OL］. 亚太未来金融研究院，2018 – 03 – 12.

［74］白博主. 地方政府偿债能力指标及其含义（做政府类融资必读）［EB/OL］. 信贷白话，2017 – 06 – 30.

［75］刘燕. 大资管"上位法"之究问［EB/OL］. 互联网金融法律评论，2018 – 04 – 09.

［76］ABS 的"标"与"类"？ABS 该如何进行风险暴露计算［EB/OL］. 结构化金融，2018 – 04 – 13.

［77］巴曙松. 银行理财资管业务试点对于通道业务有哪些影响？［EB/OL］. 金融读书会，2018 – 04 – 17.

［78］刘晓春. RegTech：监管 Tech 还是监管 Fin［EB/OL］. 监管科技，2018 – 04 – 20.

［79］黄华珍等. 金融机构如何贯彻执行建设项目资本金穿透审查新规？［EB/OL］. 金融监管研究院，2018 – 04 – 22.

［80］张国栋. 互金专委会揭游戏理财平台四大风险：资金安全性较

差，涉嫌"庞氏骗局" [EB/OL]. 凤凰财经 WEMONEY. 2018 - 04 - 20.

[81] 巴曙松. 应重点关注表外业务回表过程中的风险如何释放 [EB/OL]. 证券时报网. 2018 - 04 - 10.

[82] 银保监会：互联网保险三大风险 [EB/OL]. 上海金融官微，2018 - 04 - 26.

[83] 管清友，朱振鑫. 从 1 亿到 1 万：中国式投资陷阱全梳理 [EB/OL]. 猎云网. 2018 - 04 - 26.

[84] 谢水旺. 善林金融启示：清理线下理财骗局须合力 [EB/OL]. 21 世纪经济报道，2018 - 04 - 27.

[85] 刘开雄. 新华社评扩大金融业开放：资本市场必将持续健康发展 [EB/OL]. 新华社，2018 - 04 - 11.

[86] 任涛. 2018 年金融监管政策全梳理 [EB/OL]. 方得无忧博瞻智库，2018 - 04 - 12.

[87] 张雪囡. 36 家 P2P 网贷机构资金存管后仍问题频出，波及 15 家银行 [EB/OL]. 凤凰网，2018 - 05 - 03.

[88] 黄斌. 类 ABS 狂飙：中小银行"转标"突围 [EB/OL]. 21 世纪经济报道，2018 - 05 - 07.

[89] 杨东. 互联网金融视角下现金贷发展业态及监管探析 [EB/OL]. 互联网金融法律评论，2018 - 05 - 09.

[90] 央行货币金银局局长王信：切实加强虚拟货币监管，明确互联网积分管理的"三条底线" [EB/OL]. 互联网金融法律评论，2018 - 05 - 11.

[91] 杜长春等. 海外保险资金资产负债管理及经验借鉴 [EB/OL]. 中国保险资产管理，2018 - 05 - 21.

[92] 花长春等. 国君宏观"中国去杠杆评估报告"（2017）：明显成效，货币政策将保持稳健中性 [EB/OL]. 华尔街见闻，2018 -

05 – 24.

［93］终白. 起底"套路贷"6 步骗人套路［EB/OL］. 券商中国，2018 – 05 – 28.

［94］陈月石. 央行扩大"麻辣粉"担保品范围：含 AA 级信用债、优质小微贷［EB/OL］. 澎湃新闻，2018 – 06 – 01.

［95］刘煜辉. 紧缩带来的债务率和杠杆率阶段性上升很正常，这是个要经历的阵痛［EB/OL］. 首席经济学家论坛，2018 – 06 – 02.

［96］沙剑，陆雅. 资管新规与"三层 + 双峰"金融监管体系［EB/OL］. 金融监管研究院，2018 – 06 – 02.

［97］王俊丹，张奇. 信托通道的猛涨，资金资产又该如何重配？［EB/OL］. 21 世纪经济报道，2018 – 01 – 18.

［98］金融街 88 号论坛春季峰会召开，行业权威人士共话资管新规［EB/OL］. 东方网，2018 – 05 – 31.

［99］黄明. 行为金融学和量化投资的应用（兼谈中国股市）［EB/OL］. 金融读书会，2017 – 10 – 24.

［100］公安机关解密非法集资"十大类型骗局"！这份权威防骗指南请收下［EB/OL］. 央视新闻，2018 – 05 – 21.

［101］香港金融管理局. 虚拟银行推进加速，香港金管局发布指引修订本［EB/OL］. 香港金融管理局网站，2018 – 05 – 30.

［102］一文看懂中国互联网金融发展全历程！招银前海金融图解金融［EB/OL］. 搜狐财经，2018 – 05 – 28.

［103］国内"去杠杆"要关注尺度和平衡［EB/OL］. 每日金融，2018 – 06 – 05.

［104］综合金融监管的思路可能主导未来政策［EB/OL］. 每日金融，2018 – 02 – 26.

［105］高畅. 资管新规下的金融机构［EB/OL］. 新华网，2018 – 06 – 01.

［106］朱太辉：我国 FinTech 发展演进的综合分析框架［EB/OL］.
亚太未来金融研究院，2018－03－08.

［107］张奇. 金融业增加值占 GDP 比重下降，去杠杆、控风险仍
是重点［EB/OL］. 21 世纪报，2018－01－20.

［108］刘轩. 美国资产证券化研究——基于金融创新和金融监管
视角的分析［D］. 成都：西南财经大学，2014.

［109］杨洁涵. 美国商业银行资产证券化功能研究［D］. 长春：
吉林大学，2011.

［110］张利. 美国资产证券化研究［D］. 长春：吉林大学，2013.

［111］赵传敏. 美国投资银行监管制度的变迁及对中国的启示
［D］. 沈阳：辽宁大学，2013.

［112］包勇恩. 现代投资银行系统风险规制与监管法律制度研究
［D］. 苏州：苏州大学，2010.

［113］The Group of Thirty（G30），"The structure of Financial Super-
vision Approaches and Challenges in a Global Marketplace"［M］. Washing-
ton，2008.

［114］Taylor. M，"Twin Peaks：A Regulatory Structure for the New
Century"，Centre for the Study of Financial Innovation［J］. London（De-
cember），1995.

［115］Wall, L. D. , R. A. Eisenbeis，"Financial Regulatory Struc-
ture and the Resolution of Conflicting Goals"［J］. *Journal of Financial Serv-
ices Research*. Washington，2000.